안아
재버
구지

안아버재구지

2025년 3월 17일 초판 1쇄 발행

글	안영민
그림	안현산(안재구 손자)

책임편집	김세라
디자인	박정화, 김다솜
마케팅	김선민
관리	장수댁
인쇄	정우피앤피
제책	바다제책

펴낸이	김완중
펴낸곳	내일을여는책

출판등록	1993년 01월 06일(등록번호 제475-9301)
주소	전라북도 장수군 장수읍 송학로 93-9
전화	(063) 353-2289
팩스	(0303) 3440-2289
전자우편	wan-doll@hanmail.net
블로그	blog.naver.com/dddoll
ISBN	978-89-7746-875-7 (03300)

사형수가 된 수학자

안아
재버
구지

안영민 지음

내일을여는책

늘 푸르른 산과 같은 존재

2024년 1월부터 1년간 매주 통일뉴스에 '아버지 안재구'란 제목으로 연재한 글을 묶어 책으로 내게 됐습니다. 아버지가 세상을 떠나신 지 5년 만입니다. 아버지를 곁에서 병간호하며 나눈 이야기들을 조금씩 메모해 온 시간으로 보자면 근 10년이 걸렸습니다.

이 책은 아버지에 대한 저의 회상기일 수도 있고, 간병기일 수도, 사부곡일 수도 있습니다. 곁에서 본 아버지의 마지막 모습, 점점 희미해지는 기억 속에서도 끝까지 놓지 않으려 했던 생의 순간들…. 할아버지 안병희와 밀양의 할배 할매들과 벗들, 학문의 스승인 박정기 교수님과 경북대 수학과, 평생의 혁명동지 이재문과 여정남, 그리고 생의 마지막까지 사랑하고 고마워했던 아내 장수향과 잊지 못할 아우 안용웅…. 아버지와 그분들의 이야기를 정리하면서 제 마음속에 자리 잡은 늘 푸르른 산과 같은 아버지의 존재를 다시 확인할 수 있었습니다.

식민과 해방, 전쟁과 분단, 그리고 청춘과 학문, 민주와 통일의 현대사가 오롯이 담긴 아버지의 생애를 이렇게 한 권의 책으로 담아내자니 부족한 게 많습니다. 아버지의 올곧은 한생은 제가 감당하기에는 너무나도 거대한 산맥과 같았고, 변혁적 삶은 제가 표현하기에는 너무나도 파란만장하고 장엄했습니다. 그렇지만 누가 대신 정리해 줄 수는 없기에 때로는 동지로서 아버지의 사상과 실천에 몰두했고, 때로는 아들로서 아버지가 걸어온 삶의 길 속으로 몰입해 들어갔습니다. 그런 점에서 이 책은 아들이자 동지로서 지켜본 '안재구'의 특별한 평전이라 할 것입니다.

지난 1년 내내 '첫 번째 독자'로 아버지와의 추억을 회고하고 의견을 주었던 누나들과 형에게 고마움을 전합니다. 우리는 감옥의 아버지를 그리워하며 힘겨운 청소년기를 함께 헤쳐나왔고, 아버지의 자식으로 부끄럼 없는 삶을 살아내면서 지금껏 서로의 의지처가 되어 왔습니다. 아버지를 참 잘 모셨던 아내와, 할아버지에게 가장 소중했던 분들의 모습을 그려준 작은아들에게도 고맙다는 인사를 남깁니다.

책이 나오면 밀양에 가려고 합니다. 성만마을의 선산에 계신 아버지, 어머니와 증조할아버지와 할아버지 산소에 술 한잔 올리고, 종남산과 천황산에도 오르려고 합니다. 그곳에서 80년 전의 '소년 안재구'를 만나고 싶습니다. 내 가슴속에 영원히 기억될 순백의 그 마음, 열정 어린 그 눈빛을 마주하고 싶습니다.

2025년 3월 안영민

망각(忘却)의 감옥

띠리리링~~.

어둠을 깨는 소리가 희미하게 울렸다. 소리를 향해 고개를 돌렸다. 거실 책장에서 휴대전화가 불빛을 반짝이며 얕은 소리를 내고 있었다. 소파에서 선잠이 들었던 몸을 일으켰다. '이 시간에 누구지?' 휴대전화를 집으러 가는 순간이 왠지 길게만 느껴졌다.

― 여보세요.
― 안재구 어르신 보호자님이시죠?

다급한 목소리가 거실을 무겁게 울렸다.

– 요양원입니다. 지금 어르신 상태가 안 좋아서요. 산소포화도를 체크하니 위험수치로 떨어져 있네요. 빨리 응급실로 모셔야 할 거 같습니다.

요양원의 남자 실장이다. 친절하고 나지막한 평소 목소리와는 딴판이다. 긴박한 상황이란 걸 단박에 알 수 있었다.

– 알겠습니다. 제가 뭘 하면 되죠?

오히려 대답하는 내 목소리가 차분했다. 소파에서 일어나 휴대전화를 집으러 가는 짧은 시간 동안 이미 예상이라도 한 듯이….

– 지금 바로 119를 불러도 될까요?
– 네, 그렇게 해주세요.
– 어느 병원으로 갈까요?
– 아버지가 예전에 다녔던 G병원이 낫겠네요. 그런데 병원에 도착하려면 얼마나 걸릴까요?
– 구급차 오고 바로 이송하면 20분 정도 걸릴 겁니다.
– 알겠습니다. 저는 병원으로 바로 가겠습니다.

전화를 끊고 나니 휴대전화 화면에 날짜와 시간이 나타났다.

2020년 6월 4일 01:30

　－무슨 전화야? 아버님한테 무슨 일이 생겼어?

　안방 문이 열리며 어둠 속에서 아내의 목소리가 나왔다. 조용히 통화했지만 잠을 깨웠나 보다. 아내가 나오는 모습을 보면서 거실의 불을 켰다. 정수기에서 냉수를 한 잔 따라 마셨다. 순간 다리가 풀리는 느낌이 들었다. 나도 모르게 식탁 의자를 잡았다. 잠시 숨을 고른 뒤 의자를 잡아 빼고 털썩 앉았다. 근심 어린 아내의 시선도 의자를 따라왔다. 주위를 둘러보았다. 작은놈이 간밤에 보던 책이 거실 바닥에 널브러져 있다. 내 몸에 눌려 있던 소파는 아직 제 모양을 회복하지 못한 채 쭈그러져 있다.

　－아버님한테 무슨 일이 생겼냐니까?
　－지금 바로 나가봐야겠어. 요양원에서 구급차를 불러 응급실로 모셔 온다네.
　－어떤 상태이신데?
　－몰라. 가봐야 알지.
　－아주버님한테 연락드려야지.

　그렇지. 형한테 연락해야지. 전화를 거니 금방 받는다. 아직 안

자고 번역 일을 하던 중이었나 보다.

— 아버지 상태가 안 좋아 응급실로 모시고 간다네. 오피스텔 앞에
   나와 있어. 내가 바로 데리러 갈게.

형을 태우고 군포역 사거리까지 신호 한번 걸리지 않고 단번에
왔다. 한 블록 건너 병원 불빛이 보인다. 차창을 여니 서늘한 밤공
기가 몰려들었다. 응급실 입구에서 조금 떨어진 골목에 차 한 대 주
차할 공간이 보였다. 급히 집어넣고 응급실로 오니 문이 굳게 닫혀
있다. 코로나19 때문에 출입을 통제하고 있었다. 아직 구급차는 도
착하지 않았다. 그때 전화벨이 울렸다.

— 보호자님, 이제 출발했습니다. 응급조치하느라 시간이 지체됐
   네요.

한결 차분해진 실장의 목소리다.
아버지를 집에서 차로 10분 거리인 요양원에 모신 건 1월 중순
이었다. 부모를 요양원에 모시는 건 자식들이라면 누구나 갈등한
다. 나도 그랬다. 하지만 대안이 없었다. 나는 하루하루 지쳐갔다.
아버지 집과 우리 집을 하루에 몇 번씩 오가며 챙기는 일은 단조로
웠지만, 진이 빠지는 일이었다. 아버지는 분노, 울분, 망상, 착각을

반복했다. 그러면서 서서히 기억이 사라져 갔다. 처음에는 기억의 단절이 비연속적이었다가 나중에는 뭉텅이로 지워졌다. 하지만 당신은 이를 인정하지 않았다. 내가 거짓말을 하고, 당신을 속인다고 생각했다. 특히 아버지는 당신이 살던 집을 교도소라고 여겼다. 마음에 안 드는 일이 있으면 내게 "보안과장 불러와!"라고 소리쳤다. 지인들이 찾아오면 면회를 왔다고 여겼다. TV를 틀어 놓으면 TV 속 사람과 대화했다. 창문을 열어놓으면 창밖의 누군가와 끊임없이 이야기꽃을 피웠다. 누가 있나 보면 아무도 없었다.

그렇게 2년, 3년이 지나면서 아버지는 점점 활기를 잃어갔다. 기억이 사라지는 것은 스스로를 잃어가는 것이었다. 잊는다는 건 곧 잊히는 것이기도 했다.

삐뽀삐뽀~~.

정적을 깨는 사이렌 소리가 다가왔다. 뒤이어 어둠을 깨는 형광 불빛이 달려왔다. 구급차는 응급실 현관 입구까지 들어오더니 급하게 멈춰 섰다. 곧이어 문이 열리고 구급대원들이 익숙한 몸짓으로 베드를 내렸다. 벨트로 몸이 묶인 아버지 얼굴에는 산소호흡기가 달려 있었다.

— 아버지!

100일 만에 뵙는다. 2월 중순부터 코로나가 확산되자 요양원에서도 면회가 중단됐다. 요양원을 알아볼 때만 해도 전혀 예측하지 못한 일이다. 그전까지는 매일 아버지를 찾아갔는데, 어느 날부터 소식을 전할 길이 없어진 것이다. 전화라도 할 수 있으면 좋으련만 불가능했다. 전화 통화를 한번 해봤지만 "이놈들이 나를 도청하고 감시한다!"라며 고함을 치는 바람에 포기했다. 그나마 요양원을 교도소 병사라고 생각했는지 가족이 보고 싶다, 집에 가겠다, 떼를 쓰지 않는 게 다행이었다.

100일 만에 만난 아버지는 너무 말라 있었다. 형이 응급실 원무과에 접수하는 동안 만져본 아버지의 팔다리는 앙상하고 가냘팠다. 산소호흡기에 의존한 채 가쁜 숨을 내쉬는 아버지의 얼굴도 뺨이 옴팍 들어가고 광대뼈가 드러났다.

─ 어르신이 요새 통 드시질 않으셨어요. 저희도 이것저것 챙겨드린
다고 애를 썼는데….

요양원 실장이 다가와 조심히 말을 건넸다. 아버지는 실장을 교도관이라고 여겼다. 그 통에 걸핏하면 아버지한테 욕을 얻어먹었다. 골치 아픈 환자를 맡아 신경 쓰이는 게 한둘이 아니었을 텐데도 아버지의 살아온 이력을 알고는 더 잘 보살펴주었다.

— 안재구씨 보호자 계세요?

— 네, 접니다.

응급실 담당 의사였다.

— 지금 위중한 상태입니다. 인공호흡기부터 장착해야 하는데, 동의
  서 좀 작성해주시죠.

— 위중하다면 어느 정도인지….

— 언제든 돌아가실 수도 있어서…. 호흡기 달고 바로 중환자실로 옮
  겨야겠습니다.

볼펜을 쥔 손이 나도 모르게 떨렸다. 100일 만에 겨우 만났는데
돌아가실 수도 있다니….

응급실 입구에 자리한 감압실에서는 아버지 입안으로 호스를 꽂
아 넣으며 인공호흡기를 부착하고 있었다. 고통스러운지 아버지는
몸을 뒤척였다. 의식이 있는지 없는지 분간이 안 갔다. 간호사와 의
사들이 분주히 드나들었다. 각종 장치와 호스들이 앙상해진 아버지
의 몸 여기저기에 매달려 있었다.

— 보호자님, 저는 일단 요양원으로 복귀해야 해서….

— 네, 오늘 정말 수고 많으셨습니다. 제가 따로 연락드릴게요.

요양원 실장이 떠나고 감압실 창문 앞에 나와 형만 남았다. 유리
창 너머로 아버지의 고단한 몸이 보인다. 뼈가 드러난 가슴이 아주
조금씩 들썩인다. 생의 마지막이 될지도 모르는 숨을 힘겹게 내쉬
고 있었다.

— 안재구씨 보호자님.

— 네, 무슨 일이시죠?

— 환자분 이제 중환자실로 이송합니다.

— 상태가 어떻습니까?

— 인공호흡기로 호흡을 유지하면서 집중치료를 받아야 할 겁니다.
  연세가 많으셔서 저희도 뭐라고 단정하기 힘드네요. 일단 코로나
  검사 후 음성 판정이 나올 때까지는 격리병실에 계실 겁니다.

각종 장치를 주렁주렁 달고 있는 아버지를 6층의 중환자실로 옮
겼다. 시간은 새벽 4시를 넘어가고 있었다. 이대로 깨어나지 못한
다면 어떻게 해야 하나. 생각이 꼬리를 물며 이어졌다. 무엇보다도
구술 작업을 제대로 끝내지 못한 게 마음에 걸렸다. 건강과 활동력
이 왕성했을 때만 해도 아버지는 스스로 회고록을 썼다. 해방 직후
부터 대학 입학 때까지의 이야기는 통일뉴스에 1년 이상 연재했고,
2013년에 《끝나지 않은 길》이란 제목으로 두 권이 나왔다. 고향인
밀양에서 겪은 어린 시절 이야기는 구국전위 사건으로 감옥에 있

을 때 집필했고, 1997년에 《할배, 왜놈소는 조선소랑 우는 것도 다른강?》이란 제목으로 펴냈다.

2016년부터 회고록 집필을 재개했지만 얼마 가지 못했다. 건강 때문에 집필이 어려워진 것이다. 아버지와 각별한 사이였던 정용일 형과 같이 구술부터 받아놓기로 했다. 주권방송 스튜디오에서 후배들이 촬영해주었다. 하지만 녹화는 번번이 중단됐다. 아버지는 묻고 답하는 것을 자꾸 '취조'라고 여겼다. 중간에 화를 벌컥 내고 '진술'을 거부하기 일쑤였다. 나는 나대로 답답하고 속상했다. 결국 우리는 구술 작업을 포기했다.

그 뒤 내가 집에서 이런저런 이야기를 물어가며 조금씩 정리해나갔다. 하지만 이미 기억은 점차 사라져가고 있었다. 어느 때부터 2000년대 기억이 없어졌다. 조금 더 지나니 구국전위 사건을 기억하지 못했다. 이재문과 남민전도, 여정남과 인혁당도 시나브로 잊혀갔다. 그럴 때마다 나는 아버지의 기억을 되살리기 위해 노력했다. 책도 보여주고 사진도 보여주면서 묻고 또 물었다. 사람과 사건의 불연속적인 장면만이라도 되살리기 위해 애썼다. 그러나 그때뿐이었다. 아버지는 다시 감옥에 갇혔다. 바로 망각(忘却)의 감옥이었다.

1장

아내 장수향

01
미안하단 말도
못 하고 떠나보낸 사람

중환자실은 오전, 오후 30분씩 면회가 허용됐다. 그것도 직계가족 한 사람만 가능했다. 중환자실에 들어서니 각종 의료기기의 전자음이 정적을 깨고 있었다.

— 아버지.

곁에 앉아 나지막이 불러봤다. 미동조차 없었다. 아버지는 인공호흡기로 간신히 숨을 쉴 뿐이었다. 손을 잡아 보았다. 뼈가 앙상히 드러난 손은 차가웠다. 다리를 흔들어 보았다. 여전히 반응이 없었다. 이불 밑으로 드러난 발과 다리를 조금씩 주물렀다. 하지만 온기는 쉬이 돌아오지 않았다. 12년 전 췌장암 말기로 병실에 누워 있던 어머니 모습이 겹쳤다. 2008년 가을에 어머니는 암 판정을 받았고, 겨울에 세상을 떠났다. 그래도 어머니는 자식들에게 당부의 말을 남길 여유가 있었다. 제발 아버지에게도 그런 여유가 허용되길…. 온전한 정신으로 우리에게 유언이라도 제대로 남길 수 있기를….

아버지의 모습에 어머니의 모습이 겹치면서 치매가 심해지던 때가 떠올랐다. 노인장기요양등급이 5급에서 3급으로 변경되고 얼마 지나지 않았을 때다. 아침 식사를 챙겨드리려고 아버지 집 현관을 들어섰다. 방과 거실에 불이 훤히 켜져 있었다. 곳곳에 짐들이 어수선하게 널브러져 있었다.

— 아버지, 오늘은 일찍 일어나셨네요. 조금만 기다리세요. 금방 밥 차릴게요.
— 밥은 필요 없다. 도대체 너거가 내한테 이럴 수 있나?
— 아니, 왜요? 무슨 일인데요?
— 너거 엄마 어디 갔노?
— 예?
— 너거 엄마 어디 갔냐고? 아니, 너거가 엄마를 어디로 빼돌렸노?
— 아니, 그게 무슨 말씀이세요? 엄마는 돌아가신 지 벌써 10년이 다 됐어요.
— 뭐? 너거 엄마가 죽었다고? 그게 말이 되는 소리가? 아내가 죽은

걸 남편이 우째 모를 수가 있노. 당장 너거 엄마 데리고 와라!

나는 너무 당황스러웠다. 아버지의 망상과 착각이 이 정도로 심해졌구나 싶었다. 속상하고 슬펐다. 하지만 흥분한 아버지를 달래는 게 먼저였다.

— 아버지가 잠깐 기억이 안 나서 그런 거예요. 흥분하지 마시고 찬찬히 생각해보세요. 그럼 기억이 나실 거예요.

나는 휴대전화를 꺼내 저장된 어머니 산소 사진을 보여드렸다.

— 여기 이렇게 엄마 산소가 있잖아요.
— 저리 치워라. 어디서 이상한 사진을 들고 와서 너거 엄마 산소라고 거짓말을 하노.

아버지의 손사래에 휴대전화가 바닥에 떨어졌다.

— 그럼 저하고 밀양에 한번 가시죠. 가서 직접 엄마 산소를 보면 기억이 나실 거예요.
— 자꾸 날 속이려 하지 마라. 내가 너거 엄마한테 꼭 할 말이 있다. 그러니 제발 한 번만 만나게 해도. 나도 안다. 나 때문에 고생만

하다 결국 집을 나간 거 아이가. 내가 너거 엄마 만나서 미안하다고 꼭 말해야겠다.

결국 나는 어머니한테 모셔 드리겠다고 약속할 수밖에 없었다. 간신히 아침 식사를 마치고 형에게 연락했다. 함께 아버지를 모시고 밀양으로 출발했다.

어머니 산소는 아버지의 고향인 경남 밀양시 초동면 성만리의 선영에 있다. 아버지가 직접 자리를 잡은 곳이다. 평평한 작은 묘비석에는 '장수향 모니카'라고 새겨져 있다. 그 아래로 지아비 안재구, 소정 세민 소영 영민, 이렇게 우리 4남매 이름도 적혀 있다.

밀양 산소에 도착한 아버지는 무척 당황했다. 산소 전경도 낯설어했다. 어머니 묘비를 물끄러미 바라보던 아버지가 갑자기 산을 내려갔다. "아버지!" 하고 불러도 황급히 내려갈 뿐이었다. 집으로 돌아오는 차 안에서 아버지는 아무런 말도 하지 않았다. 묵묵히 창밖만 바라보았다. 집에 도착한 뒤에도 말없이 방으로 들어갔다. 살며시 문을 열고 보니 등을 보인 채 돌아누워 있었다. 그렇게 밤새 꼼짝도 하지 않았다.

어머니는 아버지를 직장 선배 소개로 만났다. 당시 어머니는 경북도청 학무과에 근무하고 있었다. 어머니와 아버지의 인연을 맺어 준 이는 경북도정 월보의 편집장으로 있던 여류 수필가였다. 공부하는 사람으로 집안도 좋고 장래가 유망한 청년이라고 소개했다. 뒤에 경제적으로 좀 어렵다는 말을 덧붙이기는 했지만…. 예전에 아버지의 첫인상을 묻는 내게 어머니는 이렇게 말했다.

　－너거 아버지 첫인상? 글쎄, 소탈하고 텁텁한 학구파였어. 사람이
　　진실하고 편안했지.

　담담하게 몇 차례 만남을 이어갔다. 하지만 아버지는 당장 결혼할 상황이 아니었다. 생계를 책임져야 하는 대가족의 장남으로 동생들도 많았다. 어려운 경제 형편이 결혼의 걸림돌이었다. 그러다 아버지가 뒤늦게 '교보병(교직보유병)'으로 입대했다. 당시 군 복무를 마치지 않은 교사에게 1년짜리 단기 복무 혜택이 주어졌다. 대학원에 다니며 고등학교 야간부 교사로 있던 아버지도 해당자가 됐다.

　아버지가 입대하면서 두 사람의 인연도 끊어지는 듯했다. 당시로는 스물일곱의 과년한 나이였던 어머니는 몇 군데 선을 보기도 했다. 하지만 성사가 되지 않았다. 그렇게 1년여가 지난 어느 날이었다. 퇴근하던 어머니가 도청 정문으로 내려오는데 한 남자가 손을 들며 아는 체했다. 가까이 가서 보니 아버지였다.

　－그렇게 해서 너거 아버지를 다시 만났어. 졸지에 내가 군대 간 남

자를 기다린 꼴이 되었지.

1962년 10월 3일, 맑고 높은 가을 하늘 아래 어머니와 아버지는 결혼식을 올렸다. 다시 만나 결혼하기까지 우여곡절도 있었다. 외할머니가 결혼을 반대한 것이다. 어려운 집안의 8대 종손과 결혼하는 딸의 고생이 눈에 훤해 만류했다고 한다.

- 너거 외할아버지가 외할머니를 열심히 설득했어. 공부하는 사람 뒷바라지하는 게 보람된 일이라고. 사윗감은 장래성 하나만 보면 된다면서….

실제로 결혼할 때 아버지는 스탠드 전등 하나 달랑 들고 왔다고 한다. 신혼 방과 살림살이는 모두 어머니가 장만했다. 어머니는 경주여고를 졸업하던 해, 교원 자격시험에 응시해 수석으로 합격했다. 경북도청 학무과에 발령받아 10년 가까이 근무해 왔다. 그동안 모아둔 돈을 결혼하는 데 모두 쓴 셈이다.

외할아버지 말씀대로 어머니는 아버지 뒷바라지에 헌신했다. 결혼하던 해인 1962년 봄, 경북대학교 문리대 수학과 전임강사로 발령받았던 아버지는 학자로 탄탄대로를 걸었다. 아버지는 뭔가에 몰두하면 다른 것은 돌아보지 않는 성격이었다. 또 뭔가를 결정하면 바로 실행에 옮겨야 직성이 풀렸다. 당연히 성격도 강하고 고집도

셌다. 그런 기질은 집안 내력이기도 했다. 어머니는 억센 성격의 시가 사람들 틈에서 마음고생도 많았다. 그래도 남편의 무한한 발전 가능성을 믿고 인내하며 지냈다.

그 사이에 우리 4남매가 태어났다. 큰누나는 1964년, 형은 1965년, 그리고 작은누나는 1967년, 막내인 나는 1968년에 태어났다. 위로 연년생, 아래로 연년생이었다. 남편 뒷바라지에다가 줄줄이 엄마 손이 필요한 4남매를 키우느라 얼마나 고생했는지는 안 봐도 알 수 있다.

1970년 8월 31일, 이날은 어머니에게 최고로 기쁜 날이었다. 아버지가 만 37세의 나이로 박사학위를 받은 것이다. 박사학위 수여자 중에서 가장 젊은 나이였다. 전임강사로 시작한 남편이 조교수, 부교수를 거쳐 정교수로 승진했고, 마침내 박사학위까지 받은 것이다. 결혼 후 8년의 고생이 한순간에 씻기는 듯했다.

1993년 10월의 아버지 환갑 때 모처럼 여섯 식구가 다 모인 날, 박사학위 기념사진을 보면서 우리 가족은 즐거웠다.

─ 아이고 시골에서 많이도 올라오셨네. 칠성동 할매, 불로동 할매도 있고, 밀양의 다원 할배도 있고, 성만에서 할배 할매들도 많이 올라왔네….

─ 할매 친정인 청도에서도 올라오고, 엄마 친정 식구들까지 참 많네. 다들 동네잔치 벌어진 줄 알겠다.

— 그날 학위 수여식에 온 사람들이 다들 놀라고 부러워했지. 다른
학위 수여자들은 다들 머리가 희끗희끗했는데, 너거 아버지만 눈
에 띌 정도로 젊었거든.
— 우리 장 여사님, 정말 수고가 많으셨네. 남편 뒷바라지에 4남매 키
워내느라 진짜 고생하셨겠어.

정말 그랬다. 어머니는 남편이 가정에 신경 쓰지 않고 오직 학문
에만 열중하도록 하는 것이 자신의 역할이라고 생각했다. 아버지는
제자들과 세미나를 하다 늘 통금시간이 임박해서야 집에 돌아왔다.
월급의 절반 이상이 제자들 뒷바라지로 나갔다. 이것도 모자라 출
판사에서 청탁받은 교재 집필로 휴일도 없이 바빴다.
명색이 국립대 교수였지만 집안 살림은 어렵고 모자랐다. 그래도
어머니는 내색하지 않았다. 있으면 있는 대로 없으면 없는 대로 생
활을 꾸려나갔다. 자기 삶을 남편의 삶에 맞추는 것을 당연하게 여
겼다. 그런 힘든 내조 속에 얻은 남편의 박사학위였기에 어머니는
더욱 기뻤다. 박사학위도 받고 정교수도 되면서 아버지의 앞날은
꽃길처럼 열렸다. 시집에서도 친정에서도 모두 어머니의 노고를 칭
찬했다. 이제 사모님 소리 들으며 편하게 살겠다며 부러워했다. 어
머니도 당연히 그럴 거라 믿었다. 아이들 바르게 키우고 열심히 살
아가면 더 이상 바랄 게 없다고 생각했다.
그런데 어느 날부터 왠지 자꾸 불안한 느낌이 들었다고 한다. 이

유를 알 수 없는 불길한 예감. 도대체 왜 이럴까? 어머니의 불길한
예감은 빗나가지 않았다.

02
잊지 못할 남편의 제자

내가 어렸을 때 참 많은 아버지 제자들이 우리 집을 찾아왔다. 제자들이 올 때마다 내가 문 앞에 딱 버티고 서서 이렇게 말했다고 한다.

─ 맛있는 거 뭐 사 왔어?
─ 오늘은 영민이 주려고 사브레 사 왔지.

당시 새로 나온 사브레 과자가 인기였다. 이름처럼 프랑스풍의 최고급 쿠키였다. 값도 비싸 쉽게 먹을 수 없었다. 그런데 내 입맛에는 별로였다. 지금도 나는 사브레를 좋아하지 않는다.

― 에이, 맛도 더럽게 없는 거 사 갖고 왔네.

그러면서 못 들어가게 문 앞에서 딱 버텼다. 결국 제자 중에서 한 명이 급히 가게에 가서 내가 좋아하는 양갱이나 뽀빠이 과자를 사 가지고 와서야 겨우 집에 들어올 수 있었다고 한다.

― 그때 우리가 너 때문에 얼마나 창피했는지…. 깡패도 아니고 아주 막무가내였다니까. 오죽하면 제자들이 영민이 있냐고 물어보고 왔겠냐.

형과 누나들은 아직도 나를 이렇게 구박하고 있다. 물론 당시 네 댓 살 정도였던 나는 기억에 없다고 우긴다. 그런데 결정적인 증언 은 내가 경북대 수학과에 입학했을 때, 교수님들한테서 나왔다.

― 우리가 교수님 댁에 갈 때마다 너 때문에 얼마나 당황하고 쩔쩔맸 는지 알아?

산악반 제자들도 많이 찾아왔다. 아버지는 경북대 산악반 지도교 수로도 오래 재직했다. 산악반 제자들은 나와 몸으로 부대끼며 잘 놀아주었다. 그래서 아버지가 산악반 제자들과 등산할 때, 나도 종 종 따라가기도 했다. 물론 이때도 중턱쯤 올라가서는 다리 아프다고 떼를 써 할 수 없이 제자들이 업어서 올라갔다고 한다.

 — 수학과 학생들이 다녀가면 다음에는 산악반 학생들이 다녀가고,
  또 세미나 하러 대학원생들이 오고… 언제나 너거 아버지 제자들
  로 집이 북적였지.

 반야월에 살 때 아버지는 안채의 초가집을 헐어서 직접 블록을
쌓아 널찍한 서재를 만들었다. 거기서 제자들과 세미나도 하고 음
악도 들었다. 당시 집에는 '전축'도 있었고, 수백 장의 LP 음반도 있
었다. 산격동을 거쳐 대봉동, 파동으로 이사 가서도 제자들의 방문
은 그치지 않았다.
 아버지 제자들을 챙기는 일도 어머니 몫이었다. 통금에 걸려 자
고 가는 경우도 종종 있었다. 어머니는 자고 가는 제자들이 있으면
아침에 도시락을 싸서 보냈다. 아버지 도시락은 못 싸도 제자들 도
시락은 꼭 챙겼다. 그래야 마음이 편했다고 한다. 반야월 집은 큰길
에서 한참 들어가는 시골집이었다. 아버지가 출장으로 집을 비우는
날에는 무서움이 많은 어머니를 위해 제자들이 당번을 짜 서재에
머무르며 지켜주었다.
 그런 제자들 중에서 어머니가 특별히 잊지 못하는 한 사람이 있
었다. 헌칠한 키에 잘생긴 청년이었다. 그는 수학과 제자도 아니고,
산악반 제자도 아니었다. 이 청년이 오면 아버지는 서재에서 오랫

동안 조용히 대화를 나누었다. 어머니도 뭔가 긴장된 분위기가 느껴져 차만 대접하고 서재에는 일절 오지 않았다.

한날은 이 청년과 대화하던 아버지의 꾸짖는 소리가 서재 밖으로 들렸다고 한다. 한참 뒤에 상기된 표정으로 그가 나오자 어머니는 괜히 미안한 마음에 현관 밖까지 배웅해주었다. 대체 무슨 연유일까. 하지만 남편에게 물어보기도 그랬다. 두 사람은 어떤 관계일까. 무슨 일로 저 청년은 남편을 자주 찾아올까. 궁금하면서 한편으론 불안했다.

그러던 1974년 4월, 어머니는 신문에 대문짝만하게 나온 기사를 보고 깜짝 놀랐다. 머리가 하얘지고 심장이 쿵쿵 뛰었다. 유신독재에 맞서 전국의 대학생 시위를 주도해온 민청학련(전국민주청년학생총연맹) 조직과 이를 배후에서 조종했다는 인혁당(인민혁명당) 재건위원회 사건이 터진 것이다. 그런데 신문에 나온 조직도 중앙에 그 청년의 사진이 떡 하니 올라와 있었다. 청년의 이름은 바로 여정남이었다. 어머니는 아버지에게도 위험이 닥칠까 두려웠다. 그간에 곁에서 본 두 사람은 각별했고, 뭔가 큰 뜻을 도모하는 관계로 보였다. 조심스레 아버지에게 어찌 된 일인지 물어봤다. 하지만 아버지는 어두운 표정만 지을 뿐, 아무런 말도 하지 않았다.

그로부터 1년이 지났다. 1975년 4월 9일, 이날은 어머니에게 일생에서 잊지 못하는 날 중의 하나다. 그날따라 일찍 집에 들어온 아버지는 저녁 식사도 마다하고 침통한 표정으로 방에 들어갔다. 분위기가 너무 침울해 어머니는 아무런 말도 못 건네고 숨을 죽이고 있었다. 잠시 뒤 방 안에서 아버지의 울음소리가 문밖으로 흘러나왔다.

— 신문에 난 기사를 보고 정남이 학생이 사형선고를 받은 바로 다음 날 사형이 집행됐다는 소식을 알았어. 나도 너무 놀라고 흥분돼 아무것도 할 수 없었지. 언제나 내게 씩씩하게 인사하던 정남이 학생 모습이 눈에 선한데…. 죽은 정남이 학생이 너무 안타깝고, 어떻게 사람을 그렇게 죽일 수 있는지 박정희 정권에 대한 분노도 치밀었고…. 너거 아버지한테도 무슨 일이 생길 것만 같아 무섭고 두렵기도 했지.

세월이 좋아져서 인혁당 사건 희생자들의 추모제가 열린 날, 어머니는 이렇게 당시를 회상했다.

인혁당 사건으로 사형당한 여덟 분 중에는 대구에서 활동한 서도원, 도예종 선생도 포함됐다. 두 분 모두 아버지를 만나러 몇 차례 집에 온 적이 있었다. 어머니는 그냥 아버지와 친분이 있는 사람으로만 생각했다. 그랬던 분들의 사형 소식이라니…. 어머니는 분노와 슬픔이 드는 동시에 불안감도 생겼다. 이때부터 어머니의 불안은 조금씩 일상이 되었다. 아버지가 늦기라도 하면 걱정에 조바심이 일었다. 자꾸만 아버지가 학문이 아닌 다른 일을 하다가 큰일을 당하지 않을까 걱정됐다. 이듬해, 앞으로 닥칠 큰일의 전조인 양 16년간 공들여온 노력이 물거품이 되는 일이 터졌다. 바로 아버지의 해직이었다.

1976년 박정희 정권은 교수 재임용 제도를 시행했다. 명분은, 연구도 안 하고 안일하게 자리만 지키는 교수들을 탈락시키고 실력 있는 교수들을 새로 충원하겠다는 것이었다. 하지만 실상은 그렇지 않았다. 유신정권에 반대하는 교수들을 강단에서 추방하기 위한 수단으로 악용된 것이다. 여기에 아버지도 포함됐다.

아버지의 재임용 탈락은 경북대에서도 큰 충격이었다. 아버지는 국내 수학계는 물론 세계적으로도 명성이 높았다. 당시 경북대 수학과에서 발행한 〈경북 매스매티컬 저널〉(Kyungpook Mathematical Journal, KMJ)은 세계 유수 대학의 수학과와 교류하던 학술지였다. 이를 책임지고 편집해온 사람이 바로 아버지였다. 경북대 학생들도 강하게 반발했다. 당시 김영희 총장은 박정희와 대구사범학교 동기였다. 실력도 없는 데다가 유신정권에 저항하는 학생들에게 가혹한 징계를 내려 악명이 높았다. 그런 사람이 아버지의 재임용 탈락을 강행한 것이다.

실력 없는 교수라고 하기에는 자신들이 보기에도 명분이 없었던지, 아버지에게는 '국가관 미확립' '학생운동에 동정적'이라는 사유를 갖다 붙였다. 아버지는 문리대 학생처장으로 재직할 때 운동권 학생들에 대한 징계에 반대한 적이 많았다. 그게 박정희 정권과 학교 당국에 밉보인 결정적 이유였다. 이렇게 아버지는 대학원 시절부터 20년, 전임강사에서 교수까지 16년 동안 강의해온 교단에서 하루아침에 쫓겨났다. 1976년 2월이었다.

경북대에서 쫓겨난 아버지는 홀로 서울로 올라왔다. 몇 군데 사립대학에 강사로 나갔다. 대구로 다시 돌아올 상황이 못 됐다. 아버지를 따라 우리 가족도 1977년 여름, 서울로 올라왔다. 그때 나는 초등학교 3학년이었다. 우리 가족이 새로 정착한 곳은 서울의 갈현동이었다. 그곳에서 우리는 할아버지, 할머니를 모시고 8명 대가족이 함께 살았다. 낯선 서울에 적응하는 건 쉽지 않았다. 나는 전학온 학교에서 대구 사투리 때문에 놀림도 받았다. 그러다 제일 센 녀석을 한바탕 두들겨 패준 다음부터 놀리는 애들이 없어졌다.

그렇게 나도, 우리 가족도 서울 생활에 적응해 나갔다. 아버지도 1979년 9월 1일 숙명여대 수학과 정교수로 발령받았다. 우리는 빠르게 행복한 일상을 회복했다. 하지만 행복은 오래가지 못했다. 그로부터 한 달 뒤, 우리는 악몽 같은 현실과 맞닥뜨려야만 했다.

03
1979년 추석,
그리고 '남민전'

1979년 10월 5일, 그해 추석을 우리 가족은 영원히 잊을 수 없다. 추석 차례를 지낸 뒤 아버지는 볼일이 있다고 서둘러 나갔다. 그리고 다음 날 아침에 한 무리의 형사들이 우리 집으로 들이닥쳤다. 그렇게 우리들의 악몽은 시작됐다.

종가의 맏며느리인 어머니는 추석 전날에도 정신없이 바빴다. 음식 준비와 제수품 정리를 마치고 밤늦게 잠자리에 들었는데, 11시가 넘은 시각에 전화벨이 울렸다. 겨우 몸을 일으켜 전화를 받으니 젊은 여성의 목소리였다.

─ 교수님 좀 바꿔주세요.

인사도 없이 다급한 목소리로 말하는 것이었다. 어머니는 당돌한 학생이란 생각을 하면서 아버지에게 전화를 건네주었다.

— 여보, 급한 전화인가 봐요. 받아보세요.

그리고는 피곤해서 먼저 잠이 들었다. 새벽에 눈을 떠보니 아버지가 담배를 연거푸 피우고 있었다. 밤새 잠을 이루지 못한 듯했다.

— 간밤의 전화 때문인 거 같았어. 혹시 학생한테 무슨 문제가 생겼나 물어봤어. 근데 너거 아버지가 아무 일도 아니라고 말을 돌리더라. 나도 차례 준비 때문에 더는 묻지 않고 부엌으로 나왔지.

이른 아침부터 어머니는 분주했다. 차례를 지내기 위해 작은아버지들이 도착했다. 우리도 어린 사촌 동생들과 어울려 정신없었다. 음복을 마치고, 어른들은 아이들의 재롱에 시간 가는 줄 몰랐다. 단 한 사람, 아버지만 안방에서 뭔가를 골똘히 생각하는 눈치였다. 어머니가 부엌에서 뒷정리에 한창일 때, 아버지가 급하게 나갈 채비를 했다.

— 여보, 나 잠깐 시내에 다녀오리다.
— 무슨 일인데요? 오랜만에 다들 모였는데, 오늘 같은 날 꼭 나가야

해요?

하지만 아버지는 이미 현관문을 나서고 있었다.

— 너거 아버지 얼굴도 제대로 못 보고 건넨 말이 마지막이 될 줄 꿈
  에도 몰랐어. 그 길로 나간 사람이 다시 집으로 돌아오는 데 꼬박
  10년이 걸렸으니….

그날 밤 아버지한테서 전화가 왔다.

— 학생들 문제로 바빠 집에 못 들어가니 기다리지 말고 당신 먼저
  자요.

어머니는 학생들에게 무슨 문제가 생겼구나, 여기고 일찍 잠자리
에 들었다. 그날 밤이 어머니에게는 편하게 잠을 청한 마지막 밤이
었다.

나중에 알았지만, 추석 전날 남민전(남조선민족해방전선 준비위원회)
사건의 총책으로 발표된 이재문 선생의 잠실 아지트가 발각돼 여
러 사람이 경찰에 연행됐다고 한다. 간밤에 걸려 온 전화는 이 사실
을 아버지에게 알려준 것이었다. 또 아버지가 급히 집을 나서고 1
시간도 못 돼 우리 집은 완전히 포위됐다고 한다. 버스정류장부터

골목 입구까지 형사가 배치됐고, 우리 집 주변으로도 형사들이 잠복하고 있었다.

이튿날 아침 형사들이 우리 집으로 들이닥쳤다. 그들은 어머니에게 아버지의 행방을 추궁했다. 학교로 출근했다는 말을 듣자마자 서둘러 집을 나갔다. 하지만 아버지는 학교에 나오지 않았다. 아버지를 놓친 형사들은 우리 가족을 다그쳤다. 가택 수색으로 집 안은 난장판이 됐다. 그들은 어머니에게 아버지 행방을 대라고 험악하게 몰아붙였다. 아침부터 저녁까지 집 안에 죽치고 앉아 어머니를 추궁했다. 우리는 영문을 몰랐다. 아버지가 무슨 일로 행방을 감췄는지, 왜 경찰이 이토록 집요하게 아버지를 찾는지 알 수 없었다. 아버지에게 뭔가 큰일이 생겼구나, 짐작만 할 뿐이었다.

며칠 뒤, 신문을 보고서야 알았다. "반국가조직인 남조선민족해방전선 준비위원회 적발, 조직원 대거 검거"라는 기사가 1면에 대문짝만하게 실린 것이다. 아버지를 비롯한 여러 사람의 사진과 이름이 서로 엮이고 엮인 도표와 명단이 실렸고, "해방 후 최대 자생적 공산주의 조직사건"이라는 무시무시한 내용의 해설도 실려 있었다.

신문을 집어 든 어머니의 손은 부들부들 떨렸다. 어머니를 통해 신문을 전해 받은 할아버지는 창백한 표정으로 말문을 잃었다. 곁에 있던 할머니는 끝내 혼절했다. 남민전 사건이 1차 발표된 10월 9일은 한글날이었다. 당시 우리 집에는 태극기가 없었다. 할아버지는 급히 밖으로 나가 태극기부터 사 왔다. 당신의 아버지와 아재들이 해방 직후 고초를 겪고 목숨을 잃은 일이 제일 먼저 떠올랐기 때문이다. 우리 집이 이념적으로 문제가 없다는 걸 그렇게라도 보여주고 싶었다. 태극기를 대문 앞에 잘 보이게 달며 할아버지는 탄식했다.

― 이런 업보가 내 평생에 또 남았구나.

할아버지는 10.26이 터진 날에도 조심스레 말씀하셨다.

― 애비에게는 다행으로 좋은 소식이겠재.

남민전 사건이 신문에 보도된 뒤 형사들의 횡포는 더욱 심해졌다. 수배 중인 아버지에게는 500만 원의 현상금이 걸렸다. 곳곳에 수배 전단도 붙었다. 저들은 어머니도 연행해갔다. 어머니는 매일 검은 세단에 실려 치안본부 대공분실로 끌려가 아버지의 행방을 추궁당했다. 저들은 백지를 주고 '소견서'를 쓰게 했다. 살아온 일대기와 평소 남편의 생각과 행동에 대해 낱낱이 쓰게 했다. 매일 아침부터 저녁까지 이어지는 '소견서'는 한마디로 고문이었다. 아버지를 못 잡은 데 대한 앙갚음이었다.

저들은 옛날이야기까지 끄집어내며 어머니를 괴롭혔다. 한날은 전쟁 직후 보도연맹 사건으로 죽은 어머니의 삼촌 이름이 형사 입에서 나왔다. 어머니는 물론이고 온 집안이 잊고 살아야만 했던 존재가 30년 만에 다시 거론된 것이다. 전쟁 직전에 동생을 보도연맹에 가입시켰던 외할아버지는 "내가 동생을 살린다면서 결국 죽게 했다"라며 평생을 후회하셨다고 한다. 형사는 "우리는 당신도 의심하고 있다"라며 어머니를 노려보았다.

　—이제 그만하고 남편 있는 곳을 대요. 남편이 마누라한테 연락을
　안 할 리가 없잖아.

저들의 괴롭힘에 시달리다 하루는 너희도 당해 봐라 싶어서 어머니가 이렇게 말했다.

　—남편이 등산을 좋아하고 전국에 사찰도 많이 아는데, 거기에 숨었
　을지도 모르겠군요.

그 말을 듣자마자 형사들은 황급히 나갔다. 실제로 저들은 아버지의 책상을 뒤져 지리산 노고단 산장지기인 함태식 선생과 주고받은 연하장을 발견하고, 산장 일대에 잠복하기도 했다. 함태식 선생은 이런 내용을 훗날 자신이 쓴 책에 밝혀놓기도 했다. 형사들이 찾아와 안재구 교수의 행방을 추궁하다 지리산 일대를 뒤지는 헛

수고를 하고 돌아갔다고.

저들은 아버지를 찾아 안 가본 데가 없었다. 아버지 친척들은 물론이고 어머니 친척과 친구들, 경북대 수학과 교수들과 제자들, 정말 사돈의 팔촌까지 찾아다니며 전국을 뒤졌다. 그러니 우리 주변의 지인들이 오랫동안 우리를 피하는 게 당연했다. 저들의 횡포는 우리 4남매에게도 자행됐다. 형사들은 아침 등교 때마다 가방을 뒤졌다. 아버지한테 편지를 받은 게 있지 않냐고 추궁했다.

— 아직도 연락 없는 거 보니 어디서 죽었나? 아니면 북한으로 도망
 갔나?

매일같이 찢어진 눈으로 비아냥댔다. 더욱 괴로운 것은 이웃의 눈길이었다. 이미 우리 집은 '간첩 집'으로 소문이 났다. 집밖을 나서면 마주치는 이웃들이 고개를 돌렸다. 지나쳐 가면 뒤에서 수군대는 소리가 들렸다. 동네 슈퍼에 가면 벌레라도 본 듯 슬금슬금 피했다. 그럴 수밖에 없었다. 형사들은 이웃 사람들에게도 아버지의 평소 언행을 묻고 다녔다. 학교에 가니 같은 동네 사는 아이가 내게 말했다.

— 우리 엄마가 그러는데 너희 아빠 간첩이라며?

그 아이는 작은누나가 다니던 피아노 집 딸이었다. 피아노 선생님은 평소 어머니하고도 친하게 지냈던 사이다. 그나마 앞집 아주머니가 우리를 보면 안쓰러운 눈길을 보내주었다. 그 집도 해방 직후에 좌익 활동을 하다 죽은 친척들이 많았다고 했다. 그렇게 우리는 이웃으로부터도 철저히 고립됐다.

매일같이 어머니를 끌고 가던 검은 세단이 어느 날 오지 않았다. 다음 날에는 수시로 우리 집을 드나들며 괴롭히던 형사들도 사라졌다. 무슨 일인가 궁금하던 차에 작은아버지한테서 전화가 왔다. 아버지가 10월 27일에 체포됐다는 소식이었다. 아버지가 저들에게 끌려간 뒤에야 비로소 우리는 마수에서 벗어날 수 있었다.

그새 어머니는 진이 빠져 몸을 제대로 가누기 힘들 정도로 건강을 해쳤다. 구속된 아버지가 가혹한 수사를 받는 동안 우리가 할 수 있는 것은 아무것도 없었다. 할아버지와 할머니는 결국 작은아버지 집 근처에 방을 얻어 이사하셨다. 당신들까지 며느리에게 짐이 되고 싶지 않아서였다. 한날은 연탄을 사러 간 어머니가 힘이 쏙 빠진 채 돌아왔다. 연탄 가게 주인이 이렇게 말했다는 것이다.

― 간첩 집에는 연탄 안 팔아요. 그리 알고 그냥 가세요.

잔인한 폭풍이 몰아친 그해 겨울은 정말로 추웠다. 30년 만에 찾아온 추위라고 언론에서도 난리였다. 너무 추울 때는 아버지의 책을 연탄 아궁이에 태워 방을 덥혔다. 차마 수학책은 태울 수 없었다. 대신 〈창비〉를 비롯한 잡지와 소설책이 아궁이로 들어갔다. 나는 뒷산에 올라 태울 만한 나무 조각을 모아 왔다. 그렇게 다섯 식구가 한방에 모여 혹독한 겨울을 외롭게 견뎌냈다.

04

"안재구, 사형!"

치안본부 대공분실로 끌려간 아버지는 꼬박 40일간 수사를 받았고, 12월 7일에 서대문구치소로 송치됐다. 남민전 사건 관련자들은 경기도경 대공분실에서 특별히 파견 나온 고문기술자 이근안에게 혹독하게 당했다. 특히 이재문 선생을 비롯해 초반에 체포된 사람들이 심하게 고문당했다. 아버지는 그나마 막판에 잡혀 덜 당했다고 하니 다행이라고 할까.

구치소로 이송됐지만, 여전히 면회는 허용되지 않았다. 이는 명백한 불법이었다. 들리는 말로는 고문의 흔적을 감추기 위해서라고 했다. 면회는 물론 편지마저 불허됐다. 하지만 어디에도 따질 수가 없었다. 붉은 딱지가 붙은 이들에게는 어떤 불법도 용인되던 시절이었다. 그래도 어머니는 수시로 구치소를 찾아갔다. 겨울을 견뎌

낼 두꺼운 솜옷도 넣어야 하고, 속옷이며 양말도 챙겨야 했다. 부실한 식사를 보충할 간식거리도 구치소 매점에서 사 넣었다. 옷가지를 찾아와 집에서 빨아 다시 넣기도 했다.

　― 그렇게 영치품이라도 넣으면 너거 아버지도 내가 다녀간 걸 알겠지 싶었어. 그걸 보면 철저히 차단된 그 속에서 조금이나마 위로가 되겠지….

처음 구치소에 갈 때는 할아버지와 함께 갔다. 겨울 솜옷이 부피도 컸지만 혼자 가는 게 엄두가 안 나기도 했다. 그때 할아버지의 한탄을 듣고 어머니도 마음이 아팠다.

　― 내가 어릴 때 아버지한테 솜옷을 넣어주러 여기에 온 적이 있었는데, 이제는 아들한테 솜옷을 넣어주러 여기를 다시 오는구나. 이런 놈의 세상을 보려고 내가 여태껏 살아온 건지…. 에미야, 너도 마음 단단히 먹거라.

할아버지의 아버지, 그러니까 아버지의 할아버지는 항일투쟁을 하다 체포된 적이 있었다. 1926년 무렵이었다. 구속된 아버지에게 솜옷을 넣어주기 위해 어머니를 모시고 서대문형무소를 찾은 할아버지는 당시 열네 살이었다.

면회는 기소가 되고도 한참 지나서야 허용됐다. 1980년 2월 첫 면회 때, 어머니는 머릿속이 텅 비어 아무런 말도 생각나지 않았다. 원망도, 슬픔도, 분노도, 애련함도, 모든 것을 잃어버린 느낌이었다.

— 왜 한 달도 피하지 못했어요.

한참 뒤에야 입을 열어 남편에게 한 말이었다. 어렵게 쌓아 올린 학문도, 자식도, 아내도, 부모도 송두리째 버린 무서운 사람이란 원망이 들었다. 하지만 힘든 도피 생활과 모진 고문, 감옥의 혹독한 추위를 견뎌내느라 수척해진 남편 얼굴을 보니 입이 떨어지지 않았다. 어느덧 10분이 지나고, 면회를 마치라는 벨 소리가 요란하게 울렸다. 그제야 어머니는 겨우 말했다.

— 부디 몸조심하세요. 내일 또 올 테니 필요한 거 있으면 말해주시고요.

편지는 그보다 훨씬 더 지나서야 허용됐다. 대상은 철저히 가족으로 한정됐다. 내용도 엄격하게 검열당했다. 우리는 아버지와 헤어진 지 6개월 만에 처음으로 편지지에 담긴 아버지의 온기를 느낄 수 있었다.

나의 아내에게

불의의 일을 당하여 당신과 헤어진 지 벌써 반년이 되었구려. 그날 집을 떠날 때 이제는 영영 사랑하는 나의 가족과는 이별이라고 생각하니 왈칵 쏟아지는 눈물을 참느라고 무척 애를 먹었소. (중략)

만일에 무슨 일이 있으면 나의 모든 것을 버릴 준비를 하였으나 10월 27일 아침에 그러한 생각을 버렸소. 세상에 나의 심정을 바로 말할 기회가 반드시 오리라고 생각했기 때문이오. 그러나 자유 없는 상태에서 내가 무슨 도리가 있겠소. 당신에게 폐만 되는 신세가 되었소. 그렇다고 원망만 하고 지내지는 말아 주오. 차차 세상이 좋아지면 나에게도 반드시 자유의 날이 오리라고 믿고 있으며 당신도 이것을 믿어주오. 그리고 우리의 아들, 딸들에게 이것을 믿게 해주오. 캄캄한 어둠의 시기가 가고 이제 곧 새벽이 올 것이오. 여보, 조금만 더 참고 기다려봅시다. (중략)

1980년 4월 10일
당신의 남편으로부터

당시 중학교 3학년인 형은 서대문중학교(현재 한성과학고등학교)에 다녔다. 서대문중학교는 서울구치소 위에 자리 잡고 있었다. 학교에서 보면 서울구치소가 빤히 내려다보였다. 아버지는 매일 형의 학교를 보며, '세민이가 오늘도 저기서 열심히 공부하고 있겠구나'

라고 생각하며 힘을 냈다고 한다. 하지만 감옥에 갇힌 아버지를 둔 소년에게 서울구치소를 끼고 올라가야 하는 등굣길은 활기찰 수 없었다. 그런 상황에서도 형은 꿋꿋하게 공부했고, 1등을 놓치지 않았다.

첫 공판을 앞두고 어머니는 변호사를 구하기 위해 동분서주했다. 쉽지 않았다. 박정희는 죽었지만, 뒤를 이은 무도한 전두환 집단의 서슬이 퍼런 시기였다. 게다가 아버지는 어마어마한 사건의 핵심 인물이었다. 변호사를 구하기 힘든 게 당연했다.

당시 작은아버지의 고교 동창이 검찰에 있었다. 그는 작은아버지를 통해 어머니에게 "쓸데없는 데 돈 쓰지 말고" 아이들이나 잘 건사하시라고 전했다. 가족이 애를 쓴다고, 유능한 변호사를 쓴다고 달라질 게 없다는 것이다. 현실적인 말이기도 했다.

남민전 사건의 담당 검사가 나중에 '6공의 황태자'로 불린 박철언이었다. 그는 경북고 재학 시절 아버지한테 수학을 배웠다. 아버지는 대학원에 다닐 때 경북고에 강사로 나간 적이 있었다. 그때의 인연이었다. 박철언 검사는 할아버지와 어머니를 검사실에 따로 불러 아버지를 만나게 해준 적도 있었다. 형장에서 생을 마감할지도 모를 옛 은사에 대한 나름의 배려였다.

다들 재판 결과를 절망적으로 보았다. 통혁당(통일혁명당), 인혁당 사건처럼 남민전의 핵심 관계자들에게도 사형선고가 내려질 것으로 예측했다. 그렇다고 손 놓고 앉아서 당할 수만은 없었다. 하지만 낯선 서울에 올라온 지 겨우 2년 만에, 아이들만 키우다 닥친 현실 앞에서 어머니는 어디서부터 실마리를 풀어야 할지 막막했다. 여기저기 수소문했다. 이 사람 저 사람을 통해 알아보았다. 그렇게 해서 간신히 소개받은 분이 홍성우 변호사였다. 홍 변호사는 유신정권 때 여러 시국사건을 맡아 변론해온 능력 있고 훌륭한 분이었다. 어머니를 만난 홍 변호사도 희망적인 이야기는 하지 않았다. 그저 최선을 다해보자는 말만 했다.

재판은 짜놓은 각본에 따라 흘러가는지 일사천리로 진행됐다. 당시 공판이 열리던 서울지방법원(현재 서울중앙지방법원)은 서소문에 있었다. 공판이 열리는 날이면 가족들은 아침 일찍부터 법원 앞으로 모여들었다. 법정에는 직계가족 두 명만 들어갈 수 있었다. 가족들은 법원 마당에 모여 호송버스를 기다렸다. 차에서 내리는 이들의 얼굴이라도 보기 위해서였다. 하지만 그조차 힘들었다. 버스가 도착하면 가장 먼저 법원 경비원들이 몰려들었다. 이들은 가족들이 다가오지 못하게 벽을 치고 강압적으로 제지했다.

나와 작은누나는 머리를 썼다. 몰려든 사람들 틈에서는 아버지를 볼 수 없을 것 같았다. 그래서 버스가 들어오는 정문 부근에서 기다렸다. 큰길에서 버스가 법원 입구로 들어섰다. 사람들이 많다 보니 정문으로 들어가려던 버스가 천천히 움직였다. 그때 우리는 버스를 향해 열심히 손을 흔들었다. 그리고 철창으로 가려진 창문 너머로 아버지를 찾았다. 누군가 우리를 보고 수갑 찬 손을 흔들었다. 희미한 창으로 보인 얼굴은 바로 아버지였다. 그렇게 몇 달 만에 아버지를 만날 수 있었다. 우리는 다시 몇 시간을 기다려 재판을 마치고 돌아가는 아버지를 마찬가지로 차창을 사이에 두고 배웅했다. 불과 몇십 초의 순간이었다.

1980년 5월 2일, 이날은 남민전 사건 1심 선고일이었다. 앞선 결심 공판에서 박철언 검사는 아버지를 비롯해 무려 8명에게 영원히 사회에서 격리해야 한다며 사형을 구형했다. 잔혹한 논고는 옛 스승이라고 해서 예외는 아니었다. 당시 재판은 판사의 결정권이 없었다. 권력의 의사에 따라 진행되는 재판이었다. 그래도 사람의 목숨을 함부로 다루지는 않겠지…. 어머니는 간절히 기도하고, 또 기도했다. 마지막까지 기대를 버리지 않았다.

판사들이 입장하면서 소란스러운 법정이 조용해졌다. 판사들은 높다란 판사석에 앉아 날카로운 눈매와 굳은 표정으로 피고석과 방청석을 내려다보았다. 이윽고 그들의 입에서 사형, 무기, 15년, 10년…, 무시무시한 형량이 아이들 이름처럼 쉽게 나오고 있었다.

― 안재구, 사형!

어머니의 마지막 기대는 끝내 이루어지지 않았다. 순간 맥이 풀리고 경련이 일어났다. 머리 위에 불씨가 붙은 것 같았다. 온몸의 피가 발바닥을 통해 흘러나가는 듯했다. 공판이 끝나고 아버지는 도리어 어머니를 위로하는 표정을 지으며 포승에 묶인 채 다시 끌려 나갔다. 다른 사람들의 부축을 받아 법정을 나오던 어머니는 기운이 다 빠졌다. 허공에 발이 뜬 것만 같았다.

— 그 순간 너거 아버지를 살려야 한다, 반드시 살려야 한다, 나도 모르게 무서운 집념이 생기더라.

세상 사람들이 다 남편을 포기하고 체념해도 나는 절대 포기해선 안 된다, 반드시 살려야 한다…. 어머니는 그 집념으로 새로운 날을 맞이했다.

05
세계 수학자들의
구명운동

사형선고 다음 날, 어머니는 아침 일찍 서울구치소로 달려갔다. 밤새 잠을 설쳤지만 피곤할 새가 없었다. 무서운 악몽에서 얼른 빠져나오고 싶은 심정뿐이었다. 하지만 아버지를 만나니 무슨 말부터 해야 할지 몰랐다. 아버지 손목에는 수갑이 단단히 채워져 있었다. 사형수에게는 24시간 수갑을 채우는 게 규정이라고 했다. 그 상태로 밥도 먹고 용변도 보고 운동도 해야 했다. 아버지와 우리 가족 앞에 닥친 현실을 확인시켜 주는 듯했다.

　ㅡ 여보, 내가 열심히 구명운동을 할게요. 세계적인 수학자인 당신을
　　절대 함부로 못 할 겁니다. 우선 대구에 내려가서 당신의 선후배
　　와 제자들한테 탄원서를 받아볼게요. 그러니 당신도 희망을 버리

지 마세요.

아버지에게 건넨 말은 곧 자신에게 다짐하는 말이기도 했다. 하지만 구명운동은 쉽지 않았다. 냉혹하고 살벌한 1980년, 과연 누가 나서서 도와줄 수 있을까. 더구나 국가가 '반국가단체'라고 낙인찍은 조직의 사형수를….

아버지의 모교이자 16년간 재직했던 경북대 수학과 교수들은 어머니의 연락을 피했다. 어머니도 그들의 난처한 처지를 잘 알았다. 그렇지만 어디에도 기댈 데가 없었다. 어렵게 만난 교수들은 어머니를 위로했지만, 서명은 끝내 하지 않았다. 어머니는 허탈과 좌절의 고통만 고스란히 안고 돌아왔다. 구명운동은 국내에서는 도저히 불가능했다. 어머니는 해외에 나가 있는 아버지 선후배와 제자들을 수소문했다. 그들이라면 부담이 좀 덜할 거라 기대했다. 몇몇 사람들에게 연락이 닿았다.

―안 그래도 교수님 소식을 듣고 저희도 마음이 아팠습니다. 뭐든
해보겠습니다. 구명운동을 할 수 있게 자료를 좀 보내주십시오.

어머니는 호소문을 보내 해외 수학자들의 서명을 받기로 했다. 호소문은 어머니가 직접 작성했고, 지인에게 번역을 맡겼다. 문제는 호소문을 해외로 보내는 일이었다. 어머니가 보내는 우편물은

정보기관에서 검열하고 차단할 게 뻔했다. 궁리 끝에 외국으로 나가는 인편을 통해 현지에서 직접 편지를 부치도록 했다. 이렇게 해서 간신히 미국과 일본, 캐나다로 호소문을 보낼 수 있었다.

— 007 작전이 따로 없었지. 너거 아버지 선후배와 제자들이 힘써 주었기에 가능했어. 직접 서명하기가 부담스러웠던 국내 교수들은 외국에 나가 있는 선후배들을 소개해줬고, 그렇게 연락이 닿은 분들이 동료 교수들에게 서명을 받았지.

아버지는 경북대 재직 당시 〈경북 매스매티컬 저널〉을 발행하며 세계 여러 대학의 수학과와 교류했다. 그래서 외국 수학자들도 '안재구'라는 이름을 잘 알고 있었다. 아버지의 구명을 요청하며 대한민국 대통령과 법무부 장관 앞으로 보내는 탄원서에는 세계 각국의 수학자 200여 명이 서명했다.

대한민국 대통령 각하

아래에 서명한 본인들, 세계의 수학자들은 한국 서울의 숙명여대 수학과 안재구 교수가 1980년 5월 2일, 1심 공판에서 사형선고를 받은 사실을 알고 크나큰 놀라움을 금하지 못하는 바입니다. (중략)
안 교수는 1958년부터 저서를 통해서 세계적으로 널리 알려져 있습니다.

특히 미분에 관한 그의 연구는 많이 읽혔고, 세계 수학계에 지대한 공적을 남긴 것으로 평가받고 있습니다. 그의 지난날의 업적을 바탕으로 하여 우리는 주저 없이 그의 지적 판단의 건전성을 주장하는 바입니다. (중략)

우리는 안 교수에게 내려진 사형선고에 대해 충격을 금할 수 없습니다. 왜 한국 사회가 안 교수와 같은 헌신적인 학자를 없애려 하는지 이해가 가지 않습니다. 안 교수는 국제적으로 인정받는 수학적 공헌뿐만 아니라 1960년도 경북대학교에서 임명된 후부터 20년간에 걸친 교수 활동을 통하여 한국을 위해 지대한 봉사를 했다고 우리는 믿습니다. (중략)

우리는 학자를 없애고 국민의 생명을 가볍게 여기는 나라가 번영한다고는 도저히 생각할 수 없습니다. 우리는 한국의 발전과 국제 수학계의 발전을 위해 안재구 교수가 다시 적극적으로 활동할 수 있는 날을 볼 수 있길 믿어 의심치 않습니다. (중략)

― 그때 너거 아버지의 선후배와 제자들이 정말 고생했어. 그중 한 사람은 한쪽 폐를 잘라내는 큰 수술을 받았는데도 혹시라도 재판 날짜를 놓칠까 치료도 미루고 서명받는 일에 앞장섰지. 우리한테는 생명의 은인이었어.

어머니는 해외에서 몇 단계를 거쳐 인편에 전달받은 서명지를 들고 홍성우 변호사를 찾아갔다. 언제나 굳은 표정이었던 홍 변호사 얼굴이 처음으로 환하게 빛났다.

― 정말 큰일을 해냈습니다. 제가 힘이 나네요. 좋습니다. 이걸로 한
  번 해봅시다.

홍 변호사는 탄원서를 바로 재판부에 제출했다. 2심 선고 공판을
며칠 앞둔 때였다.

1980년 9월 5일, 드디어 2심 선고일이 됐다. 어머니는 하느님이
절대로 우리를 버리지 않으실 거란 믿음만으로 머릿속을 채웠다.
다른 생각이 떠오르지 않았다. 다른 생각을 할 수도 없었다. 그렇게
맞이한 아침, 어머니는 불안과 초조 속에 법정에 들어섰다. 아버지
의 얼굴을 잠깐 봤지만, 눈을 마주치기 두려웠다. 어디에도 시선을
두기 힘들었다. 그렇게 시간이 흘러갔다. 마침내 아버지의 이름이
불렸다. 순간 심장도 멈췄다.

― 안재구, 무기!

눈물이 마구 쏟아졌다. 지난 1년이 주마등처럼 흘러갔다. 오직
이 순간을 위해 지난 시간이 존재한 것만 같았다.

― 에미야, 네가 애 많이 썼다. 이젠 발 뻗고 잘 수 있게 됐구나.

곁에 있던 할아버지도 안도의 숨을 내쉬었다. 하지만 기쁨도 잠

시였다. 1심에서 사형을 선고받은 네 사람 중에서 두 사람만 무기로 감형되고, 이재문, 신향식 선생에게는 다시 사형이 선고됐기 때문이다. 그 때문에 법정을 나서는 아버지의 얼굴에는 그늘이 가시지 않았다. 어머니의 얼굴에도 기쁨의 눈물 위로 안타까움의 눈물이 함께 흘러내렸다.

아버지를 사형에서 무기로 감형한 판사는 나중에 홍 변호사에게 이렇게 말했다고 한다.

─ 우리도 어떻게 학자를 사형시키겠는가 고심이 많았는데, 세계 수학자들의 탄원서 덕분에 감형할 수 있었습니다.

광포한 독재정권도 눈치를 볼 수밖에 없었던 세계 수학자들의 서명이었고, 세계 양심의 힘이었다.

06
이별보다 더 큰 고통

아버지는 1981년 1월 대법원에서 무기형을 확정받았고, 곧 전주 교도소로 이감을 갔다. 기결수 생활이 시작된 것이다. 기결수에게는 면회도 편지도 한 달에 한 번만 허용됐다. 어머니는 아버지를 죽음의 늪에서 간신히 빼냈지만, 다시 기약 없는 이별이 우리를 기다리고 있었다.

어머니에게 이별의 아픔보다 먼저 닥쳐온 게 있었다. 생활고였다. 이제 혼자서 중고등학생 넷을 데리고 살아야 했다. 어머니에게는 사방이 적막강산이었다. 엄동설한에 허허벌판으로 내몰린 것과 같았다. 대구에서 서울로 올라오면서 이사한 집은 은행 대부를 끼고 어렵게 장만한 집이었다. 아버지가 잡혀가면서 우리 집은 수입이 끊겼다. 아버지 재판과 구명에 매달리느라 어머니는 다른 데 신경 쓸 겨를이 없었다. 대출이자와 상환금은 눈덩이처럼 불어났다. 은행의 독촉은 시도 때도 없이 날아왔다. 더는 견딜 수 없었다. 결국 집을 처분하기로 했다.

급매로 싼값에 집을 내놓았다. 하지만 보러 오는 이가 없었다. 세상을 뒤흔든 사건을 동네 복덕방인들 모를 리 없었다. 당시 '수사반장'과 쌍벽을 이룬 드라마로 '113 수사본부'가 있었다. 거기에서 특집으로 남민전 사건을 다룬 적이 있었다. '숙대 교수 안재구' 역은 탤런트 김용건이 맡았다. 우리 가족도 도대체 어떻게 다뤘을까 궁금해서 봤다. 보면서 온몸이 부들부들 떨렸다. 이렇게 TV 방송까지 앞장서서 '간첩'으로 낙인을 찍는구나…. 그런 시절이었으니 집이 팔릴 리가 없었다.

어머니는 아버지 명의의 집을 막내 삼촌 이름으로 바꾸었다. 대문에 붙은 '안재구' 문패를 떼면서 어머니는 눈물을 흘렸다. 이 집을 얻고 얼마나 희망에 부풀었을까. 하지만 이제는 그 어디에서도 희망이라고는 찾을 수 없는 처지였다. 집은 그러고도 몇 달이 지나서야 간신히 팔렸다. 우리 가족은 갈현동을 떠나 구산동에 작은 아파트를 얻어 이사했다. 그런데 이사 간 곳까지 경찰이 따라왔다. 경비실은 물론이고 옆집, 아랫집까지 들쑤셨다. 우리의 동태를 감시하고, 협조를 요청했다. 집에도 불쑥 찾아왔다. 견디다 못한 어머니가 경찰들에게 소리쳤다.

― 도대체 언제까지 우리를 따라다니며 못살게 굴 겁니까? 당신들이
우리 식구 먹여 살릴 겁니까?

그 뒤로는 좀 뜸해지나 했지만, 경찰들은 여전히 정기적으로 우
리 가족의 동향을 파악했다. 참으로 질기고 악랄한 집단이었다. 그
런 상황 속에서 아이들을 데리고 살아가자면 뭔가 고정 수입이 있
어야 했다. 하지만 어머니의 수중에는 아무것도 없었다. 일자리를
얻기도 쉽지 않았다. 고심 끝에 어머니가 시작한 일은 화장품 행상
이었다. 마침 어머니 친구의 형부가 화장품 회사의 상무였다. 어머
니는 친구의 언니를 찾아가 사정을 말했다. 명색이 교수 부인이었
는데 보따리장사를 하겠다고 찾아온 어머니를 보고 언니도 당황했
다고 한다.

― 그게 아무나 할 수 있는 일이 아닌데…. 수향아, 정말 괜찮겠니?

도와달라는 거듭된 부탁에 언니는 대리점을 연결해주었다. 그렇
게 해서 비누와 샴푸를 비롯해 여러 가지 화장품을 받아왔다.

― 안방에 물건들을 쌓아 놓기는 했는데 내가 정말 할 수 있을까 걱정
이 되더라. 서글프기도 하고. 그래도 이걸 팔아야 생활 대책을 마
련할 수 있다고 마음을 다잡았지.

그날 밤 어머니는 잠든 우리를 보면서 각오를 다졌다.

'아이들과 살아야 한다. 그게 지금 내가 할 일이다. 다른 건 생각하지 말자. 아이들만 생각하자….'

하지만 팔 데가 마땅찮았다. 밤마다 찾아갈 만한 사람들을 떠올리며 치밀하게 계획을 세워 보았지만, 날이 새면 허물어지길 반복했다. 무거운 보따리를 들고 서투른 서울 길을 헤매며 화장품을 팔러 다니는 어머니 소식은 동창들에게도 알려졌다. 동창들이 하나둘씩 연락을 해왔다. 굳이 필요하지 않은 물건까지 넉넉하게 사주었다. 때로는 아이들 맛있는 거 사주라고 따로 봉투를 건네기도 했다. 하지만 그것만으로는 여전히 부족했다. 어머니는 예전에 나의 담임 선생님이 뭔가 도움이 필요하면 말해 달라고 한 게 생각났다. 몇 번을 망설이다 학교로 발걸음을 옮겼다. 죄지은 사람처럼 떨리는 가슴으로 어렵게 용건을 꺼냈다.

─ 잘 오셨습니다. 안 그래도 아이들 데리고 어떻게 생활하고 계시는지 궁금했습니다. 학교에 여선생님들이 많으니 제가 챙겨보겠습니다. 공연히 힘든 걸음 하지 마시고 영민이 편에 이것저것 보내주세요.

내가 중학교 1학년 때 담임선생님이었다.

입학하고 며칠 뒤 선생님은 나를 반장으로 임명했다. 배치고사 성적도 우수하고 덩치도 커서 내가 적임이라고 판단한 것이다. 그런데 한 아이의 엄마가 학교로 찾아와 따졌다고 한다.

— 그 애 아버지가 누군지 알아요? 어떻게 그런 집의 애를 반장으로 뽑을 수 있어요.

자기 아이가 반장이 안 된 것에 대한 항의도 담겼다. 선생님이 나를 조용히 불렀다.

— 영민아, 너희 집 형편도 어려운데 괜히 반장을 맡으면 어머니께 부담이 될 거 같구나.

나의 반장 임명은 취소됐다. 반장은 항의한 집의 아이가 아닌 다른 아이가 뽑혔다.

내가 다닌 대성중고등학교에는 1980년 5월 '김대중 내란음모 조작 사건'으로 구속된 조성우 선생의 부인이 영어 선생님으로 재직 중이었다. 같은 영어 선생님이었던 나의 담임선생님하고도 친했다. 그래서 더욱 우리 처지를 안타까워했고, 도와주려고 애썼다.

나는 어머니의 심부름을 불평 없이 잘 수행했다. 화장품을 담은 쇼핑백을 들고 이삼십 분씩 걸어서 등교하는 길은 솔직히 부끄럽고 민망했다. 선생님은 내게 1층 양호실에 놔두고 가면 된다고 했다. 최대한 다른 사람과 마주치지 않게 배려한 것이다. 나의 화장품 배달은 한 달에 한두 번씩 중학교 졸업 때까지 계속됐다.

어머니가 췌장암으로 병원에 입원했을 때, 한날은 간병하는 내게 말했다.

— 엄마가 살면서 너한테 제일 미안했던 게 학교에 화장품을 들고 가게 한 거다. 싫었을 텐데도 내색 안 하고 엄마 말 들어줘서 참 고마웠다.

지금 생각해보면 어머니도 선생님도 참 따뜻했다. 어머니는 화장품 외에 알로에 같은 건강보조식품도 팔았다. 보험회사도 다녔다. 모두 '사모님'과는 어울리지 않는 일이었다. 어머니는 그렇게 가난에 맞서며 우리를 키워냈고, 아버지의 옥바라지를 했다.

07
특별한 '가족여행'

아버지가 구속된 뒤 우리 4남매에게 방학은 특별한 의미가 됐다. 방학이 되면 아버지를 만날 수 있었기 때문이다. 여름방학과 겨울방학, 1년에 두 번씩 어머니를 따라 아버지에게 가는 날은 며칠 전부터 마음이 설렜다.

1981년 7월 말, 우리는 전주교도소에 있는 아버지를 만나러 새벽 5시에 집을 나섰다. 버스 첫차를 타고 서울역에 내려 전라선 통일호 첫차에 올랐다. 4시간여가 지나 전주역에 내린 뒤 다시 버스로 갈아탔다. 버스가 한참을 달려 평화동에 있는 전주교도소에 도착하니 점심때가 지나 있었다. 높다란 담장으로 세상과 벽을 쳐놓은 하얀 콘크리트 건물은 위압적이었다. 구치소는 매일같이 들어오고 나가는 사람들에다 접견과 재판 출정으로 항상 북적였다. 하지만 기결수가 모여 사는 교도소는 달랐다. 외부와 철저히 차단된 채 기약 없는 삶을 살아내야 하는 곳이었다. 그래서인가 뜨거운 여름 햇볕이 내리쬐는데도 적막하기 그지없었다.

　우리를 이끌고 낯선 곳을 찾아가느라 새벽부터 긴장한 어머니는 교도소에 도착해서도 긴장을 풀지 못했다. 이날은 우리 4남매가 구속된 아버지를 거의 2년 만에 만나는 날이었다. 어머니는 교도소에 특별면회를 신청했다. 아버지와 우리를 유리벽과 쇠창살을 사이에 두고 만나게 하고 싶지 않아서였다. 특별면회를 하면 사무실 같은 곳에서 조금은 자유롭게 만날 수 있었다. 특별면회는 교도소장의 권한이었다. 하지만 저들은 이 핑계 저 핑계를 대면서 계속 시간만 끌었다. 그렇게 한참을 기다린 다음에야 겨우 특별면회가 허용됐다. 그런데 대뜸 다섯 명이 모두 접견장에 들어갈 수 없다는 것이었다. 면회는 규정상 네 명까지 가능하다고 했다. 그러니 아이를 한 명 놔두고 들어가라고 했다. 이 말에 어머니가 폭발했다.

　― 당신들도 자식을 키우지 않소? 아버지를 만나겠다고 서울에서 새
　　벽같이 달려왔는데, 애를 하나 빼놓고 들어가라고요? 도대체 이게
　　말이 되는 겁니까?

　하지만 저들은 규정을 들먹이며 끝끝내 안 된다고 했다. 옥신각신하다 결국 내가 빠지기로 했다. 더 시간을 끌다가는 당일로 서울

에 올라가는 게 어려울 것 같아서도 그랬다. 그런데 접견실에 들어온 아버지가 내가 빠진 것을 알고는 당장 아이를 데려오라고 호통을 쳤다. 뒤늦게 교도관이 밖에서 기다리는 나를 데리러 왔다. 규정은 핑계였다. 애초부터 충분히 해줄 수 있는 일이었다. 그런데도 그런 식으로 애를 먹인 것이다. 그때 우리는 알았다. 군사독재의 충실한 하수인들이 모인 이곳이 비인간적일뿐더러 야비한 곳임을…. 속상한 마음은 전동성당에 들러 문정현 신부님을 만나 뵙고 풀어졌다. 신부님은 원래 교도소가 그런 식으로 괴롭힌다며 우리를 위로해주셨다.

— 다음부터 면회를 마치면 성당에서 식사도 하고 쉬었다 가세요. 사제관에 어머님이 함께 계시는데 말씀해 놓겠습니다. 제가 없더라도 꼭 오세요.

아버지는 감옥에서도 부당한 처우에 맞서 싸웠다. 그 싸움의 끝은 항상 이감이었다. 골치 아픈 사람은 다른 데로 보내버리는 게 저들의 특기였다. 새로운 곳에서 다시 적응하며 산다는 게 갇힌 자들에게는 또 다른 스트레스라는 걸 저들은 잘 알고 있었다. 전주를 거쳐 광주, 대전, 그리고 마지막 대구에 이르기까지 아버지는 여러 차례 이감을 다녔다. 덕분에 우리는 방학 때마다 전국의 도시로 특별한 '가족여행'을 떠났다.

그래도 광주는 우리에게 큰 힘을 주었다. 한번은 면회를 늦게 마쳐 서울로 올라갈 길이 막막했다. 요새처럼 KTX가 있는 것도 아니었다. 광주에서 서울까지 통일호로 5시간씩 걸렸다. 좀 더 빠른 새마을호가 있기는 했다. 하지만 우리한테는 경제적인 부담이 컸다. 전남대 해직교수인 이광우 교수님이 사정을 알고는 자기 집에서 자고 가라고 했다.

— 괜찮습니다. 밤차를 타고 가도 되니 염려 안 하셔도 됩니다.
— 밤차 타고 새벽에 내려서 또 어떻게 집에 갑니까? 우리 집에도 안 교수님 자제분들과 또래들이 있습니다. 그냥 편하게 지내다 가세요. 그냥 가시면 제가 섭섭합니다.

어머니도 더는 거절을 못 했다. 늘 주눅이 들고 우울했던 우리도 그날 밤 모처럼 사람 사는 기분을 느꼈다. 광주의 민주 인사들은 이 교수님처럼 구속자 가족을 자기 가족같이 챙겼다. 교도소에서 뭔가 문제가 터지면 그들이 먼저 달려가 싸웠다. 광주교구의 윤공희 대주교님은 구속자 가족들이 면담을 원하면 일정을 바꿔서라도 먼저 만나주셨다. 구속자 가족들이 밥은 제때 먹고 다니는지 꼼꼼하게 챙겨주셨던 광주YWCA 조아라 총무님은 광주의 대모이자 구속자 가족의 대모이기도 했다.

— 광주에 가면 늘 마음이 푸근해졌어. 다들 우리한테 뭐라도 하나씩 챙겨주려고 했고. 그분들의 위로를 받으면 절로 힘이 났지.

광주는 택시 기사들도 친절했다. 면회를 마치고 당일로 집에 돌아오자면 늘 시간에 쫓겼다. 그래서 광주역에서 문흥동 교도소까지 택시를 타고 갔다. 하지만 다섯 명이라 정원을 초과했다. 어머니는 고심 끝에 기사에게 부탁했다.

— 아저씨, 저희가 다섯 명인데 어떡하죠? 방학을 맞아 아이들과 아버지 면회 가는 길이에요. 새벽 일찍 서울에서 왔어요.

어머니는 다른 지역과 달리 광주에서는 숨김없이 말하곤 했다. 시국사건으로 구속된 아버지를 만나러 가는 길이라고. 그러면 택시 기사들도 선선히 승낙했다. 가는 도중에도 "고생이 많겠습니다. 빨리 나오셔야 할 텐데…"라며 우리를 위로했다. 이처럼 1980년 5월의 아픔을 지닌 광주는 시대의 아픔을 지닌 모든 사람을 품어주었다.

세월이 흐르면서 우리 4남매도 점차 성장해 나갔다. 큰누나는 1983년 대학에 입학했다. 아버지처럼 수학을 전공했다. 형은 1년을 재수해서 1985년 경제학과에 입학했다. 작은누나는 1986년 철학과에 입학했다. 아버지 없이 지내야 했던 가난하고 외로운 시절이었지만 돌아보면 다들 꿋꿋하게 살아냈다. 감옥에서 부친 봉함엽서 가득 빽빽한 아버지의 글이 힘이 됐고, 방학마다 아버지를 만나러 가는 길이 위로가 됐다.

아버지는 1986년 12월에 대구로 이감했다. 이때 나는 큰 결단을 했다. 학력고사를 친 지 얼마 지나지 않아 대학 입학원서를 준비할 때였다. 당시 서울의 대학은 데모가 끊이질 않았다. 그 와중에 학생운동에 적극 참여했던 큰누나가 경찰의 수배를 피해 집을 떠나는 일도 생겼다. 어머니는 여러모로 아버지를 닮은 내가 대학에 들어가 학생운동에 가담할까 염려했다.

― 영민아, 기왕이면 경북대 수학과가 어떠냐? 거기 가면 교수님들도
   다 아버지 후배고 제자라서 너한테 참 잘해주실 거다.

대학은 수학과로 가겠다고 진즉부터 생각해왔던 나는 어머니의 뜻을 따르기로 했다. 대구로 이감한 아버지 가까이서 지내고 싶다는 마음도 생겼다. 어머니 대신 내가 자주 아버지 면회를 다닐 수 있겠다는 생각도 들었다. 하지만 그것이 나중에 어머니한테 더 큰 아픔으로 바뀔 줄은 그때는 나도, 어머니도 생각조차 못 했다.

08
마침내 감옥 문이 열리다

시대는 여전히 암울했다. 전두환의 폭정에 맞서 대학생들의 투쟁은 갈수록 고조됐다. 감옥은 잡혀 온 학생들로 넘쳐났다. 재야에서도 구속자 석방투쟁을 활발하게 벌여나갔다. 특히 1985년 2월의 12대 총선에서 김영삼, 김대중 두 사람이 손잡고 만든 신민당(신한민주당)이 돌풍을 일으켰다. 전두환 독재에 대한 시민들의 분노가 터져 나온 것이다. 총선 결과, 민주화의 목소리는 더욱 거세졌다. 구속자 석방 요구도 높아갔다.

어머니도 마음이 급했다. 그동안은 기약 없는 무기수 신세라 석방운동은 꿈도 꾸지 못했다. 하지만 이제는 달라졌다. 민주화의 기운이 고조되는 속에서 아버지 석방운동에 본격적으로 나섰다. 구속 학생과 재야인사의 석방운동 모임에도 열심히 나갔다. 하지만 남민전 가족들은 그다지 환영받지 못했다. 다들 남민전 사건을 부담스러워했다. 우리는 민주화운동을 했지만, 남민전은 다르지 않냐고도 했다. '간첩단 사건'이란 낙인은 민주화운동 내에도 남아 있었다. 이를 깨뜨려준 분들이 문익환 목사님과 김승훈 신부님이었다. 두 분은 남민전 가족들을 특별히 챙겼다.

문익환 목사님은 한빛교회에서 진행하는 시국기도회에 남민전 가족들을 자주 초대했다. 강론에서 남민전 사건을 언급하며, 남민전 구속자들을 석방하는 게 진정한 민주화라고 강조했다. 목사님의 부인인 박용길 장로님과 어머님까지 진심으로 우리를 위로하고 챙겨주셨다. 천주교정의구현사제단을 창립했던 김승훈 신부님은 별명이 '남민전 신부님'이었다. 독재정권에는 불호령을 내리던 분이지만, 남민전 가족들한테는 그렇게 따뜻할 수 없었다. 신부님의 어머님도 우리를 자주 사제관으로 불러 맛있는 음식을 대접해주셨다.

— 아무도 남민전 가족들을 반기지 않았을 때, 목사님과 신부님께서 제일 먼저 나서 주셨어. 그 덕분에 남민전 사건도 민주화운동으로 인정받고, 구속자 석방운동도 함께 할 수 있었지.

어머니는 그런 인연으로 큰누나 결혼 때는 문익환 목사님께, 작은누나 결혼 때는 김승훈 신부님께 주례를 부탁드렸다. 1994년 문 목사님이 세상을 떠나셨을 때, 또 2003년 김 신부님이 세상을 떠나셨을 때, 어머니는 참 많이 우셨다. 힘든 시절 큰 의지처였던 두 분의 존재는 우리에게 그만큼 각별했다.

두 분 외에도 한빛교회 담임목사로 1970~80년대 민주화운동의 중심에 서셨던 이해동 목사님과 이종옥 여사님 부부, 그리고 함세웅 신부님도 우리 가족에게 큰 힘이 돼 주셨던 분들이다. 이해동 목사님은 1998년 10월, 나의 결혼식 때 주례를 서 주셨고, 법무부로부터 외출을 허락받고 결혼식에 참석한 아버지가 하객들과 충분히 인사를 나누도록 결혼식을 천천히 진행하셨던 기억이 잊히지 않는다. 김승훈 신부님과 함께 천주교정의구현사제단을 이끄셨던 함세웅 신부님도 우리 가족에게 큰 사랑을 베풀어주셨다. 어머니는 힘든 일이 있을 때마다 함 신부님을 찾아 큰 위로를 받았다.

본격적인 구속자 석방운동을 위해 1985년 12월에 민가협(민주화실천가족운동협의회)이 결성됐다. 어머니는 남민전 가족을 대표해 민가협 공동의장을 맡았다.

— 민가협을 결성하면서 제일 먼저 구속자라는 명칭을 '양심수'라고 바꿨어. 그전에는 억울하게 감옥에 갇힌 사람이라고만 여겼는데, 자유를 빼앗기면서까지 지키고자 한 양심과 신념을 부각한 것이지. 처음 양심수란 말을 들었을 때, 나도 괜히 당당해지고 자신감이 생기더라.

민가협이 결성되면서 양심수 석방운동은 더욱 활발해졌다. 그전까지만 해도 내 자식이 혹여 불이익이라도 받을까 큰소리 한번 못 치던 어머니들이 이제는 정부와 교도소의 부당한 처사에 맞서 당당히 싸웠다. 특히 교도소 측은 민가협 어머니들한테 쩔쩔맸다. 교도소 내에서 처우 개선이나 독재정권 타도를 외치며 양심수들이 '빵투(감방투쟁)'를 벌이면 민가협 어머니들이 밖에서 지원투쟁에 나섰다. 교도소 앞에서 외치는 어머니들의 구호는 교도소 안에도 다 들릴 정도로 컸다. 민주화운동을 '빨갱이'로 색칠하는 조선일보에도 몰려가고, 민정당과 법무부로 쫓아다니느라 하루가 바빴다. 이러한 민가협의 투쟁 덕분에 양심수 석방은 민주화의 핵심과제가 됐다.

1987년에는 민주화의 불길이 거세게 타올랐다. 박종철 열사 고문치사 사건은 6월항쟁의 거대한 물길을 열었다. 결국 전두환 정권의 2인자였던 노태우는 6.29 항복선언을 내놓았다. 대통령 직선제 개헌이 확정되면서 정권교체의 길도 열렸다. 어머니는 그해 12월 대선에서 정권교체만 이루어진다면 아버지도 석방될 거라는 기대에 들떴다. 하지만 김영삼, 김대중의 분열로 노태우가 당선되면서 민주화는 좌절되고 말았다. 어머니는 며칠이나 식음을 전폐할 정도로 상심이 컸다.

민주 진영은 대선 패배의 상처를 딛고 다시 일어섰다. 1988년 4월 총선에서 우리 국민은 여소야대 국면을 만들어냈다. 새로운 국

회에서 5공비리조사특별위원회와 5·18광주민주화운동진상조사
특별위원회가 꾸려졌다. 학생들과 시민들은 다시 거리로 몰려나왔
다. 5공비리 책임자와 광주학살 책임자 처벌을 요구했다. 전두환,
이순자 구속과 양심수 석방을 외쳤다. 어머니와 남민전 가족들의
마음도 급해졌다. 노태우 정부는 격앙된 민심을 수습하기 위해 11
월에 전두환, 이순자를 백담사로 보냈다. 사실상 귀양 조치였다. 이
제 양심수 석방은 민주화의 상징처럼 떠올랐다. 전두환 독재의 잘
못을 인정한 이상 독재에 맞서 싸운 양심수들을 더는 가두어 둘 수
없었다. 정부와 야당이 양심수 석방의 범위를 어디까지로 할지 협
의 중이라는 이야기가 조금씩 흘러나오기 시작했다.

　그런데 남민전이 커트라인이라고 했다. 그중에서도 아버지의 석
방 문제가 논란이 됐다. 노태우 정부는 '안재구'만큼은 제외해야 한
다고 고집했다. 어머니는 야당 국회의원들을 만나 아버지를 꼭 석
방해야 한다고 매달렸다. 이때 일본에 있는 남민전 구속자 지원 모
임에서 안재구 교수의 석방을 요구하는 일본 수학자 700여 명의
탄원서를 보내왔다. 이게 막바지 결정에 큰 힘이 됐다. 성탄절 직전
에 양심수 석방을 단행할 것이라는 뉴스가 나왔다. 하지만 아버지
의 석방 여부는 여전히 오리무중이었다. 하루에도 몇 번씩 기대와
낙담이 엇갈렸다. 하루하루 초조하게 시간이 흘러갔다. 그러다 12
월 20일에 양심수 석방 문제를 담당하던 야당 국회의원의 보좌관
이 집으로 찾아왔다. 보좌관은 다른 말은 없이 어머니에게 의원의

인사를 전한 뒤 선물 상자를 건네고 돌아갔다.

— 그때 직감했어. 너거 아버지가 내일 석방되는구나.

어머니는 할아버지, 할머니와 작은아버지들에게 연락했다. 대구의 친척들에게도 귀띔했다. 그러고는 바로 대구로 내려갔다. 우리는 그날 밤 친척 집에서 들뜬 마음으로 밤을 새우다시피 했다. 다음 날 아침 일찍 대구교도소를 찾았다. 이미 교도소 앞은 석방되는 양심수들을 기다리는 인파와 취재진으로 장사진을 이루고 있었다.

이윽고 10시, 육중한 교도소 철문이 열렸다. 먼저 젊은 학생들이 나왔다. 마중 나온 가족들과 여기저기서 얼싸안고 눈물을 쏟았다. 곳곳에서 외치는 함성과 구호가 교도소를 울렸다. 그렇게 석방과 환영의 축제마당이 펼쳐졌다. 맨 마지막으로 아버지가 교도소 철문을 열고 걸어 나왔다. 어머니와 우리는 아버지를 향해 달려갔다. 함께 아버지를 껴안았다.

— 그동안 당신이 정말 수고 많았소. 너희들도 잘 자라줘서 고맙다.

10년 만에 자유를 되찾은 아버지의 첫마디였다. 1979년 추석날 훌쩍 우리 곁을 떠난 아버지는 어느새 흰머리가 내려앉은 모습으로 우리에게 돌아왔다.

09
'구국전위'와
두 번째 무기징역

아버지가 돌아온 뒤 우리 가족 얼굴에는 생기가 돌았다. 가장의 부재로 울적했던 집에도 웃음이 퍼졌다. 10년 동안 4남매를 키우며 구명과 석방에 매달렸던 어머니 마음에도 여유가 생겼다. 처음 아버지가 구속됐을 때 받았던 소외와 외로움도 석방의 감격 속에 모두 씻겨 내려갔다. 어머니는 다시 찾은 행복에 감사하고 안도했다.

하지만 어머니의 행복은 그리 오래가지 못했다. 1990년 3월이었다. 시위에 참여했던 내가 그만 경찰에 잡혀 구속되고 말았다. 아버지가 석방된 지 겨우 1년 3개월이 지난 때였다. 어머니는 억장이 무너졌다. 잊었다고 생각한 상처가 다시 덧나는 느낌이었다. '아직 끝나지 않았구나!' 대학생들의 데모가 심한 서울을 피해 대구로 나를 내려보낸 걸 뒤늦게 후회했지만, 이미 벌어진 일이었다. 내가 대구교도소에 수감됐다는 소식을 듣고 어머니는 한탄했다.

— 천 길 우물 속에서 허우적거리는 남편을 백방으로 뛰어다니며 간신히 끌어올려 놨더니···. 대구교도소가 어디고? 너거 아버지가 마지막으로 출감한 곳 아니가. 어째 감옥까지 대를 잇는단 말이고.

어머니는 지긋지긋한 교도소에 다시는 가고 싶지 않다며 나를 만나러 오지 않았다. 결국 아버지 혼자서 면회를 온 날, 아버지의 첫마디는 이랬다.

— 전에는 네가 나를 면회하러 왔는데, 오늘은 바뀌었구나.

접견실의 교도관도 당황하고 민망해했다. 내가 있던 미결 사동의 담당 교도관은 예전에 아버지가 있던 기결 사동에서 근무한 적이 있었다. 그는 교도관 생활 20년이 넘도록 이런 경우는 처음이라고 했다.

안타까운 일은 또 있었다. 내가 구속되어 있던 중에 할머니가 돌아가셨다. 1990년 4월 2일, 일흔여섯의 연세였다. 나는 할머니의 임종도, 장사도 치르지 못했다. 할머니는 자식의 한을 품다 못해 손자의 한까지 가슴에 담고 세상을 떠나셨다. 아버지에 이은 아들의 구속, 어머니는 그것이 마치 당신의 탓인 것처럼 힘겨워했다.

나는 넉 달 만에 1심에서 집행유예로 출소했다. 출소 이후 나는 학생운동에 더욱 적극적으로 참여했다. 그해 11월에는 총학생회장 선거에 출마해 당선됐다. 1991년 대경총련(대구경북지역대학총학생회연합) 의장과 전대협(전국대학생대표자협의회) 중앙위원으로 활동하며 수배를 받았다. 노태우 정권 타도를 외치며 학생운동의 최전선에서 뛰어다녔다. 1993년 김영삼 정부가 들어서고, 그해 말에 시국사건 관련자들에 대한 수배 해제 조치가 이루어졌다. 그 덕분에 나는 3년 만에 다시 집으로 돌아올 수 있었다. 오랜 수배 생활을 끝내고 1994년 3월에 복학했을 때, 어머니는 정말 기뻐했다.

— 아들이 어디서 한뎃잠을 자고 떠돌아다니는지, 밥은 제대로 먹고 다니는지 생각만 하면 피가 마르더라. 차라리 잡혀가는 게 더 낫지. 그러면 어디에 있는지 행방은 알 수 있잖아. 감옥에라도 들어가 있으면 찾아가 얼굴은 볼 수 있을 테니까….

그러나 어머니의 기쁨은 불과 석 달밖에 허락되지 않았다. 1994년 6월 14일, 어머니에게 두 번째 날벼락이 떨어졌다. 이번에는 남편과 아들이 함께 구속됐다. 전날 밤 아버지는 서강대 근처 집필실에 들이닥친 안기부 수사관들에게 연행됐다. 대구에 있던 나는 기말고사 준비를 위해 후배 자취방으로 가던 길에 경찰청 수사관들에게 연행됐다. 아버지는 안기부로, 나는 경찰청 홍제동 대공분실로 끌려갔다. 아버지와 자주 만났던 청년들이 줄줄이 잡혀 왔고, 나와 학생회 활동을 함께 하다 군에 간 경북대 후배들도 기무사로 끌려왔다. 며칠 뒤 신문에는 이른바 '구국전위' 사건이 대문짝만하게 실렸다.

아버지는 1988년 12월 출소 후 집필과 강연 활동으로 늘 분주했다. 세상은 유신의 폭압 아래 남민전이라는 지하조직을 결성하고 저항했던 10년 전과는 확연히 달라져 있었다. 학생운동과 더불어 노동운동, 농민운동이 성장했다. 재야운동은 예전처럼 명망가 중심이 아니라 대중조직을 중심으로 활발히 움직였다. 남민전이 내걸었던 민족해방, 민주개혁의 강령은 이제 사회운동에서 기본 상식처럼 되었다. 아버지는 청년들을 만나 우리 운동의 진로와 전망을 주제로 토론하길 좋아했다. 1980년대 대중운동을 통해 성장해온 청년들이 우리 운동의 새로운 중심이 되어야 한다고 생각했다. 이를 위해 자신이 경험한 것을 청년들에게 전수해 주고 싶어 했다. 장차 핵심 간부로 성장할 만한 청년들을 발굴하고 만나는 과정에서 터진 사건이 바로 구국전위였다.

아버지의 두 번째 구속은 어머니에게 또 다른 회한을 남겼다. 남민전 사건 때는 갑자기 터진 일이라 아버지를 원망할 짬도 없었다. 다른 생각을 할 겨를도 없었다. 일단 목숨부터 살려야 했다. 그다음에는 감옥에서 끄집어내야 했다. 그것도 어린 4남매를 키우면서…. 하지만 이번에는 달랐다. 간신히 석방시킨 남편이 5년 만에 다시

간혔다. 원망이 먼저 나올 수밖에 없었다. 더구나 막내아들까지 함께 잡혀갔다. 믿기지 않는 현실은 어머니에게 감당할 수 없는 고통을 남겼다.

남민전 사건 때 어머니는 다른 가족들과 이런 이야기를 나눈 적이 있었다. 남편이 구속된 아내와 자식이 구속된 어머니 중 누구의 고통이 더 심할까. 어머니는 아내의 고통이 더 심하다고 강조했다. 가장의 역할을 대신해야 하는 경제 문제, 자식들을 올바로 키워야 하는 교육 문제, 남편에 대한 그리움과 옥바라지, 이 모든 걸 혼자서 감당해야 하는 아내의 신세가 더 고통스럽다고 했다. 하지만 막상 어머니가 직접 당하고 나니 자식의 구속은 비교가 안 될 정도였다. 차원이 다른 고통이었다. 살을 베는 듯한 아픔이 뭔지 실감할 수 있었다. 속 창자를 저미는 고통이 뭔지 알 것만 같았다. 거기에다 이번에는 남편과 자식이 한꺼번에 끌려갔으니…. 아내와 어머니로서 겪어야 하는 이중의 고통은 오래도록 마음속 깊이 상처로 남았다.

구국전위 사건이 터지고 얼마 지나지 않아 김영삼 대통령과 김일성 주석의 남북정상회담이 발표됐다. 다들 새로운 시대가 열릴 거란 기대감에 들떴다. 대통령이 직접 나서서 반국가단체의 '수괴'를 만나 정상회담을 하겠다는 마당에 국가보안법이란 족쇄로 통일운동을 탄압하는 게 말이 되냐는 이야기도 나왔다. 긴박한 정세 변화에 수사관들도 당황하는 기색이 역력했다. 하지만 김일성 주석의

갑작스러운 사망으로 정상회담은 무산되고 말았다. 김영삼 정부는 국상을 당한 북에 조의를 표하지 않았다. 오히려 급변 사태를 언급하며 전군에 비상을 걸었다. 해빙을 준비하던 남북관계는 다시 급속도로 얼어붙었다. 언론에서는 때맞춰 '주사파' 논란이 벌어졌다. 서강대 총장을 했던 박홍 신부가 총대를 멨다. 전국에 주사파 간첩 수만 명이 암약 중이라는 허무맹랑한 소리를 지껄였다. 덕분에 구국전위 사건은 대표적인 주사파 간첩 사건으로 부각이 됐다.

심신의 건강이 급속도로 나빠진 어머니를 대신해 작은누나가 면회와 재판 준비를 책임졌다. 작은누나는 오전에는 영등포교도소(현재 서울남부교도소)에 수감된 아버지를 면회하고, 오후에는 큰누나와 번갈아 서울구치소로 와서 나를 면회했다. 그렇게 하루도 빼먹지 않고 아버지와 나를 챙겼다. 교도관들도 다들 대단하다며 놀랄 정도였다. 교도소를 오가는 사이에 변호사들을 만나 재판 준비도 협의했다. 15년 전 어머니가 했던 역할을 이번에는 작은누나가 대신한 것이다.

1년여의 재판을 거쳐 아버지에게는 다시 무기징역이 선고됐다. 1심, 2심, 3심 모두 같았다. 대법원판결 직후 아버지는 대전교도소로 이감됐다. 나는 수배 해제 후 불구속으로 재판받았던 사건의 집행유예까지 합쳐 2년 4개월을 순천교도소에서 보냈다.

우리 가족에게 주어진 운명은 이처럼 가혹했지만, 세상은 예전과 달랐다. 남민전 때와 달리 격려와 지원을 해주는 사람들이 많았다.

아버지와 아들의 동시 구속에 국제인권단체인 앰네스티에서도 큰 관심을 가졌다. 아버지와 나는 앰네스티가 지정하는 '양심수'가 되어 세계 각지에서 격려와 응원의 편지를 받았다. 김영삼 정부가 경직된 모습으로 주사파 파동을 벌이기는 했지만, 남북화해의 거대한 물결을 막을 수는 없었다. 똑같은 무기징역이었지만 어머니는 남민전 때처럼 10년씩 기다리지 않을 거라는 확신이 들었다.

  1997년 12월 대선에서 김대중 후보가 당선됐다. 역사적인 정권교체였다. 1987년 대선 당시 김영삼, 김대중 후보의 분열로 노태우가 당선됐지만, 거대한 민주화의 요구를 거스를 수 없었다. 그 결과 1988년 12월에 아버지는 다른 양심수들과 석방됐다.

  이번에도 마찬가지였다. 새로 당선된 김대중 정부에 다들 기대를 걸었다. 특히 1988년에 석방된 양심수들을 통해 비로소 존재가 알려진 비전향장기수들의 석방 문제도 본격적으로 거론됐다. 김대중 대통령은 본인도 사형수이자 양심수 출신이었다. 1980년 전두환 군사독재가 조작한 내란음모 혐의로 사형선고를 받았던 김대중 대통령은 양심수 석방 문제를 적극적으로 풀었다. 1998년 8.15 특사 때는 양심수는 물론이고 비전향장기수들도 대거 석방됐다. 전향하지 않았다는 이유로 감옥에서 30~40년을 살아온 이들의 석방은 큰 박수와 환영을 받았다. 하지만 아버지는 석방 대상에서 제외됐다. 그런데 어머니는 서운해하기보다는 대통령을 이해한다고 하셨다.

— 얼마 전에 청와대에서 민가협 어머니들을 초대해 나도 다녀왔다. 내가 김대중 대통령께 "안재구 교수 아내입니다"라고 인사를 하니, 대통령께서 내 손을 잡아주시며 "잘 알고 있습니다"라고 대답하시더라. 예전에 대통령님도 이희호 여사님도 민가협과 양심수들을 참 많이 챙겨주셨지. 이번에 너거 아버지까지 석방하기에는 여러모로 부담이었을 게다.

석방 대상에서는 제외됐지만, 아버지는 1998년 10월 나의 결혼식 때 외출을 허가받아 참석했다. 1999년 7월에 할아버지가 세상을 떠나셨을 때도 귀휴를 허가받아 장례에 참석했다. 예전 김영삼 정부 때만 해도 불가능했던 조치였다. 어머니의 기대와 예상대로 아버지는 1999년 8월 15일, 가석방으로 풀려났다. 구속된 지 5년 2개월 만이었다. 무기수로는 이례적으로 빠른 석방이었다.

10

끝나지 않은
잔인한 세월

나는 1996년 10월에 석방됐다. 2년 4개월의 형기를 꼭 채웠다.
김영삼 정부는 학생운동과 통일운동에 주사파 낙인을 찍으며 탄압
했다. 양심수 석방은 논의조차 되지 않았다. 그래서 대부분 만기출
소였다.

내가 출소한 뒤 작은누나는 1996년 12월에, 형은 1997년 1월에
연달아 결혼식을 올렸다. 내가 출소할 때까지 기다린 셈이었다. 이
제부터는 내가 어머니를 모시고 살아야 했다. 대학 입학을 위해 대
구로 내려가면서 어머니와 떨어졌는데, 10년 만에 다시 함께 살게
됐다. 어머니를 모시고 살자니 생활 대책부터 마련해야 했다. 나는
대구에 내려가 복학하는 걸 포기했다. 그럴 상황이 전혀 아니었다.
대신 작은누나 선배가 운영하는 학원에서 수학을 가르쳤다. 학원은

신림동에 있었다. 구산동에서 출퇴근하기에는 너무 멀었다. 학원에서 가까운 동네인 난곡으로 이사했다. 거실은 없고, 방만 2개인 다세대 집이었다. 어머니와 단둘이 살면서 나는 어머니의 가슴속에 맺힌 상처를 조금은 알 수 있었다.

— 내가 남민전 사건은 이해한다. 너거 아버지도 청춘을 바친 경북대에서 쫓겨났으니 얼마나 속이 상했겠냐. 박정희 정권이 정말 미웠겠지. 그래서 유신독재 타도하겠다고 조직을 만들고 한 거 다 이해한다. 그런데 구국전위는 왜 또 했을까. 그것도 환갑의 나이에…. 책 쓰고, 강연 다니면서 존경받는 재야인사로 살면 될 텐데 뭣 때문에 또….

어머니는 아버지의 두 번째 구속을 두고 많이 속상해했다. 그 때문인지 기운이 없고 여기저기 아픈 데가 늘었다.

아버지가 5년 만에 집으로 돌아왔지만, 어머니의 기운은 쉽게 회복되지 않았다. 10년 만에 석방된 남민전 때는 생기가 돌고 웃음이 넘쳤다. 하지만 구국전위 석방 때는 달랐다. 물론 어머니의 나이도 있겠지만, 세월 탓만은 아니었다. 그런 어머니가 안타까웠는지 작은누나가 자서전 쓰기 강좌를 추천했다. 아버지가 두 번째로 출소한 다음 해, 2000년 봄이었다.

— 엄마도 한때는 문학소녀였잖아. 이참에 엄마가 살아온 이야기를 한번 써보면 어떨까. 수강료는 내가 다 냈으니 걱정하지 마시고….

자서전강좌의 담임선생님은 이남희 소설가였다. 어머니는 강좌를 한 번도 빼먹지 않았다. 아버지와 형과 함께 살던 수원 우만동에서 강의실이 있는 서울 종로까지는 버스와 전철을 갈아타며 가야 했다. 가는 데만 두 시간씩 걸렸다. 그런데도 나의 아내가 사준 가방을 들고 여고생처럼 즐겁게 다녔다. 숙제도 열심히 했다. 어머니가 대학노트에 깨알같이 쓴 과제물은 형과 누나가 타이핑해서 깔끔하게 정리했다. 그렇게 아내와 어머니로서 겪은 파란만장한 이야기를 써 내려갔다. 우리 4남매는 물론 사위와 며느리까지 어머니를 열렬히 응원했다.

어머니는 6개월의 강좌를 마치고도 계속 글을 썼다. 중간에 이남희 선생의 격려와 칭찬이 큰 힘이 됐다. 마침내 쓴 글들을 모아서 책으로 냈다. 제목은 《쥐어지지 않는 양산》이었다. 아버지가 구속된 뒤 어머니는 햇빛 쨍쨍한 더운 날에도 양산을 쓰지 않았다. 감옥의 독방에서 햇빛을 그리워할 남편을 생각하면 햇빛을 막는 양산이 차마 손에 쥐어지지 않았기 때문이다. 이런 사연이 담긴 제목이었다. 어머니의 책은 양심수 문제를 가족의 처지에서 풀어낸 소중한 기록이었다. 남편의 구속, 아버지의 부재 속에 어떻게 가정과 자식을 지켜냈는지 읽다 보면 현대사를 이끈 아내와 어머니의 힘을 확인할 수 있다. 이남희 선생이 쓴 추천사처럼 "역사의 전면에서 활동하는 남자들 뒤에 숨은, 어쩌면 더욱 고통받고 인내해야 했을 그 이면"에도 시선을 둘 수 있는 책이었다.

2003년 10월 24일, 우리는 아버지의 칠순에 맞춰 어머니의 출판기념회도 함께 했다. 지금은 대표적인 민중가요 노래패로 성장한, 당시만 해도 씩씩한 청년이었던 '우리나라'가 축가를 불렀다. 그렇게 살아온 길을 한번 정리하고 난 어머니는 마음이 좀 평안해졌다. 아버지를 바라보는 시선도 훨씬 따뜻해졌다.

남북정상회담과 6.15 공동선언으로 새로운 이정표를 세운 김대중 정부의 뒤를 이어 2002년 대선에서 노무현 후보가 당선됐다. 나는 결혼 직후인 1998년 11월에 입사한 〈말〉지를 거쳐 2001년부터 통일문제 전문 월간지인 〈민족21〉에서 기자로 활동했다. 남북관계가 발전하면서 민간의 교류·협력도 활발해졌다. 나는 취재차 여러 번 평양을 방문했다. 아버지도 2005년 민간단체에서 진행한 '광복 60년 기념 평양 문화유적 참관단'으로 평양에 다녀왔다. 어머니도 아버지와 함께 금강산을 다녀왔다. 세상은 그렇게 좋아졌다. 남북이 만나고 서울과 평양을 오가면서 빨갱이, 간첩이란 낙인도 사라지는 듯했다. 하지만 어머니 마음속에는 여전히 불안감이 가시지 않았다.

— 세상이 이렇게 좋아지고 있는데 엄마는 무슨 걱정이 그리 많아
요?

— 너거 아버지가 맨날 나한테 조금만 있으면 세상이 바뀐다고 했지
만, 좀 좋아지는 거 같아도 금세 과거로 되돌아가 버리더라. 그때
마다 사람들이 또 다치고 희생됐지. 그러니 아버지도, 너도 신중
하고 조심했으면 싶다.

— 엄마도 참…. 앞으로 우리 가족이 감옥 갈 일은 더는 없네요. 걱정
붙들어 매세요.

하지만 어머니의 걱정은 몇 년 후 고스란히 현실이 됐다.

우리 4남매는 결혼하고 다들 바쁘게 지냈다. 아이를 키우는 일에,
먹고사는 문제까지 정신없었다. 자연히 어머니를 챙기는 데 소홀해
졌다. 아버지도 집필과 강연, 모임과 집회 때문에 늘 밖으로 다녔다.
그렇다 보니 어머니 건강이 점점 나빠지는 것을 아무도 몰랐다.

2008년 가을에 형이 어머니를 모시고 병원에 갔다. 어머니가 며
칠 전부터 계속 속이 더부룩하고 소화가 안 된다고 했다. 가까운 병
원에서는 빨리 큰 병원에 가서 종합검사를 받아보라고 했다. 왠지
느낌이 불길했다. 첫 번째로 찾아간 대학병원에서 어머니의 병은
췌장암으로 판정 났다. 이름난 전문의를 찾아 병원을 두 군데나 더
가보았다. 마찬가지였다. 이미 손쓰기 힘들 만큼 진행된 상태였다.
어머니는 항암치료를 한 번 받고는 더는 치료를 거부했다. 너무 힘

들었기 때문이다. 당신의 생이 얼마 남지 않았다는 것도 알았다. 담담히 삶을 마무리할 준비를 했다.

— 이제 와서 너거 아버지를 원망하면 뭐 하겠노. 너거 아버지가 한편으로는 이해도 된다. 독립운동하던 할아버지 슬하에서 남다른 민족정신과 애국심을 가졌겠지. 정의로운 사람이었고, 다른 사람들한테 배려심도 많았다. 후배든 제자든 동지든 늘 먼저 챙겼지. 가족도 좀 생각했으면 싶었는데…. 너거 아버지는 그게 잘 안 되나 보더라. 그래서 내가 병이 났는지도 모르겠다.

아버지에 관한 이야기는 나에 대한 당부로 이어졌다.

— 산이 에미도 나처럼 고생하면 안 된다. 그런 일이 안 생기게 해라. 꼭 유념해라. 엄마가 너한테 바라는 건 그거 하나뿐이다.

어머니는 그렇게 마지막까지 근심만 하다 눈을 감았다. 2009년 1월 2일이었다. 어머니의 나이 일흔다섯이었다. 공부하는 사람을 만나 스물여덟에 결혼하고, 4남매를 낳아 키우면서 남부럽지 않게 17년을 보냈다. 그 뒤로는 불안과 초조, 걱정과 기다림의 30년 세월을 견뎌내다 끝내 세상을 떠났다.

어머니가 세상을 떠난 지 2년여가 흐른 2011년 7월, 다시 사건이 터졌다. 어머니의 근심은 결국 현실이 됐다.

이명박 정부 때였다. 이명박 정부 등장으로 김대중, 노무현 정부 10년의 남북관계는 무위로 돌아갔다. 남북 사이에는 예전과 같은 군사적 긴장과 충돌이 일상화됐다. 그 와중에 '종북 주사파' 마녀사냥도 다시 시작됐다. 이번에도 아버지와 내가 함께 당했다. 나는 국정원으로부터, 아버지는 경찰청 대공분실로부터 압수수색을 받았다. 혐의는 북의 공작원으로부터 지령을 받고 간첩 행위를 했다는 것이다. 남북관계가 좋을 때는 교류 · 협력이지만, 남북관계가 단절되면 간첩이 되는 분단체제의 악몽이 다시 시작된 것이다. '부자 간첩' 운운하는 기사도 다시 등장했다. 잔인한 세월은 남민전 사건 이후 30여 년이 지나도 끝나지 않았다. 언론을 통해 혐의 내용을 흘려 낙인찍고 조리돌림하는 것은 그때와 같았다.

수사와 기소, 재판 과정은 7년을 끌었다. 전형적인 괴롭히기였다. 그동안 나는 할 수 있는 게 아무것도 없었다. 집에서 아이들을 챙기고, 아버지 뒷바라지에만 전념했다. 최종적으로 아버지와 나는 집행유예를 선고받았다. 처음에는 대단한 간첩 사건인 것처럼 떠들더니 '고작' 이적표현물 소지와 고무 찬양으로 종결됐다. 어머니가 이 장면을 보지 않고 먼저 세상을 떠난 게 차라리 다행이었다.

2장

할아버지 안병희

01
지조와 절개

아버지가 중환자실에 입원한 지 1주일이 지났다. 아버지는 여전히 의식을 회복하지 못했다. 깊은 잠에 빠진 듯 눈을 감은 채 호흡기에 의존해 옅은 숨만 내쉴 뿐이었다. 회진 중인 담당 의사가 곁에 와 아버지 상태를 확인했다.

 ─ 선생님, 좀 어떻습니까?
 ─ 아직 자가호흡은 어렵지만, 맥박은 정상입니다.
 ─ 의식은 있으신가요?
 ─ 의식이 완전히 돌아온 건 아니지만 많이 좋아졌습니다.
 ─ 중환자실에서는 언제까지 있어야 하나요?
 ─ 자가호흡이 가능해지면 일반병실로 옮길 수 있을 겁니다.

사무적인 답변이었지만 처음보다는 긍정적이었다. 1주일 새 중환자실에서 세상을 떠나는 환자들도 여럿 봤던지라 조금은 안도가 됐다.

— 아버지, 정신이 좀 드세요? 저 영민이에요. 알아보시겠어요?

면회 때마다 아버지 손을 잡고 반복해서 묻는 말이었다. 매번 미동조차 없었는데, 이날은 조금씩 손이 떨렸다. 아버지 손에서 힘이 느껴지는 것 같았다. 11년 전 어머니는 진통제 외에는 달리 방법이 없던 상태에서 점점 의식을 잃어가시더니 결국 세상을 떠났다. 그나마 아버지는 차츰 좋아지고 있다니 한시름 놓았다.

어머니의 장례 때 아버지는 어머니 영정을 보면서 자주 눈물을 보였다.

— 여보, 나 때문에 정말 고생 많았소. 당신 고생시킨 거 생각하면 내가 아무 할 말이 없네. 그래도 나를 좀 이해해 주구려. 당신한테는 아픔만 남겼지만, 내가 왜 그랬는지 조만간 이야기해 줄 날이 올 거요.

어머니는 세상을 떠날 때까지 궁금해했다. 젊은 날 수학자로서 명망과 성공을 양손에 쥐었던 남편이 무엇 때문에 어마어마한 지하조직에 참여했을까. 엄혹한 유신 시절, 학생운동에 동정적이라는 이유로 교수 재임용에서 탈락하자 그에 대한 분노로 저항의 길에 참여했다고 하기에는 그 대가가 너무 가혹했다. 목숨까지 버릴 각오를 해야만 했기 때문이다. 그걸 알면서도 어떻게 자신의 전부를 바칠 결심을 했을까. 두 번째 무기징역을 받은 구국전위 사건도 마찬가지였다. 출소한 지 몇 년도 안 돼, 그것도 환갑의 나이에 다시 조직을 만들며 앞장선 이유는 도대체 뭘까. 왜, 무엇 때문에….

어머니가 세상을 떠난 뒤 아버지는 2011년 6월부터 통일뉴스에 '어떤 현대사'란 제목으로 연재를 시작했다. 해방되던 날부터 6.25 전쟁 때까지 소년 시절의 이야기였다. 밀양에서 보낸 어린 시절을 다룬 책《할배, 왜놈소는 조선소랑 우는 것도 다른강?》의 후편 격이었다. 2년간 총 124회를 진행한 연재는 원고지 4,000매에 달하는 막대한 분량이었다.

아버지의 글은 2013년 11월에《끝나지 않은 길》이란 제목으로 두 권으로 출간됐다. 만 80세가 되던 해였다. 1권은 '가짜 해방', 2권은 '찢어진 산하'라는 부제를 달았다.《끝나지 않은 길》출판기념회 자리에서 아버지는 이렇게 말했다.

― 감옥을 두 번이나 가고, 15년을 감옥에서 살면서 아내가 수발하느라 고생이 참 많았습니다. 아내는 제가 왜 그런 길을 갔는지 깊숙한 속사정을 잘 몰랐을 겁니다. 이 글은 먼저 세상을 떠난 아내를 생각하며 쓰기 시작했습니다. 생사를 넘나들던 그때의 이야기를

아내에게 꼭 들려주고 싶었습니다.

어머니가 잘 몰랐던 아버지의 소년 시절 이야기, 아버지 인생에 가장 큰 영향을 준 할아버지와 밀양의 아재들, 그리고 함께했던 소년 투사들…. 그 글을 읽었더라면 어머니는 아버지를 조금은 더 이해하지 않았을까. 아버지의 책은 뒤늦게나마 어머니에게 전하는 아버지의 마음이었다. 살아생전에 하지 못했던 고백이었다.

아버지는 1933년 10월 24일 밀양에서 태어났다. 1933년은 일본제국주의가 조선반도는 물론이고, 대륙으로까지 세력을 넓혀 나가던 때였다. 일제는 만주를 삼키고 북부 중국으로 밀고 들어갔다. 1937년에는 중일전쟁이 터졌고, 1941년에는 태평양전쟁이 벌어졌다. 이처럼 아버지의 어린 시절은 왜놈들 등쌀에 시달리던 조선사람들이 끝내는 전쟁터의 노예로 끌려가던 때였다.

2017년부터 아버지의 기억이 조금씩 사라지기 시작할 때, 나는 자주 밀양 이야기를 꺼냈다. 아버지가 이유 없이 화를 낼 때, 밀양은 화를 누그러뜨리는 특효약이었다. 최근의 기억은 사라져가도 옛 기억은 생생했던 것이다. 밀양 이야기만 나오면 아버지는 순수한 소년 시절로 되돌아갔다. 어느새 입가에 웃음이 솟았다. 목소리에도 흥이 묻어났다. 하지만 해방 직후 엄혹한 세월 속에 세상을 떠난 아재들과 동지들의 이야기를 할 때면 금세 목이 잠겼다. 눈가도 촉

촉이 젖어 들었다. 아버지에게 밀양에서 격동의 시절을 함께 보낸 사람들에 대한 기억은 강렬했다. 병세가 점점 심해져 기억들이 하나둘씩 사라져도 그 기억만큼은 여전히 또렷했다.

아버지의 고향은 경남 밀양시 초동면 성만리다. 성만 동네의 백호등에 우리 집안의 선산이 있다. 아버지, 어머니 산소도 이곳에 있다. 하지만 아버지가 주로 자란 곳은 밀양 읍내에 있던 '밀양유림연계소'였다.

- 연계소는 1880년대에 밀양 유림에서 지은 기와집이야. 당시 밀양 유림을 대표하던 고조부께서 유림계의 연합체(연계)를 조직하고, 이들의 힘을 모아 학문배양을 위한 집을 지었지.

국권을 빼앗기고 고유문화가 말살되는 세상에서 유림 세력도 점차 퇴락해 갔다. 연계소도 마찬가지였다. 제대로 관리할 사람이 없다 보니 엉망이 됐다. 기와는 깨지고 지붕은 허물어져 있었다. 방마다 구들은 내려앉았고, 축담도 다 무너져 있었다. 그렇게 도깨비집처럼 방치된 것을 서울에서 하향한 아버지의 할아버지께서 싹 수리해 대가족을 데리고 살기 시작한 것이다. 아버지가 태어나기 여러 해 전의 일이었다.

아버지는 연계소에서 증조할아버지의 사랑을 듬뿍 받으며 자랐다.

― 일제의 발악이 극에 달하면서 할아버지한테도 계속 탄압이 들어
　왔어. 왜놈들의 등쌀에 뭐 하나 제대로 할 수 없었던 아버지는 자
　주 밀양을 떠나 있었지. 이 때문에 나는 어려서부터 할아버지 손에
　서 컸어.

　나의 할아버지는 일찍이 사진 기술을 배워 밀양에서 사진관을 운
영했다. 키도 헌칠했고, 바이올린 연주 실력도 뛰어났다고 한다. 당
시로는 보기 드문 예술가 풍모의 '젠틀맨'이었다.
　할아버지는 일본 놈들에게 국권을 강탈당한 직후인 1912년에
태어났다. 할아버지가 나서 자란 시대는 일제의 잔인무도한 탄압이
일상인 때였다. 할아버지는 당신의 아버지와 성격이 잘 맞지 않았
다. 감성적인 기질에 자유분방함도 있었던 할아버지는, 이성적이고
대쪽 같은 성품의 증조할아버지와 자꾸 부딪혔다고 한다. 게다가
걸핏하면 형사들이 사진관으로 찾아와 증조할아버지의 동향을 캐
묻곤 했다. 그들에게 시달리다 지칠 때면 할아버지는 사진기를 챙
겨 들고 훌쩍 떠나버렸다. 그렇게 서울로 만주로 다니다 돌아오길
여러 차례 반복했다. 그런 할아버지를 대신해 증조할아버지가 아버
지를 키운 것이다.
　어려서부터 자신을 키워준 증조할아버지는 아버지에게 어떤 존
재였을까. 예전에 증조할아버지는 어떤 분인지 물어봤을 때, 아버
지는 이렇게 대답했다.

— 할아버지를 생각하면 지조와 절개란 말이 먼저 떠올라. 돌아가실 때까지 지조와 절개를 지킨 분이지. 할아버지는 지조와 절개가 있어야 나라를 되찾겠다는 불굴의 신념도 생기고 인민을 위해 헌신하는 자세도 나올 수 있다고 항상 강조하셨지.

일제의 폭압과 고문 속에 수많은 사람이 변절했다. 해방 뒤에도 미군정의 탄압과 총칼 아래 또 수많은 사람이 전향했다. 지조와 절개를 지킨 사람들은 모두 체포와 구금, 고문에 내몰렸다. 끝끝내 죽임을 당하는 경우도 허다했다. 지조와 절개를 지킨다는 건 곧 목숨을 거는 일임을 역사는 여실히 보여주고 있다.

— 나는 말로 하는 애국이 아니라 몸으로 하는 애국이 뭔지 할아버지를 통해 배웠어. 무엇이 참다운 운동가의 자세인지 할아버지의 삶을 통해 배운 셈이지. 아직도 해방되던 날의 모습을 잊을 수 없어. 산에서 내려와 청년들의 무등을 타고 밀양 거리로 들어오시던 할아버지의 활짝 웃는 모습이 지금도 눈에 선해. 열세 살 때의 그 기억이 팔십을 넘긴 오늘까지 나를 이끌어 온 힘이야.

할아버지한테서 배운 지조와 절개는 아버지가 사형선고를 이겨낸 힘이었다. 한 번도 아니고 두 번씩이나 무기징역을 감내할 수 있었던 원천이었다. 어머니가 죽기 전까지 궁금해했던 물음의 답도

이 속에 있지 않을까.

　이제부터 아버지한테서 전해 들은 이야기를 정리해보려고 한다. 아버지의 할아버지, 우정(于正) 안병희 선생, 바로 나의 증조할아버지 이야기를 본격적으로 시작하겠다.

02
항일혁명의 한길

증조할아버지는 1890년 밀양 성만의 통바우에서 태어났다. 집안
의 6대 장손이었다. 전근대사회에서 집안의 장손은 그 집안의 얼굴
이다. 그래서 온 집안이 힘을 모아 장손을 신언서판(身言書判)이 분
명한, 집안의 얼굴로 만들기 위해 애썼다고 한다.

— 할아버지는 어릴 때부터 경우가 발라 아랫사람들에게도 함부로
  대하지 않았어. 장손답게 신언서판도 분명하고 학식도 뛰어나 집
  안은 물론 고을의 유림에서도 다들 존경했지.

증조할아버지는 1903년 낙동강 건너 30리쯤 떨어진 창원 동면
의 석산마을, 상산 김씨 집안의 동갑내기 아가씨에게 장가를 들었

다. 당시는 개화기라 호적도 정리된 때여서 여자도 호적에 이름을 올릴 수 있었다. 증조할머니는 그저 '상산 김씨'가 아닌, '상희(祥熙)'라는 자기 이름을 가지고 시집온 최초의 할머니였다고 한다.

증조할머니의 친정이자 아버지의 진외가가 김진균(1937~2004) 서울대 교수님의 집안이다. 교수님의 어머니는 우리 집안의 할머니셨다. 집안끼리 두 대에 걸쳐 겹사돈을 맺은 셈이다. 모진 세월에 감옥에 갇힌 친정 조카손자의 안부가 걱정돼 종종 우리 집에도 전화를 주셨다. "독산동 할머니다"라는 인정스러운 목소리가 아직도 생생하다. 이런 인연으로 김진균 교수님은 형의 결혼식 때 주례를 서기도 했다.

증조할아버지가 나서 자라던 때는 봉건제도의 모순이 첨예했던 조선에 개화 바람이 불고, 열강들이 호시탐탐 침략의 발톱을 드러내던 시절이었다. 나라의 앞날을 걱정하던 증조할아버지는 1906년, 열여섯의 나이에 새로운 세상을 배우기 위해 서울로 올라갔다. 그런데 그냥 조용히 올라간 게 아니었다. 집안의 아랫사람들을 모아놓고 노비문서를 꺼내 불살라 버렸다. 그다음 집안의 땅문서를 나눠주고 제가끔 나가서 살라며 내보냈다. 그 길로 수산으로 나와 상투를 자르고 개화 머리부터 한 뒤, 곧바로 밀양역에서 기차를 타고 서울로 올라갔다.

— 집안의 장손이 개화 바람이 나서 머리를 깎고 서울로 달아났으니

어땠겠어? 집안이 발칵 뒤집혔지. 큰할아버지(아버지의 증조부)는 "이제 우리 집안은 망했다. 무슨 낯으로 사당에 들어가서 조상을 대하노!" 하며 한탄하셨고, 큰할머니(아버지의 증조모)는 통곡하셨지.

서울로 올라온 증조할아버지는 대한제국 육군무관학교 시위연대 보병 참위로 있던 숙부를 만났다. 숙부의 도움으로 한성사범학교에 입학해 본격적으로 신학문을 배웠다. 하지만 1910년 국권이 일제에 완전히 침탈당한 뒤 한성사범학교 중등과를 중퇴했다고 한다. 공부보다는 어떻게 하면 나라를 되찾을까 하는 고심이 더 컸기 때문이다. 우리 집안에서 '참위 할배'라 불리던 증조할아버지의 숙부도, 1907년에 강제로 대한제국의 군대가 해산되자 이에 저항하다 다리에 총상을 입었다. 참위 할배는 결국 다친 몸을 이끌고 밀양으로 내려갔다.

— 할아버지는 나라를 되찾을 방법을 찾다 교회에도 열심히 나가셨다고 해. 당시 예배당은 왜놈들의 치외법권이라서 독립운동이나 계몽운동을 하는 사람들이 많이 모였어. 할아버지도 성서에 나오는 유대민족의 해방운동에 관심이 많았고. 거기서 조국광복을 기원하는 사람들과 두루 소통했지.

교회 생활은 오래가지 못했다. 미국인 선교사들이 독립운동가들을 예배당 안에 못 들어오게 한 것이다. 증조할아버지는, 독립운동을 하려면 예배당 밖에서 하라는 그들과 대판 싸웠다. 결국 "우리가 예수를 믿는 것도 조선의 독립을 위해서 믿는 것이다"라고 항변하면서 교회를 뛰쳐나왔다.

독립운동의 방향과 방법을 찾는 건 쉽지 않았다. 먹고살 대책도 마련해야 했다. 한때 측량기사 자격증을 따서 취직도 했다. 하지만 그 일이 조선 사람들의 토지 약탈을 위한 사전 작업이란 걸 알고는 반년도 안 돼 그만두었다. 방황하던 증조할아버지는 서울 생활을 작파하고 고향으로 돌아왔다. 당시에는 조국광복을 위해 실력양성이 필요하다며 사립학교 설립이 불길처럼 번지고 있었다. 증조할아버지도 고향 청년들을 깨우치기 위해 학교 설립에 나섰다.

— 할아버지는 통바우 동네 곁에, 지금의 초동초등학교 자리에 '초동학교'라는 이름으로 학교를 세웠어. 근방의 청년들이 모여들었고, 이들에게 독립정신을 심어주기 위해 많은 애를 썼지.

실력양성을 위한 학교 설립이 전국적으로 확산되자, 일제는 사립학교 규칙을 개정해 교육과정은 물론이고 교과서와 교사까지 통제했다. 초동학교에도 규정에 어긋난다는 이유로 헌병들이 들이닥치고, 휴교 명령을 내리기 일쑤였다. 일제는 끝내 초동학교를 강제로 폐쇄하고, 그 자리에 '초동공립보통학교'를 설립했다. 이때부터 학교는 황국신민을 양성하는 게 주목적이 됐다.

초등학교가 폐쇄되자 증조할아버지는 다시 서울로 올라왔다. 1917년 무렵이었다. 이때는 가족들을 데리고 올라왔다. 당시 다섯 살 난 할아버지도 함께 왔다. 증조할아버지는 점차 새로운 사조에 눈을 뜨기 시작했다. 러시아에서 일어난 볼셰비키 혁명은 새로운 세상을 동경하던 청년들의 마음을 휘어잡았다. 사회주의 사상, 무정부주의 사상이 빠르게 퍼져나갔다. 증조할아버지도 이에 큰 영향을 받았다.

증조할아버지에게 새로운 각성을 준 것은 1919년 3.1 만세운동이었다. 서울에서 직접 시위에 참여한 증조할아버지는 사회주의 사상과 결합한 독립운동이 장차 시대의 길임을 깨달았다. 이때부터 증조할아버지는 본격적으로 독립운동에 나섰다. 서대문 근처에 '고학생동맹'이라고 간판을 건 사무실을 열고, 청년학생들과 새로운 사상을 함께 공부했다. 하지만 왜놈들의 탄압으로 단체는 해산당했다. 증조할아버지도 여러 차례 연행되며 갖은 고생을 했다. 이 와중에 할아버지 밑으로 얻은 자식 둘을 가난과 질병으로 모두 잃고 말았다.

증조할아버지는 연행과 탄압에도 굴하지 않았다. 이번에는 '조선노동학원'이란 간판을 내걸고 노동자들을 학습시키는 활동을 시작했다. 일제가 노동학원을 강제로 폐쇄하면 다시 문을 열기를 반복했다. 노동학원은 증조할아버지가 구속되면서 문을 닫고 말았다.

증조할아버지는 1924년 12월 6일에 창립된 사회주의자동맹에도 집행위원으로 참여했다. 단체 이름에서 알 수 있듯이 증조할아버지는 일찍이 사회주의자로서 항일운동에 가담했다.

— 할아버지는 일본 유학생이나 지식인 출신과 달리 자생적인 사회주의자였어. 1925년에 조선공산당이 창립되자 그 산하에서 청년교양 사업을 했지. 하지만 1920년대 중반의 사회주의운동은 극심한 종파주의에 휩싸였어. 조선공산당 역시 파벌 싸움으로 점차 붕괴되고 있었지. 이러한 현실에 좌절하고 실망한 할아버지는 결국당 운동을 그만두었다고 해.

당시 항일운동은 내부 분열로 어려움에 부닥쳤다. 또 일제의 잔혹한 고문에 굴복하고 변절하는 자들도 늘어났다. 이에 증조할아버지는 항일운동의 새로운 각성을 촉구하는 허무당(虛無黨) 선언문배포에 참여했다. 허무당은 아나키즘의 영향을 받은 무정부주의운동이었다. 증조할아버지는 적박단(赤雹團)에도 집행위원으로 참여했다. 적박단은 '붉은 벼락'이란 이름처럼 일제의 밀정이나 경찰들을 족치는 테러단체였다. 하지만 조선공산당의 파벌 싸움에 결부돼폭력을 행사하는 등 문제가 되자 결국 1927년 9월 3일에 스스로해체했다. 증조할아버지는 해체이유서를 작성한 두 사람 중의 한명이었다.

이러한 활동 때문에 증조할아버지는 서대문형무소에서 옥고를 치르기도 했다. 증조할아버지가 감옥을 들락거리니 증조할머니의 고초 역시 말할 것도 없었다. 10대 소년으로 자란 나의 할아버지도 증조할머니와 함께 옥바라지를 했다. 할아버지는 반세기 이상이 지나 남민전 사건이 터지면서 이번에는 아들의 옥바라지를 위해, '서대문형무소'에서 '서대문구치소'로 이름만 바뀐 그곳을 다시 찾아가야 했다.

감옥에서 나온 증조할아버지는 더 이상 서울에서는 희망을 찾지 못하고 다시 밀양으로 하향했다. 이때 자리 잡은 곳이 앞서 말한 밀양유림연계소였다. 1929년, 불혹을 앞둔 때였다. 밀양에 내려와서도 증조할아버지의 활동은 쉼이 없었다. 1927년에 사회주의자와 민족주의자들이 연합해 결성한 통일전선 조직인 신간회의 밀양지회에서 총무간사로 활동했다. 백정(白丁)들의 신분 해방을 위해 진주에서 결성된 조선형평사에도 참여했다. 증조할아버지는 조선형평사 총본부에서 발간한 잡지 〈정진(正進)〉 창간호(1929년 5월 1일 발간)에 '형평운동의 정신'이란 글을 게재할 만큼 형평운동의 중심에서 활동했다.

— 할아버지가 형평사 집회에서 신분 차별의 부당성을 주장하자 밀양의 유림에서는 난리가 났어. 할아버지는 유림의 영감들에게 "담뱃대만 두드리며 시회나 여는 유학"에서 이제는 벗어날 때도 되지

않느냐며 대들었지. 그 뒤로 밀양의 백정들은 할아버지만 보면 고맙다고 허리를 숙였다고 그래.

증조할아버지는 밀양에서도 늘 일제 경찰의 감시 아래 지내야만 했다. 일제에 굴복하지 않는 어른으로 모두의 존경을 받았지만, 그 때문에 특별 감시대상자로 찍혀 꼼짝도 못 하는 상태였다. 1932년에 장남인 나의 할아버지의 혼인에도 고등계 형사를 대동하고서야 참석할 수 있었다. 사돈댁인 경북 달성군 구지면의 잔칫집에서도 눈이 휘둥그레질 일이었다.

이 장면은 60여 년이 지나 되풀이되었다. 1998년 10월에 아버지 역시 대구교도소에서 외출을 허락받아 철망으로 창문을 둘러쳐 놓은 호송버스를 타고 나의 결혼식에 참석했다. 교도관들은 결혼식이 진행되는 동안 여기저기 흩어져 아버지를 감시했다. 결혼식이 끝나자마자 그들은 다시 호송버스에 아버지를 태워 교도소로 돌아갔다. 나의 처가 친척들은 다들 뜻밖의 장면에 어리둥절했다.

일제의 철저한 감시로 증조할아버지는 '창씨개명'과 '사상전향'을 거부하는 것 외에는 그 어떤 운동도 할 수 없었다. 이를 핑계로 일제는 1940년에 다시 증조할아버지를 예비검속으로 잡아들이고 가택 수색을 자행했다.

― 왜놈들은 창씨개명을 안 하는 것은 창씨개명 정책에 반대하는 것

이고, 사상전향서를 안 내는 것은 사회주의운동과 조선 독립운동을 계속하고 있다는 증거라며 몰아붙였지.

일제는 증조할아버지를 유치장에 가둬 놓고 온갖 회유와 협박을 하며 사상전향을 강요했다. 밀양 사람들에게 존경받는 증조할아버지부터 굴복시켜야 만사가 평탄하다고 생각했기 때문이다. 조사는 갈수록 험악해졌다. 그 과정에서 증조할아버지의 건강이 급속도로 나빠졌다. 결국 경찰은 아무런 소득 없이 풀어줄 수밖에 없었다. 열흘 만에 풀려났지만, 증조할아버지의 건강 상태는 심각했다. 부산의 큰 병원에 입원해 진찰받은 결과 췌장염이었다.

— 췌장염은 지금도 그렇지만 당시만 해도 굉장히 위중한 병이었어. 할아버지는 한 달 이상 병원에서 입원 치료를 받아야만 했지. 왜놈들의 혹독한 사상전향 공작은 이겨냈지만, 이때 몸이 많이 상하셨어.

태평양전쟁 속으로 빨려 들어간 일제는 조선의 물자와 사람을 강제로 동원하기 시작했다. 수탈이 전방위적으로 진행되던 때, 증조할아버지는 일제의 종말이 머지않았음을 예견했다. 증조할아버지는 식민지 해방을 전취(戰取)하기 위해 밀양의 북부 화악산 밀림 일대로 들어갔다. 이곳에서 일제의 최후 발악적인 징용·징집에 반대해 산으로 들어온 청년들을 조직했다. 적의 무기를 탈취해 우리 손으로 해방의 날을 맞이하려고 준비했다.

마침내 일제가 패망하던 날, 증조할아버지는 청년들을 이끌고 산에서 내려왔다. 청년들의 무등을 타고 밀양 북성거리로 입성했다. 환호하는 인민들과 함께 "조선 독립 만세!"를 외쳤다. 아버지가 팔십 평생 가슴에 담아온 가장 감격스러운 장면은 이렇게 나왔다.

그 길로 증조할아버지는 밀양경찰서부터 접수했다. 치안대를 조직해 조선 사람의 손으로 치안을 회복했다. 또한 건준(조선건국준비위원회) 밀양지부를 조직한 뒤 항일운동의 선배인 김병환 선생을 위원장으로 추대하고, 부위원장에 선임됐다. 증조할아버지는 병환 중인 위원장을 보좌하며 행정을 확보한 뒤, 일제가 물러간 뒤의 혼란을 정리해 나갔다. 일제의 만행을 피해 고향 땅을 떠났던 동포들이 일본에서, 중국과 동북 만주에서, 멀리 남양(南洋諸島)과 노령(露領, 러시아 영토 시베리아)에서 해방된 조국을 찾아 돌아왔다. 이들 귀환 동포들을 보살피는 일에도 소홀함이 없었다.

― 그때는 나도 얼마나 신이 나던지 매일 같이 밀양 읍내를 쏘다녔어. 만나는 사람마다 '애국자 우정 선생의 손자'라고 알아주니 절로 어깨가 으쓱했지.

아버지가 기억하는 해방은 이처럼 신나는 세상이었다. 해방은 모두에게 새 나라 건설의 희망을 심어주었다. 억눌리고 핍박받던 이들에게 해방은 일제로부터의 해방임과 동시에 봉건적 속박에서 벗어나 새 나라의 주인으로 일어서는 일이었다. 증조할아버지가 아버지에게 일러준 그 나라는 바로 '조선 사람이 주인인 나라'이고, 정치적으로 경제적으로 사회적으로 '모두가 평등한 나라'였다.

03
가짜 해방

해방의 감격은 오래가지 못했다. 불과 석 달도 안 돼 세상은 원래대로 돌아갔다. 38도선 이남에 들어온 미군은 일제 식민지 통치기관인 총독부를 이어받아 군정청으로 이름을 고쳤다. 인민들이 자발적으로 건설한 건준을 무시하고, 기관총을 들이대며 치안대를 강제로 해산시켰다. 그다음에 인민들한테 맞아 죽을까 봐 도망쳤던 친일 앞잡이 관리와 경찰들을 다시 끌어모아 군정을 실시했다.

  – 일제 관공서 말단 직원들이 면장도 되고 군수도 되었지. 순사질하던 놈들은 간부가 돼 다시 나타났고, 부장쯤 했던 놈들은 모자에 금테를 두르고 서장이 되었고. 왜놈이 미국 놈으로 바뀐 것에 불과했어. 한마디로 '가짜 해방'이었지.

당연히 인민들은 저항했다. 우리 힘으로 진짜 해방을 이루려는 투쟁이 곳곳에서 벌어졌다. 밀양에서도 마찬가지였다. 미제는 친일 주구들을 앞장세워 인민들의 투쟁을 탄압하기 시작했다. 그 와중에 1945년 10월, 상동면 인민위원장이었던 유천 할아버지(안병제)가 테러를 당했다.

> ─ 유천 할배는 내게 종조부셨어. 할아버지의 4형제 중 셋째였지. 학
> 식도 있고, 심지도 곧아 마을 사람들로부터 존경을 받았어. 유천
> 할배는 상동면에 건준이 결성되자 위원장으로 추대됐고, 건준이
> 인민위원회로 개편되면서 다시 위원장이 되셨지. 유천 할배는 인
> 민위원회가 정한 소작료 '3·7제'를 관철시키려다 친일 지주들의
> 저항에 부딪혔어. 결국 그놈들에게 테러를 당하고 말았어.

유천 할아버지는 한밤중에 복면하고 들이닥친 괴한들의 습격을 받아 머리가 깨지고 갈비뼈가 부러졌다. 출혈이 심해 위독했으나 가까스로 목숨을 건졌다. 하지만 후유증으로 고생하다 몇 년 뒤 세상을 떠나고 말았다.

테러는 남조선 곳곳에서 벌어졌다. 특히 친일 지주들이 중심이 돼 건준에 대항하기 위해 만든 한민당(한국민주당)은 토지개혁을 주장하는 정치지도자들에게 마구 테러를 가했다. 여운형 선생도 해방 직후인 9월에만 두 번이나 테러를 당했다. 하지만 미군정청은 이를

막으려 하지 않았다. 오히려 이를 방조했다. 증조할아버지 역시 지주들이 보낸 깡패들에게 여러 차례 피습 위기에 처했지만, 보위하던 청년들의 도움으로 벗어날 수 있었다.

친미로 갈아탄 친일 주구들은 미군의 비호를 등에 업고 미제의 식민지 지배 최첨병이 됐다. 미군정은 1945년 12월에 열린 모스크바 3상회의 내용을 '신탁통치 결정'으로 교묘히 왜곡했다. 이러한 모략으로 벌어진 찬탁과 반탁의 논란 속에, 친일에 이은 친미 주구들은 뻔뻔하게도 자신들을 애국자로 둔갑시켜 나갔다.

― 모스크바 협정의 핵심은, 일본군의 무장해제를 위해 조선반도에 들어온 미국과 소련 군대의 철수 문제였어. 미국과 소련이 조선에 임시정부를 만들고, 완전한 자주정부가 세워질 때까지 후견 역할을 한다는 게 주요 내용이었지.

신탁통치라는 말에 발끈했던 인민들도 차츰 이성을 회복했다. 당시 국내외 정세를 볼 때, 모스크바 협정문의 내용이 미·소 두 나라의 군대를 철수시키고 새로운 정부를 세울 수 있는 현실적 방안이었다. 하지만 친일 주구와 친미 사대주의자들은 미군이 철수하면 자신들이 이 땅에 발붙일 수 없다는 것을 정확히 알았다. 그들은 '5년간 신탁통치'라는 조항에 시비를 걸며 전면적인 거부에 나섰다. 심지어 미국이 즉시 독립을 제안했는데도 소련이 이를 거부했다고

'가짜뉴스'를 퍼뜨렸다. 이들이 조장한 찬탁과 반탁 논란은 좌익과 우익이라는 건널 수 없는 골을 파 놓았다.

모스크바 3상회의 협정을 실행에 옮기기 위해 1946년 1월부터 미·소 공동위원회가 열렸다. 증조할아버지는 밀양 장날에 맞춰 '미·소 공동위원회 개최 축하 밀양군 인민대회'를 열었다. 밀양군 인민위원회와 조선인민당 밀양군당이 노동조합과 농민조합, 청년단체와 여성단체 등 민주단체들과 함께 개최한 인민대회에는 1만여 명의 밀양 군민들이 모였다. 아버지도 아침을 먹자마자 동무들과 떼 지어 공설운동장으로 몰려갔다. 아침부터 떡광주리를 머리에 인 할매들이 길목에 자리를 잡기 시작했다. 막걸리 단지와 안줏거리를 이고 온 아지매들도 여기저기에다 전을 펼쳤다. 솔밭에는 아재들이 차일을 치고 국밥을 끓일 솥을 걸었다. 밀양 전역에서 흰옷을 입은 사람들이 모여들었다.

　　─ 정권은 인민에게로, 공장은 노동자에게로, 토지는 농민에게로!
　　─ 무상몰수 무상분배 토지개혁 실시하라!
　　─ 미·소 공위 성공시켜 임시정부 수립하자!

곳곳에서 구호가 울렸다. 농악대의 풍물 연주와 노래 속에 인민들의 축제 마당이 펼쳐졌다.

― 인민대회에서 할아버지가 대회사를 하셨어. 일제의 식민지 잔재
  를 청산하고 모든 봉건제도를 타도해 해방된 인민의 나라를 건설
  하자는 할아버지 말씀에 다들 박수와 환호를 보냈지.

대회가 끝나자 풍물패들이 굿거리 농악을 연주하면서 대열을 이
끌었다. 주석단 대표들이 그 뒤를 따르고, 각 면에서 올라온 단체
대표들이 대열을 이었다. 그 뒤로 인민들의 행렬이 끝없이 이어졌
다. 단결된 인민들의 자주독립 기세가 하늘을 찔렀다. 아버지와 동
무들도 신이 나서 어른들의 뒤를 따랐다.

  하지만 미·소 공동위원회는 순조롭게 진행되지 않았다. 미국은
조직적이고 계획적으로 훼방을 놓았다. 미국의 몽니에 발끈한 소련
은 신탁통치는 미국이 먼저, 그것도 최소 10년간을 제안한 것이라
고 폭로했다. 결국 미·소 공동위원회는 넉 달 만에 무기 휴회가 선
언됐다.

― 미·소 공위의 무기 휴회가 선언되고 며칠 뒤 할아버지께서 잡혀가
  셨어. 경찰은 좌익들이 폭동을 일으키려 한다는 첩보에 따라 조사
  할 게 있다고 했지. 이는 핑계에 불과했어. 왜놈들이 걸핏하면 벌
  이던 예비검속이 미군정에서도 부활된 거야.

당시 증조할아버지는 민전(민주주의민족전선) 밀양군 위원회를 조

직하느라 무척 바빴다고 한다. 1946년 2월에 결성된 민전은 조선
공산당, 조선인민당, 조선신민당, 조선민족혁명당 등 진보적인 정
당들과 전평(조선노동조합전국평의회), 전농(전국농민조합총연맹) 등 대
중조직, 그리고 여성계와 문화계, 체육계 등 수많은 사회단체가 참
여하는 민주·진보 진영의 대표조직이었다. 공동의장단은 여운형,
박헌영, 허헌, 김원봉, 백남운, 이렇게 다섯 명으로 구성됐다. 증조
할아버지는 조선인민당 밀양군당 대표로 서울에서 열린 민전 결성
식에 다녀왔다.

  － 예비검속으로 잡아간 다른 사람들은 일주일쯤 지나 풀려났는데,
     할아버지만 풀어주지 않았어. 할아버지는 부산검사국으로 송치된
     뒤 재판을 받았지. 혐의는 협박죄와 재산권 침해라고 했어.

  해방 직후 밀양의 친일파로 유명한 신현대라는 자가 증조할아버
지를 찾아왔다. 만주에서 직접 총을 들고 일제와 싸우다 밀양으로
귀향한 김원봉 장군의 거처로 쓰라며, 증조할아버지에게 자기 집을
내놓았다고 한다. 증조할아버지는 제안을 받아들여 그 집을 김원봉
장군의 거처로 사용했다. 그런데 미군정이 들어서자 신현대는 마음
이 바뀌었다. 증조할아버지가 자기 집을 강탈해 갔다며 고소한 것
이다.

─ 신현대를 꼬드겨 고소하게 만든 이가 당시 밀양경찰서장 박찬현
  이었지. 밀양에서 친일 지주의 아들로 태어난 박찬현은 메이지대
  학에 다닐 때 학병에 제일 먼저 지원했던 자야. 해방 후 밀양경찰
  서장이 된 그자는 애국자들을 악랄하게 탄압해 인민들로부터 원
  성이 자자했어. 1948년 5.10 단독선거에서 제헌의회 의원에 당선
  됐고, 박정희 유신독재 때는 유정회 국회의원도 하고, 문교부 장관
  도 했어. 한마디로 밀양의 대표적인 악질 친일파였지.

증조할아버지는 재판에서 징역 1년을 구형받았고, 최종적으로
징역 4월을 선고받았다. 그동안의 과로와 열악한 감옥살이에 췌장
염이 도진 증조할아버지는 병들어 쇠약해진 몸으로 풀려났다. 해방
의 기쁨으로 들뜬 지 1년도 못 돼 벌어진 일이다.
  그런 와중에 큰 경사가 생겼다. 1946년 8월 13일이었다. 아침 설
거지를 마치고 잠시 쉬고 있던 증조할머니가 비명 같은 울음소리
를 쏟아냈다.

─ 또 뭔 일이 터졌나 싶어 급히 방에서 나와 봤지. 근데 축담에 누가
  서 있는 거야. 가만 보니 아버지였어. 해방된 지 일 년이 지나도록
  돌아오지 않아 다들 죽은 줄만 알았던 아버지가 살아서 우리 눈앞
  에 턱 하니 나타난 거야.

일제 말기에 징용을 피할 수 없었던 할아버지는 1942년 일본군의 군속으로 들어갔다. 일본군이 연합군 포로 감시원을 모집한다는 소식을 듣고 거기에 지원한 것이다. 부산의 임시군속교육대(일명 노구치 부대)에서 2개월간 군사교육을 받은 할아버지는 말레이반도 남쪽 끝인 싱가포르의 창이에 위치한 연합군 포로수용소에 배치됐다. 1941년 12월 진주만을 공습하면서 미국과 영국에 선전포고한 일본군은 영국이 지배하던 말레이반도를 점령했다.

 ─ 일본군에 밀려 퇴각하던 영국군 내에서 포로가 속출했어. 하지만
   일본군은 전쟁포로에 관한 제네바협정에 따라 포로들에게 인간적
   인 대우를 해줘야 하는데, 그 협정을 무시하고 폭력적으로 대했다
   고 해. 나중에 문제가 될 수도 있으니까 포로 감시 업무는 조선 사
   람들에게 떠넘겨 버렸지. 그 때문에 종전 후 수많은 조선 청년들이
   전쟁범죄자로 처벌받았고, 때로는 총살까지 당했어.

할아버지는 연합군 포로 청년들에게 동병상련을 느꼈다. 일본군의 눈을 피해 그들과 친교를 나누었다. 젊어서 서울로 만주로 다니면서 영어를 조금 익혀둔 게 도움이 됐다. 병에 걸려 죽을 고비에 빠진 포로들에게 몰래 약을 전달해 목숨을 구해준 일도 여러 차례 있었다. 일본의 무조건 항복 이후 할아버지도 전범재판에 회부될 위기에 처했다. 하지만 할아버지한테 도움을 받은 연합군 포로들이

앞다투어 증언해준 덕분에 이를 피할 수 있었다.

당시 수용소에는 영국군 사령관 버시벌 중장과 그 참모장인 와일드 대령도 수용돼 있었다. 종전 후 전쟁범죄자조사위원회 영국군 책임자를 맡았던 와일드 대령은 할아버지에게 통역관을 맡아달라고 요청했다. 할아버지는 조사위원회 일이 순조롭게 진행되는 게 조선 사람들한테도 도움이 되겠다고 판단해 이를 승낙했다. 이 때문에 귀국이 1년 늦어졌다. 이것도 모르고 가족들은 전장에서 죽은 게 아닌가 노심초사했던 것이다.

— 통역관으로 근무하면서 아버지가 느낀 게 뭐냐면 왜놈들은 법을 무시하면서 잔인했지만, 영국인들은 법을 사용해 혹독하게 보복했다는 거야. 전쟁 포로의 뺨을 때린 자는 징역 2년, 서로 뺨을 때리게 한 자는 징역 5년, 때려죽인 자는 교수형, 비인간적 학대로 포로를 죽게 한 자는 총살형, 이런 식으로 가차 없었다고 해. 하긴 영국도 미국과 마찬가지로 잔혹한 제국주의 국가이지. 일본이 항복한 뒤 말레이반도를 다시 영국이 통치했으니까.

할아버지한테 도움을 받았던 연합군 포로 청년들은 고국으로 돌아간 뒤에도 할아버지와 꾸준히 편지를 주고받으며 우정을 나누었다. 1970년대에는 한국을 방문해 할아버지를 직접 만나기도 했다. 할아버지의 안내를 받아 서울의 고궁을 둘러보며 즐겁게 지내다 돌아갔다.

　세월은 갈수록 험해졌다. 미·소 공동위원회가 무기 휴회로 들어가면서 임시정부 수립의 희망도 점차 꺾여 갔다. 일제가 '동양척식회사(동척)'를 앞세워 농토를 수탈했듯이, 미제는 동척을 '신한공사'로 이름만 바꾸고는 농민들의 토지를 강탈해 군정청의 소유로 만들었다. 땅을 빼앗긴 농민들은 미군정의 소작농으로 전락했다. 미제는 일제가 강탈해 간 동산과 부동산을 '적산관리청'에 집어넣어 미군정의 소유로 만든 뒤, 자신들에게 협조적인 민족반역자들에게 불하했다. 이에 저항하는 인민들은 친일 앞잡이 출신 경찰들과 우익 깡패들을 앞세워 가혹하게 탄압했다.

　─북조선에서는 토지개혁이 시행되고 8시간제 노동법이 공포됐다는 소식이 들려왔어. 수많은 민주 법률이 공포되고, 일제 식민지 유산과 봉건 잔재를 청산하고 있다고 했어. 할아버지에게 이 소식을 들으며 나는 참 기뻤어. 하지만 한편으로는 속상하기도 했어. 곳곳에서 우익들이 테러를 저지르고 농민과 노동자들의 생존권이 탄압받는 남조선과는 너무나 대조적이었거든.

　이런 경황 중에 아버지는 초등학교를 졸업하고, 밀양중학교에서 입학시험을 쳤다. 밀양중학교는 일제강점기 때 설립된 밀양실수학교가 해방이 되고 바뀐 학교였다. 아버지는 수석으로 합격해 입학금을 면제받을 수 있었다. 그렇게 해서 1946년 9월, 아버지는 중학생이 되었다.

04
독서회와 벽보 투쟁

당시는 가을에 신학년 학기를 시작했다. 아버지가 1946년 9월에 밀양중학교에 입학한 뒤 열흘쯤 지났을 때였다. 하루는 2학년 자치회 회장인 선배가 찾아왔다. 그 선배의 이름은 박상업이었다.

─ 말이 2학년이지, 늦게 입학해 스무 살쯤 된 청년이었어. 방과 후에 이야기를 좀 나누자고 해서 따라갔지. 나를 포함해 1학년 동무 여섯 명이 그 선배의 연락을 받고 한자리에 모였어.

네 명이 남학생이었고, 두 명은 여학생이었다. 다들 아버지보다 나이가 몇 살 많았고, 1학년 중에서 똘똘한 학생들이었다. 박상업 선배는 그 자리에서 독서회 모임을 제안했다.

— 그때는 학교에서 가르쳐주지 않는 참다운 진리, 세상을 바로 보는 공부를 '우리 공부'라고 했어. 학습 투쟁이라는 말이 있을 정도로 '우리 공부'를 중요하게 여겼지.

우리가 대학에 입학했을 때, 이른바 '운동권' 선배들이 다가와 현실을 바로 보는 공부를 하자며 학습팀을 만드는 과정과 흡사했다. 그런 모임을 중학생들이 한다는 게 믿기지 않았다. 그만큼 그 시절의 소년들은 성숙했고, 그 시대가 소년들까지 투쟁에 나서야 할 만큼 엄혹했음이리라.

새 나라 건설 운동에 힘을 보태기 위해서는 애국심을 실천할 수 있는 지식이 필요하다는 선배의 제안에 모두 찬성했다. 학습을 책임질 사람은 민청(조선민주청년동맹) 지도원 구정식 선생이었다. 구선생은 밀양의 민족교육자인 이진화 선생이 설립한 동진학교의 교사였다. 독서회 모임은 아버지와 동급생인 박말수의 집에서 매주 두 번씩 열렸다. 공부는 구정식 선생이 가지고 온 책을 읽고 함께 토론하는 방식으로 진행됐다.

— 그렇게 2~3주가 지난 어느 날, 박상업 형이 모임에 나왔어. 형은 우리에게 살아 있는 학습을 위해 실천 투쟁을 함께 하자고 제안했지. 그 제안에 나는 들떴어. 한편으로 긴장되기도 했지만…. 여섯 명 모두 찬성했지.

아버지와 독서회 동지들은 벽보 투쟁에 나서기로 했다. 벽보의 내용은 박상업 형이 학생복 윗옷의 안깃에 감춰 놓은 작은 봉지 속 얇은 미농지에 정리돼 있었다. 이 내용을 신문지 두 쪽 크기의 흰 종이에 적고, 말미에 구호를 정리하는 방식이었다. 우리가 대학 시절 대자보를 쓰는 것과 똑같았다. 남학생들은 벽보를 만들고, 여학생들은 풀을 쑤었다. 벽보 글씨는 잔글씨를 잘 쓰는 아버지가 썼다. 구호 글씨는 여러 사람이 나누어 큼지막하게 썼다. 그다음 붉은 잉크와 푸른 잉크로 중요한 대목에 동그라미를 그려 넣어 눈에 잘 띄게 했다.

모든 준비를 끝내고 새벽 3시에 거리로 나섰다. 남자 두 명, 여자 한 명씩 짝을 이뤘다. 두 패로 나눠 시내 곳곳에 벽보를 붙여 나갔다. 여학생이 먼저 정찰을 나가 사람이 있는지 없는지 확인했다. 여학생이 안전하다는 신호를 하면 남학생 둘이 잽싸게 벽보를 붙인 뒤 내빼는 방식이었다. 날이 밝으면 사람들이 벽보 앞으로 몰려들어 웅성거리며 내용을 읽었다.

— 벽보 투쟁을 하는 날이면 밤을 꼬박 새웠지. 그렇게 10월 한 달 내내 투쟁을 이어갔어. 하다 보니 요령이 생겨 일솜씨도 늘었고, 배짱도 커지면서 대담하게 투쟁을 벌였지.

1946년 9~10월은 전국이 투쟁의 물결로 출렁였다. 특히 쌀값이 천정부지로 치솟고, 온 나라에서 인민들이 쌀을 달라고 아우성쳤다. 당시 일본은 전쟁의 여파로 농사를 제대로 지을 수 없었다. 미국의 일본 점령군 사령부는 극심한 식량난을 해소하기 위해 조선에서 쌀을 들여오는 걸 묵인했다. 조선의 쌀이 식민지 시대와 마찬가지로 일본으로 송출된 것이다. 그 때문에 해방되던 해 대풍년이 들었어도 쌀값이 몇 배씩 오르고 시장에서 쌀을 구할 수 없는 지경까지 됐다.

─ 이 틈을 타 쌀을 매점매석한 뒤 일본으로 비싼 값을 받고 빼돌리는 놈들이 등장했어. 대신 공산품을 들여와 비싸게 팔아먹었지. 이놈들을 인민들은 '모리배'라고 불렀어. 미군정청의 비호를 받고 이승만 세력과 결탁한 모리배들은 매판자본으로 성장했고, 훗날 재벌이 되었지.

분노는 봉기로 치달았다. 그 중심에 대구가 있었다. 1946년 10월 1일, 제일 먼저 부녀자들이 대구시청 앞에 모여들어 "쌀을 달라!"라며 시위에 나섰다. 뒤를 이어 노동자들과 학생들이 대열에 합류했다. 이들이 외친 구호는 "미군 물러가라!"로 집중됐다. 인민들은 자신들의 고통이 어디에서 비롯되는지 명확히 알고 있었다. 시위 진압에 나선 경찰의 발포로 여러 사람이 죽고 다쳤다. 분노한 시위 군중들은 파출소를 불태우고 경찰서로 몰려갔다. 경찰들은 옷을 벗고 담을 넘어 도망치기에 급급했다. 미군정은 계엄령을 선포하고, 인접 도의 경찰 병력을 차출해 시위 진압에 나섰다. 대구에서 시작해 전국으로 확산된 시위는 열흘이 지나서야 겨우 진압됐다. 독서회 동무들의 벽보 투쟁은 대구에서 시작된 '10월 항쟁'의 내용을 주로 담고 있었다.

그러던 어느 날, 아버지는 밤샘 투쟁을 마치고 새벽에 집으로 들어오다 증조할아버지와 딱 마주쳤다고 한다. 당황한 아버지가 평소 잘 안 하던 문안 인사를 했다.

- 할아버지, 밤새 안녕하셨습니까?
- 밤새 안녕하지 못했다. 그래 너는 무슨 일로 날을 새고 새벽에 들어오는 게냐?

딱히 할 말이 없었던 아버지는 고개만 숙이고 있었다.

- 많이 고단해 보이니 우선 한숨 자고 낮에 이야기하자. 하학하거든 민전 회관으로 오너라.

아버지는 학교를 파하고 민전 회관으로 가서 증조할아버지를 찾았다. 당시 증조할아버지는 조선공산당과 조선인민당, 조선신민당의 3당 합당 문제를 놓고 여러 사람과 의견을 나누느라 몹시 바빴다. 그날도 찾아온 손님과 한참 이야기를 나누었다. 손님이 떠나자 증조할아버지는 아버지를 데리고 작은 방으로 들어갔다.

　─ 요즘 학생들이 모여 학습도 하고 삐라 투쟁도 한다는데, 재구 니
　　도 같이 하나?
　─ 예.

증조할아버지는 가늘게 한숨을 내쉬었다.

　─ 내가 너거들이 애국운동을 하는 걸 말릴 생각은 아니다. 다만 한
　　창 공부해야 할 너거들까지 운동에 참가하도록 만든 세상이 참말
　　로 답답하고 한심스러워서 그런다.
　─ 할배, 우리가 재주껏 잘하고 있으니 너무 걱정하지 마이소. 설사
　　붙잡히는 일이 있더라도 학생인 우리한테는 저놈들도 모질게 못
　　할낍니다. 나라를 송두리째 미국놈과 그 앞잡이들이 집어삼키려
　　고 하는데, 학생이라고 어찌 그대로 보고만 있겠노. 맞아 죽은 사
　　람이 한둘도 아닌데….

증조할아버지는 손자의 의젓한 대답에 만감이 교차했다. '우리 재구가 벌써 이만큼 컸구나' 하는 대견한 생각이 들면서도 투쟁을 하자면 목숨을 내놓을 각오가 있어야만 하는 현실이 마음에 걸렸

기 때문이다.

아버지한테 당시 이야기를 들으며 나도 예전 기억이 떠올랐다. 1990년 봄에 구속돼 대구교도소에 갇혔을 때, 면회를 온 아버지는 나를 보자 만감이 교차하는 표정이었다. 자신의 뒤를 이어 투쟁에 나선 아들이 대견하면서도 자신과 똑같이 엄혹한 시련을 겪고 있는 아들의 모습에 마음이 아팠을 것이다. 그때 손자를 바라보던 증조할아버지의 눈빛과 40여 년 뒤 나를 바라보던 아버지의 눈빛은 같은 것이 아니었을까. 1994년의 구국전위 사건 때는 이보다 더했다. 아버지와 나를 동시에 구속시킨 저들은 재판정에도 함께 세웠다. 나를 아버지 재판의 증인으로 부르고, 내 재판 때는 아버지를 증인석에 앉혔다. 아버지와 나는 몇 달 만에 피고인석과 증인석에 떨어져 앉아 다시 만났다. 참담한 마음에 눈물을 흘리는 내게 아버지는 말했다.

─ 울지 마라. 뭘 잘못했다고 울고 있나. 죄지은 게 없으니 당당하게
   행동해라.

그 말을 마친 아버지는 고개를 들고 말없이 천장을 바라보았다. 그 모습이 내게는 기억 속에 또렷이 남아 있다.

그 뒤, 증조할아버지는 부쩍 성장한 아버지와 틈나는 대로 토론을 했다. 증조할아버지는 조손간의 토론을 통해 사회주의가 뭔지,

인민이 주인이 되는 평등한 사회는 어떤 모습인지 알기 쉽게 설명해주었다. 특히 미국의 제국주의 실체를 제대로 파악하고 그들과 싸워 이겨야만 조선의 완전한 자주독립이 이뤄질 수 있다는 설명은 아버지 가슴에 평생 강렬하게 새겨졌다.

05
퇴학과 구금

아버지는 독서회 회원들과 매주 두 차례씩 학습을 진행했다. 수시로 벽보 투쟁에 나섰고, 장날에는 읍사무소 앞에서 가두연설도 했다. 이를 통해 아버지는 점차 활동가로 성장해 나갔다.

독서회 회원들은 학내 문제에도 눈을 돌렸다. 당시 밀양중학교 이주형 교장의 독단적인 처사에 다들 불만이 많았다. 한민당 간부로, 미군정이 만든 남조선과도입법의원 선거에 출마해 당선됐던 이주형은 민주 교사들과 학생들을 불온사상을 가진 자들이라며 탄압하기 일쑤였다. 독서회는 밀양중학교 학생자치회를 결성해 교장의 횡포에 맞서기로 했다.

─ 겨울방학을 마치고 개학 첫날 기습적으로 자치회 결성대회를 열

었지. 개학식 때 교장 훈화를 듣고 마지막 만세 삼창을 하는 순간 박상업 형이 연단 위로 뛰어 올라갔어. 교사들이 다들 어리둥절할 때, 연단 아래에 있던 내가 자치회 결성대회 시작을 알리고 사회자로 박상업 형을 추천했지.

겨울방학 동안 이미 학생들과 자치회 필요성을 물밑에서 공유한 상태라 결성식은 일사천리로 진행됐다. 회장에는 2학년 박상업 형이 뽑혔다. 1학년을 대표해 아버지가, 여학생 대표로 김문자가 부회장을 맡았다. 모두 독서회 회원들이었다.

김문자는 아버지와 동기생이었지만 나이가 서너 살 더 많은 누나로, 밀양을 대표하는 항일운동 지도자 김병환 선생의 고명딸이었다. 1889년 2월 밀양 부내면 내이동에서 태어난 김병환 선생은 증조할아버지보다 한 살이 많았다. 김병환 선생은 밀양에서 3.1 만세운동을 이끌었고, 김원봉 장군의 의열단 투쟁에도 참여했다. 이 때문에 세 차례나 옥고를 치렀고, 고문 후유증으로 병고에 시달려야 했다. 해방 이후에는 불편한 몸임에도 밀양군 건준 위원장을 맡아 지역의 구심 역할을 했다. 증조할아버지는 김병환 선생을 평생의 동지이자 혁명운동의 선배로 깍듯이 모셨다. 밀양의 모든 투쟁과 활동을 선생과 함께 상의해 진행했다.

1947년 1월 16일, 김병환 선생은 끝내 병마를 이겨내지 못하고 세상을 떠났다. 장례는 수천 명의 참배객이 모여 밀양의 사회장으로 엄숙히 거행됐다. 선생의 장지는 부북면 운전리 굴밭 마을 뒷산에 모셨는데, 가까이에 의열단원 백민(白民) 황상규 선생의 산소도 있다.

자치회가 결성된 뒤 학교는 활기가 넘쳤다. 학생들은 자율적으로 규율을 세우고, 학교 구석구석 청소도 하면서 학교 분위기를 바꾸어 나갔다. 자치회 간부들에 대한 신망도 커졌고, 학생들의 참여도 높아졌다.

아버지의 학생자치회 결성 이야기를 들으니, 1980년대 초중반 대학마다 활발히 진행된 총학생회 건설 투쟁이 생각났다. 박정희 유신독재가 만든 학도호국단을 폐지하고 민주적인 자치조직인 학생회를 만들기 위해 선배들은 군사정권과 부단히 싸웠다. 더 거슬러 올라가면 4.19 혁명 직후에도 마찬가지였다. 식민지 지배권력과 그 뒤를 이은 독재정권은 청년학생들의 당연한 권리를 억누르고 탄압해왔다. 이에 저항하는 청년학생들의 정의로운 투쟁도 끊임없이 계속됐다. 해방 이전부터, 아버지가 어린 중학생이었던 해방 직후에도, 그리고 내가 대학을 다닌 1980~90년대까지도….

봄꽃이 혼탁한 세상을 다시 환하게 수놓았다. 어느덧 5월이 다가온 것이다. 자치회는 메이데이 축전 참가를 결의했다. 당시는 1946년 10월 인민항쟁 이후 탄압 속에 위축됐던 민주세력을 다시 모아내고 미·소 공동위원회 속개를 다그치는 일이 중요한 과제로 등장했다. 밀양의 메이데이 축전은 민전 지부와 전평 지부가 주최하고 여러 정당과 사회단체가 후원하는 행사였다. 이에 중학생들도 함께 참여하기로 나선 것이다.

– 학교에서는 정치집회에 학생들의 참석을 불허한다며 제지하고 나섰어. 우익 정당이 주최하는 정치행사에는 버젓이 학생들을 동원하면서 메이데이 행사는 안 된다는 교장의 말에 학생들의 분노는 더욱 커졌지.

이주형 교장은 한술 더 떠 학교장의 지시를 위반하고 집회에 참석하면 교칙에 따라 처벌하겠다고 엄포를 놓았다. 자치회는 집회 참여를 학생들의 자율에 맡기고, 학생 대표의 축하문도 자치회장이 아닌 개인 자격으로 낭독하기로 했다. 일반 학생들에게 피해가 안 가도록 최대한 유연하게 대처한 것이다.

대회 당일 아침에 학교 교실은 텅텅 비었다. 학교로 출근한 교사들은 학생들이 아무도 없자 행사장인 삼문동 공설운동장으로 쫓아왔다. 훈육주임을 비롯해 교장 편에 선 몇몇 교사들이 학생들을 붙잡고 학교로 돌아가라고 소리쳤다. 학생들은 들은 척도 안 했다. 학생들은 메이데이 행사를 마치고 대열을 지어 당당히 학교로 돌아왔다. 교장은 길길이 날뛰었다. 그리고는 이번 기회에 자치회를 박살 내기로 작정했다. 결국 박상업 형과 아버지를 비롯한 자치회 간부들은 몽땅 퇴학 처분을 받았다. 학생들 편에 서서 교장의 처사를 비판해왔던 손기용 선생도 학생들이 보는 앞에서 경찰에 끌려갔다.

— 그런데 자치회 간부도 아니고 집회 준비에서 아무 역할도 안 했던
학생들까지 퇴학생 명단에 들어 있었어. 박말수 형의 누이동생인
봉섬이도 들었고, 삼촌과 할아버지의 4형제 중 막내인 끝에 할배
의 딸로 나보다 한 살 많은 수환이 아지매도 명단에 들었지. 이주
형 교장은 이참에 '좌익' 집안이라고, 민주인사의 자녀들까지 몽땅
싸잡아 퇴학시켰던 거야. 말수 형은 형수가 밀양군 여맹 위원장이
었거든. 시동생과 시누이가 함께 퇴학당한 거지.

독서회에 자기 집을 모임 장소로 제공했던 말수 형은 남조선에서
투쟁이 불법화되고 모든 활동이 지하로 들어가면서 소식이 끊겼다.
말수 형은 전쟁이 터지고 혼란한 와중에 홀로 일본으로 건너갔다
고 한다. 아버지가 말수 형을 다시 만난 건 40년도 더 지난 후였다.
말수 형은 1993년에 처음으로 조국 땅에 돌아와 밀양에 성묘를 왔
다. 아버지도 남민전 사건 석방 후 자유의 몸이 된 때였다.

— 말수 형은 일본에서 총련(재일본조선인총연합회) 활동을 했다고 해.
그러니 고향의 친척들이나 지인들에게 소식을 전할 수가 없었지.
저놈들이 한순간에 간첩단 사건으로 엮을 수도 있으니까. 말수 형
은 일본에서 교수가 된 내 소식을 듣고 정말 기뻤대. 목숨이 오가

는 상황에서도 수학책을 놓지 않더니 결국 교수가 되었구나⋯. 남민전 사건으로 사형선고를 받은 걸 신문에서 보고는 너무 마음이 아팠다고 하고.

퇴학 조치에 맞서 자치회 간부들은 벽보 투쟁과 함화(喊話) 투쟁으로 맞섰다. 벽보 투쟁은 앞서 설명한 방식 그대로이고, 함화 투쟁은 새벽에 읍내 둔덕진 곳에 올라가 종이 나팔을 입에 대고 구호를 외치는 것이다.

― 악질 반동 한민당 정치꾼 이주형 교장은 물러가라!
― 민주교육 짓밟는 교장을 쫓아내자!
― 민주학원 지키는 밀양중학교 학생들을 지원하자!
― 군정청의 식민지 교육을 반대한다!

이렇게 1분 정도 큰소리로 구호를 외치고, 다시 흩어지는 것이다. 조용한 밤에 고함을 치니 장터가 다 울렸다.

― 함화 투쟁이 확실히 효과가 있었어. 벽보나 삐라는 아침 일찍 사람들이 읽기 전에 경찰이 물통을 들고 적셔 뜯으면 그만이었지. 하지만 소리는 달랐어. 이미 사람들 귀에 들어간 걸 후벼 파낼 수는 없었거든.

함화 투쟁이 계속되자 밀양경찰서장은 경찰들을 비상 동원해 밤새 골목골목 지켜 서도록 했다. 몰래 치고빠지는 '범인'을 잡기 위해 혈안이 되었다. 꼬리가 길면 밟히는 법인가. 벽보 투쟁과 함화 투쟁을 이어가던 아버지는 결국 경찰에 들키고 말았다. 함께 나선 동무 이재우는 무사히 도망쳤고, 아버지만 홀로 잡혀 경찰서로 끌려왔다.

— 하이고, 요런 쪼그만 자석도 들어오나?

새벽에 끌려와 갇힌 경찰서 유치장 간수의 첫마디였다. 오후가 되자 본격적으로 조사가 시작됐다. 그들은 배후를 알아내려고 했다. 어디서 누구와 함께 벽보를 제작했는지, 누가 시켜서 했는지 집요하게 캐물었다. 처음에는 웃으며 달래고, 그다음에는 협박하고, 그다음에는 욕설과 고함으로 겁을 줬다.

— 형사 아재요. 다 혼자 했소. 풀도 집에서 내가 쑤었고, 삐라도 우리 집에서 내가 썼소. 삐라 글씨는 전부 내 글씨요. 지금 붓으로 써보면 알 것 아니오.

그들은 말로 해서는 안 되겠다며 아버지를 지하실로 끌고 갔다. 그러고는 무지막지한 구타와 고문을 자행했다. 겨우 열네 살 소년에게….

─ 나를 고문했던 놈이 정해돈이라고 유명한 악질이야. 밀양중학교
손기용 선생님을 잡아갔던 놈이기도 했어. 그놈이 나를 포승으로
꽁꽁 묶어놓고 마구잡이로 두들겨 패더니 몸을 공중에 매달아 빙
빙 돌리는 비행기고문을 자행했지.

아버지는 몇 번씩 기절했다. 그러면 양동이 물을 끼얹어 정신이
들게 한 다음 다시 추궁했다. 저들은 아버지가 누구의 손자인지 잘
알고 있었다. 그래서 아버지의 배후로 자치회 선배와 교사들을 엮
고, 다시 그 배후로 밀양의 민주단체 간부들을 엮으려고 했다. 최후
의 목표는 바로 증조할아버지였다.

─ 저놈들의 음모와 의도를 알고 있으니 버틸 수밖에 없었지. 하루걸
러 한 번씩 고문을 당하니 요령도 생기더라. 물고문을 당할 때는
빨리 정신을 잃어버리는 게 편했어. 맞을 때는 몸에 힘을 완전히
빼버리는 게 나았고. 퍽퍽 소리는 크게 나도 아픈 감각은 확실히
덜 했거든.

그렇게 보름 가까이 집요하게 당했다. 하지만 끝까지 버텨냈다.
경찰이 아버지로부터 얻어낸 건 하나도 없었다.

5월 하순에 미·소 공동위원회가 속개됐다. 소련 대표는 제일 먼저 정치범 석방을 요구하고 나섰다. 밀양경찰서에서는 아버지를 소년원에 송치하려고 했지만 만 14세가 안 돼 그럴 수가 없었다. 그러던 차에 미군정이 정치범 석방을 결정했다. 밀양경찰서도 아버지를 풀어줄 수밖에 없었다. 하지만 고문으로 생긴 상처 때문에 의사를 부르고, 타박상을 없앤다며 약을 바르는 등 법석을 떠느라 이틀쯤 뒤에야 풀려났다. 18일간의 구금과 고문 수사를 이겨내고 동지들을 끝까지 보호한 것은 아버지의 인생에 새로운 변곡점이 됐다. 다시 잡혀간다 해도 두렵지 않았다. 저들과 맞서 싸울 자신이 생겼다. 그렇게 아버지는 투쟁의 최일선을 향해 한 발 더 다가섰다.

06
소년선전대

밀양중학교에서 퇴학당한 동무들은 다른 지역으로 전학 가기도 하고, 밀양에 남아 투쟁 대열에 참여하기도 했다. 아버지는 석방 후 몸도 추스를 겸 한 달쯤 달성군 구지면 도동의 외갓집에서 지내다 밀양으로 다시 돌아왔다.

한편 5월 21일 미·소 공동위원회가 재개되자 국내 각 정치세력도 활발하게 움직였다. 속개된 미·소 공동위원회의 핵심의제는 임시정부 구성에 참여할 정당과 사회단체를 확정 짓는 것이었다. 민주 진영은 공동위원회에 적극 참여했다. 우익을 대표하는 한민당과 한독당(한국독립당)에서도 일부가 이탈해 공동위원회에 참여했다. 결국 이승만과 김구 추종 세력을 제외한 거의 모든 정당과 사회단체가 공동위원회 참가 청원서를 제출했다.

- 그러자 이승만과 반동 세력들이 '반탁'을 한다면서 온갖 훼방을 놓았지. 이들은 서북청년회를 앞장세우고 대동청년단과 깡패들을 동원해 민주인사들을 마구잡이로 폭행했어. 그 와중에 몽양 선생이 암살당하는 일이 벌어졌지.

1947년 7월 19일이었다. 몽양 여운형 선생을 총으로 저격한 자는 '백의사(白衣社)' 조직원 한지근이었다. 당시 한지근은 19세에 불과했다. 백의사는 월남한 청년들과 학생들을 중심으로 조직한 극우 폭력테러 단체였다. 이름에서 드러나듯 백의사는 중국 국민당 장개석 정부의 반공 특무기관인 '남의사(藍衣社)'를 모방해 만든 조직이었다.

백의사의 총사령인 염응택(월남 후의 이름은 염동진)은 독립운동을 하다 일제의 밀정이 된 자였다. 북에서 암살, 테러 활동을 하다 남으로 도망쳐온 그는 폭력, 파괴, 암살 공작에 깊숙이 관여했다. 백의사에서 본부로 사용했던 집이 바로 10.26 사건이 발생한 궁정동의 중앙정보부 안가다. 유명한 우익 깡패 김두한도 백의사의 고문이었다.

- 김두한은 백의사에서 여운형을 암살할 결사대를 뽑을 때 자기가 한지근을 추천했다고 자랑했어. 한지근에게 일본군 장교용 권총을 건넨 자도 김두한이었지.

여운형 선생을 암살한 의도는 명확했다. 조선 인민들의 폭넓은 지지를 받으며 좌우합작과 남북연합을 추진한 여운형 선생이야말로 저들에게는 반드시 없애야 할 존재였다. 남조선만의 단독정부 수립을 현실적인 방안으로 생각한 미제와 친미, 친일, 극우세력들은 이에 걸림돌이 되는 것을 본격적으로 제거해 나가기 시작했다. 그 와중에 터진 것이 여운형 선생 암살 사건이었다.

　– 할아버지는 여운형 선생과는 각별한 사이였어. 해방 전에는 여운형 선생이 조직하고 지도했던 국내 비밀조직인 건국동맹의 밀양 조직을 만들었고, 해방 후에는 여운형 선생의 뜻에 따라 건국준비위원회 밀양군 지부를 조직했지. 여운형 선생이 조선인민당을 창당할 때도 밀양군당 대표를 맡으셨어.

1946년 2월에 남조선의 민주정당과 사회단체의 통일전선체로 민전이 결성될 때, 남조선에서 활동하던 조선공산당과 조선인민당, 조선신민당도 참여했다. 이들 세 정당의 통합을 가장 먼저 제의한 것도 조선인민당이었다. 3당의 통합 논의는 내부의 혼란과 우여곡절 끝에 11월 23일, 남로당(남조선로동당) 창당으로 결실을 이루었다.

　– 할아버지는 조선인민당에 속해 있으면서 합당을 처음부터 지지했어. 남로당 밀양군당 조직사업에도 열정을 쏟았지. 하지만 일제강

점기 때 조선공산당의 파벌 싸움과 종파주의, 좌경모험주의를 직접 겪어봤기에 남로당 내부에서 다시 그런 문제가 발생할까 봐 고심도 많으셨어.

증조할아버지는 1946년 10월 항쟁 이후로 집에 들어오지 못했다. 테러 위험도 존재했고, 경찰이 언제든 구실을 붙여 잡아들일 수 있었기 때문이다. 증조할아버지는 낮에는 민전 회관에서 일을 보고, 밤에는 청년들의 보위를 받으며 이곳저곳으로 옮겨 다녔다.

민전 밀양지부에서는 7월 27일 '미·소 공동위원회 축하와 민주주의 임시정부 수립 촉구를 위한 밀양군 인민대회' 개최를 결정했다. 갈수록 확산되는 반탁 극우세력의 폭력에 맞서 민주주의 임시정부를 수립하는 일이 시급했다. 저들은 미·소 공동위원회를 다시 무산시키고 남조선만이라도 친미정부를 세우겠다는 의도를 노골적으로 드러내고 있었다. 이를 막아내야만 했다.

7.27 인민대회 성사를 위해 민전 산하 청년단체인 민애청(조선민주애국청년동맹) 소년학생부에서 '소년선전대'를 조직했다. 아버지는 하남면, 초동면 소년선전대 책임자를 맡았다.

― 하남·초동 소년선전대는 내가 경찰에 잡히던 날, 용케 도망을 쳤던 이재우 동무와 수훤이 아지매, 수환이 아지매와 단짝으로 밀양중학교 이주형 교장의 질녀인 이일성, 이렇게 네 사람으로 편성됐어.

우리가 맡은 역할은 모스크바 3상회의에서 결정된 '민주주의 임시정부'의 의의를 농민들에게 정확하게 알리는 일이었어. 임시정부를 신탁통치라고 반대하는 반탁이, 실은 남조선에 친일파, 친미파들의 반동정권을 만들겠다는 미제의 음모임을 농민들이 알도록 하자는 것이었지.

하남·초동 소년선전대의 첫 번째 임무는 수산 장날에 맞춰 '아지프로'를 하는 것이었다. '아지프로(agitation propaganda)'란 대중들에게 정세와 현안의 핵심을 알기 쉽게 설명해주는, 일종의 선전선동이었다. 우리가 1980년대 학생운동을 할 때는 줄여서 '아지'란 말을 즐겨 사용했다.

대원들은 밀양 읍내에서 수산까지 50리 길을 걸어서 이동했다. 아버지는 발걸음이 상쾌했다. 투쟁에 대한 기대도 있었지만 모처럼 가족들도 만나고, 고향 마을의 여러 할배, 할매도 볼 수 있어서 마음이 더욱 설렜다.

당시 나의 할아버지는 수산의 들머리에 있는 동명중학교에서 영어 교사로 재직 중이었다. 일본군 군속으로 연합군 포로수용소에서 일하면서 익힌 영어 실력 덕분이었다. 남양에서 귀환한 뒤 할아버지는 미군정에서 통역으로 일해 달라는 제안을 받았지만 거절한 일도 있었다. 동명중학교는 하남면과 초동면 사람들이 함께 만든 사립학교였다. 고을의 유지들이 비용을 내고 학부형들이 품을 내서

면에 있던 창고를 개조해 학교를 설립했다.

수산은 3·8일 장이라 7월 23일에 장이 열렸다. 오전 10시에 하남면, 초동면의 농악대를 선두로 민애청 회원들이 종이 메가폰을 들고 장터를 돌며 선동했다. 선전대 행사는 오전 11시에 소전거리(우시장)에서 열릴 예정이었다.

― 우리는 조직 군중과 호응하는 군중을 이끌고 장터거리와 신작로를 들락날락하면서 소전거리 행사를 선전하고 다녔어. 시간에 맞춰 소전거리에 당도하니 그 대열이 300명으로 늘어나 있었지.

그렇게 해서 선전대회가 시작됐다. 대회장에는 탁자와 종이 메가폰밖에 없었지만, 사람들의 관심은 뜨거웠다. 아버지는 이곳에서 성만과 두암 마을의 일가 아재들과 할배들을 여러 명 만났다. 다들 큰집 종손의 '아지프로'를 기대하며 밝은 표정으로 앉아 있었다. 아버지는 그들에게 고개를 꾸벅 숙여 인사하고 첫 번째 연사로 탁자 앞에 섰다.

― 안녕하십니까? 저는 민전 산하의 애국청년 단체인 민애청 밀양지부 소속 소년학생부 선전일꾼입니다. 미·소 공동위원회 재개를 축하하고 민주주의 임시정부 수립을 촉구하는 밀양군 인민대회를 맞아 수산 장날에 하남과 초동에 계시는 아재, 할배들께 인민대회

의 의의를 선전하러 나왔습니다. 이름은 안재구라고 합니다.

군중들 앞에 선 아버지는 일가의 아재들이나 할배들한테 설명해주는 것처럼 마음이 편했다. 어려운 말을 쓸 필요도 없이 쉽고 간결하게 현 정세를 풀어냈다. 다음으로 이재우 동무와 민애청 청년이 아지프로를 이어 나갔다.

─ 그날 오전과 오후 두 차례 집회를 열었는데 반응이 너무 좋았어. 청중들의 질문이 나오면 거기에 맞게 대답도 하면서 모두의 마음을 하나로 모아 나갔지. 장에 나온 일가 어른들과 아재들이 내 등을 두드리며 정말 기특하다고 칭찬해 주었어.

초동면 성만마을의 선산에 모신 아버지와 어머니 산소에 갈 때, 나는 항상 수산에 들러 장을 본다. 시장 거리를 오가는 사람들과 도로를 따라 늘어선 가게들을 보면서 70여 년 전 수산의 장날을 상상해보곤 한다. 그럴 때는 어디선가 아재와 할배들의 웃음소리가 내 귀에 들리는 것 같고, 아버지의 '아지프로' 소리도 들리는 듯하다.

수산 장날의 선전대 활동을 마친 뒤 수산에서 5리쯤 떨어진 이웃 귀명동 마을로 들어갔다. 귀명동 마을에서는 '현지 학습'이 예정돼 있었다. 밤에는 마을 농민들과 시국을 토론하고, 낮에는 들에서 논매기 일을 했다.

―새벽부터 농민들 틈에서 일하는 게 너무 고돼 재우 동무나 나나 혼
이 났어. 그래도 밥때 먹던 푹 퍼진 보리밥과 된장국, 새참에 나온
국수가 어찌나 달던지…. 그 덕분에 이 악물고 버틸 수 있었지.

마치 1980년대 대학 시절 농활(농촌활동)과 비슷한 장면이다. 낮
에는 농사일을 거들고, 저녁에는 농민들과 시국을 토론하던 농활의
유래와 역사가 여기에서 비롯됐구나 싶었다. 나 역시 농활 때 익숙
하지 않은 농사일을 하느라 고생이 이만저만 아니었다. 밤마다 온
몸이 쑤셔 끙끙대던 기억이 난다.

다음 날에는 고향 마을로 현지 학습을 들어갔다. 18대조 할아버
지가 솔가해 자리 잡은 금포 동네에 우리 집안의 종가가 있었고, 두
암과 성만 동네에 일가들이 퍼져 살았다. 아버지는 집집마다 다니
며 인사를 드렸다. 두암에서만도 모두 여덟 집을 돌면서 절을 하고
말씀을 들어야 했다. 가는 집마다 할매들이 반겨주고, 아지매들이
모여 '큰집 조카 재구' 이야기를 들으며 웃음꽃을 피웠다. 그렇게
며칠간 선전대 활동을 무사히 마치고 밀양으로 돌아왔다.

드디어 7월 27일, 밀양읍 장날이 왔다. 아침 일찍 집을 나선 아버
지는 긴장이 됐다. '소년선전대'로 찾아간 하남과 초동에서 얼마나
올지 걱정 반 기대 반이었다. 대회장인 삼문동 공설운동장은 행사 준
비를 위해 전날부터 모인 민전 산하 조직의 회원들로 분주했다. 청년
들은 마을 단위로 구역을 정해 사람들을 맞이하느라 정신없었다.

─10시쯤 됐나, 한 친구가 종남산 쪽을 가리키며 말했어. "저기 저 하
얀 줄이 뭐꼬?" 자세히 보니 산을 넘어 내려오는 사람들의 긴 물결
이었어. 이틀 전 내가 넘어왔던 방동고개로 내려오는 고향 사람들
의 행렬을 보면서 나도 모르게 가슴이 뛰고 흥분됐지.

그렇게 밀양 전역에서 사람들이 밀물처럼 모여들었다. 대회 시간
인 12시 가까이 되자 군중들은 흙바닥 스탠드는 물론이고 운동장
밖 솔밭까지 가득 찼다. 밀양 읍내가 온통 사람들로 넘쳐났다.

─다들 7~8만 명은 모였다고 했어. 당시 밀양 인구가 10만이었으니
어린애들 빼고 몽땅 나왔다고 해도 거짓말이 아닐 거야.

첫 순서인 입장식이 거행됐다. 전평 밀양지부, 전농 밀양지부 산
하 면지부의 뒤를 이어 민애청과 여맹(조선민주여성동맹), 상공인조
합, 유림단체, 체육단체, 문화단체와 각종 친목단체까지 입장하는
데만 한 시간 가까이 걸렸다. 애국선열에 대한 묵념이 끝나고, 남로
당 밀양군당 위원장이자 민전 밀양지부 수석의장인 증조할아버지
가 대회사를 하기 위해 단상에 올랐다.

─안녕하십니까? 미·소 공동위원회 축하와 민주주의 임시정부 수
립 촉구를 위한 밀양군 인민대회에 모이신 밀양 인민 여러분! 오

늘 우리는 미제의 남조선 단독정부 수립 음모를 분쇄하고 반드시 남북조선의 통일 임시정부를 세워야겠다는 일념으로 이 자리에 모였습니다.

연단과 멀리 떨어진 대회장 입구에서 행사장으로 입장하는 사람들을 안내하는 역할을 맡았던 아버지는 증조할아버지의 연설을 정확히 듣지 못했다. 귀를 쫑긋 기울였지만 중간중간 터져 나오는 박수와 함성에 묻혀버렸다. 하지만 그날의 장면은 아버지의 뇌리에 깊이 남았다. 수많은 인민 앞에서 연설하는 증조할아버지의 당당한 목소리는 팔십 평생 아버지의 정신을 일깨우는 죽비 소리가 됐다.

대회는 성대히 마쳤다. 전국적으로 인민들의 호응이 대단했다. 서울에서는 50만 군중이 모였다고 했다. 이에 놀란 미군정은 포고령을 내리고 친미 친일 우익세력과 함께 대대적인 반격에 나섰다. 저들의 반격은 밀양에서도 벌어졌다. 형사들이 '서북청년' 여러 명을 데리고 다니며 집뒤짐을 해 민주인사들을 체포했다. 연계소 집에도 형사와 깡패들이 몰려와 할아버지를 찾으며 행패를 부렸다. 일제 식민지 시절에 당했던 일이 고스란히 되풀이되었다. 아니, 깡패들까지 몰려와 마구잡이로 난동을 부리니 그때보다도 더 심했다.

— 밀양 전체가 무법천지였어. 저놈들은 닥치는 대로 사람들을 두들겨 패서 끌고 가고, 세간살이를 부수며 난동을 부렸어. 미제와 극

우세력의 대탄압 앞에 남로당도 결국 조직을 비공개로 전환하고 지하로 들어갈 수밖에 없었지.

앉아서 당할 수만은 없었다. 대책을 마련해야 했다. 증조할아버지는 이미 지하로 잠적했다. 증조할아버지의 행방을 쫓다 보니, 아들인 할아버지에게도 감시가 붙었다. 탄압의 서슬이 시시각각 조여들고 있었다. 아버지도 언제 잡혀갈지 모르는 상황이었다. 할아버지는 일단 이 상황을 벗어나기로 했다. 경찰이 집에 들이닥친 다음 날 아침, 할아버지는 가족들을 데리고 달성군 구지면 도동의 처가로 갔다. 그곳에 몸을 의탁하며 상황을 지켜보기로 한 것이다. 그렇게 아버지도 밀양을 떠나야만 했다.

07
도동의 외가로 피신하다

아버지는 밀양에서 120리 정도 떨어진, 지금의 대구시 달성군 구지면 도동에 있는 외가에서 태어났다.

— 옛날의 결혼은 초례를 신부 집에서 지내고, 시집은 친영 날짜를 따로 정해서 갔어. 신부는 가마를 타고 신랑은 당나귀나 말을 타고 가는데, 이를 신행이라고 했지. 대개는 초례 뒤 해를 넘겨 신행을 치렀어. 나도 외가에서 태어나 어머니 품에 안겨 가마를 타고 밀양으로 왔다고 해.

도동에는 조선 시대 '해동오현(海東五賢)'이라 일컫는 사림 중의 한 분인 한훤당 김굉필 선생의 사액서원, 도동서원이 있다.

－ 김종직 선생 문하에서 수학했던 김굉필 선생은 연산군 때 무오사
화로 유배됐고, 다시 갑자사화로 유배지에서 사사(賜死)됐던 분이
야. 어머니의 친정이 바로 김굉필 선생의 후손인 서흥 김씨 가문이
었지.

2000년대 초반에 우리 가족은 아버지의 안내로 도동서원을 방
문한 적이 있었다. 낙동강이 굽이쳐 돌아가는 마을의 구릉 위에 자
리 잡은 서원은 한눈에 봐도 반듯하고 빼어났다. 마침 그곳을 관리
하는 분이 아버지의 외가 친척이었다. 50여 년 전 아버지가 구지로
숨어들어온 시절을 또렷이 기억하던 그분은 우리 가족을 반갑게
맞아주었다.

아버지의 외가를 이야기할 때 빠질 수 없는 분이 있다. 아버지의
외재종조부인 큰집 외증조할아버지다. 함자가 김우식(1986~?)으
로 큰집에 양자로 들어온 장손이었다. 그 덕분에 만석 땅을 유산으
로 물려받았다고 한다. 큰집 외증조할아버지는 어려서부터 한학에
조예가 깊었고, 대구의 사립협성학교(경북고등학교의 전신)를 졸업한
뒤 중국으로 건너가 북경대학에서 공부한 지식인이었다. 1920년
에 유림단 의거에 연루돼 투옥된 적도 있었지만, 주로 한시를 읊고
풍류를 즐기며 일제강점기를 보냈다고 한다.

－ 큰집 외할아버지는 해방이 되고 유림단체 활동을 하나 싶더니 난

데없이 정치에 뛰어들었어. 한민당 경북도당 위원장과 감찰위원장을 맡으셨지. 미군정 시기 한민당 도당위원장이면 권세가 대단했어. 외할아버지도 종형 덕분에 구지면장을 맡으셨지.

큰집 외증조할아버지는 제헌국회 선거에 출마해 달성군 의원에 당선됐다. 6.25가 터지자 이승만의 서울 결사 수호 발언을 철석같이 믿고 서울에 남았다가 결국 북으로 갔다. 그 뒤의 소식은 정확히 알려진 바가 없다. 큰집 외증조할아버지는 지주 출신이었고, 해방 후에도 교유하던 이들이 대부분 지주인지라 한민당에 가입했다고 한다. 이승만의 분단정책에 동조는 했지만, 작은집 외손자인 아버지에 대한 정은 각별했다.

―큰집 외할아버지는 대구의 도청 관사에 살았어. 도정에도 막강한 영향을 끼쳐서인지 집도 으리으리했고 방문객도 많았지. 나도 외가 형들하고 관사로 인사를 드리러 간 적이 있었어.

그때 큰집 외증조할아버지는 아버지에게 이렇게 물었다.

―너거 할배는 요새 어찌 지내시노? 아직도 좌익 하나?

그 질문에 약간 심통이 난 아버지는 이렇게 대답했다.

— 예, 새 나라의 인민정부를 세우기 위해 열심히 일하고 계십니다.

— 허허, 그놈 말하는 거 보게. 영판 그 할배에 그 손자네.

큰집 외증조할아버지는 어이없어했지만, 아버지가 말대답한다고 화내지는 않으셨다. 그 뒤로도 늘 아버지를 핏줄이라고 따뜻하게 감싸주셨다. 할아버지가 식구들을 데리고 구지로 온 이유도 여기에 있었다. 한민당 도당위원장인 장인의 사촌 형님과 구지면장인 장인에게 의지해 일단 몸을 숨기는 게 급선무였다.

아침 일찍 밀양에서 출발해 오후가 돼서야 구지면장 사택에 도착했다. 갑자기 들이닥친 할아버지와 할머니를 본 할머니의 서모(庶母)는 깜짝 놀랐다. 급히 면사무소로 연통을 넣었다. 아버지의 외할아버지가 소식을 듣고 달려왔다. 죽은 줄만 알았다가 싱가포르에서 살아 돌아온 사위의 소식을 전해만 들었는데, 이렇게 만나니 얼마나 반가웠을까.

그날 저녁 식사를 마치고 외증조할아버지가 할아버지와 아버지를 따로 불러 조용히 물었다.

— 요즘 야들이 좌익을 잡아 가두고 서북청년단을 시켜 테러를 해서 온 나라가 야단인데, 사돈은 좀 어떠신고?

— 그 때문에 장인어른 곁으로 왔습니다. 아버지는 어디 계신지 연락이 없고, 저나 재구나 여러모로 어려운 처지에 놓였습니다.

— 사돈이 밀양에 계시기 어려운 처지면 일로 오시라 해라. 내가 내 사돈을 내 집에 모시겠다는데, 여기서는 어느 놈이 뭐라 할거고. 아무 문제 없다.

— 장인어른 정말 감사합니다. 밀양으로 말씀을 전해 되도록 이쪽으로 오시라 하겠습니다.

곁에서 이야기를 듣던 아버지는 눈물이 날만치 당신의 외할아버지가 고마웠다. 외증조할아버지도 이념보다는 핏줄이 우선이었던 것이다.

— 외할아버지는 구지면에 중학교를 설립할 계획이었어. 그러던 차에 아버지가 구지로 오게 돼 더욱 반가웠지. 외할아버지는 학교 설립 문제를 아버지한테 맡기다시피 했고, 일사천리로 일을 진행해 9월 중순에 구지중학교를 개교했지.

할아버지는 구지중학교에서 영어 교사로 일하게 됐다. 할아버지는 메이데이 집회에 참가한 학생들의 징계를 밀어붙이던 이주형 교장을 비판하다 결국 사표를 내야 했던 밀양중학교 손기용 선생님을 과학 교사로 초빙했다. 그 밖에도 밀양에서 여러 좋은 선생님들을 모셔 왔다. 아버지는 남의 이목도 피할 겸 구지중학교 1학년으로 다시 입학했다. 하지만 마음속에는 늘 한 가지 걱정뿐이었다.

바로 증조할아버지의 안위였다.

— 어머니의 고종사촌으로 전평 밀양지부 위원장을 했던 이성학 아
재도 도동으로 몸을 숨기러 왔어. 그 아재 편에 할아버지 소식을
듣게 됐지. 8월 대탄압 이후 남로당은 조직을 비공개 조직, 즉 지하
조직으로 전환했어. 조직의 형태도 지역의 원로를 위원장으로 모
시던 것을 청장년층을 앞세운 책임자제로 바꾸었다고 해. 그래서
할아버지도 남로당 밀양군 위원장에서 물러나고 새로운 지역에서
조직 복구 활동을 하신다고 했지.

증조할아버지가 하방한 곳은 밀양에서 멀지 않은 함안이었다. 물
론 함안에도 일가들이 많이 살기는 했다. 하지만 조직사업을 원활
하게 진행할 만한 상황이 아니었다. 증조할아버지는 탄압을 피하면
서 식의주 문제도 스스로 해결해야 했다. 그래서 장날마다 약장수
를 하며 활동을 이어 갔다고 한다. 그러던 중 아들과 손자의 소식을
전해 들은 증조할아버지도 구지로 와서 사돈에게 의탁하게 됐다.

— 손기용 선생의 부친으로 밀양에서 농민운동의 지도자로 활동해오
신 손주헌 선생님도 탄압을 피해 구지로 넘어오셨어. 할아버지의
막내아우인 끝에 할배도 오셨고. 세 분은 면장 사택의 사랑방에서
지내셨지.

이때가 1947년 10월 무렵이었다. 미제와 그 앞잡이 이승만과 친
일반역자, 친미사대 일당은 미·소 공동위원회를 파탄시킨 다음 남
조선 단독정권을 세우기 위해 혈안이 되었다. 이를 위해 무엇보다
필요한 것이 민주 세력을 말살시키는 일이었다. 1946년 10월 항쟁
으로 미군정 통치가 위기에 빠진 것을 경험한 뒤로는 더욱 탄압의
강도를 높여 나갔다.

1947년 7월 27일 미·소 공동위원회를 지지하는 인민대회가 전
국적으로 열린 직후 미군정청은 8.15 2주년을 맞아 좌익이 폭동을
준비한다는 소문을 퍼뜨리며 대대적인 예비검속에 나섰다. 전국 곳
곳에서 수많은 민주인사가 체포당했다. 서북청년단을 앞세워 민주
진영의 지도자들을 테러하는 일이 곳곳에서 벌어졌다. 남로당과 민
전이 준비한 8.15 2주년 행사는 대대적인 검거 선풍으로 꺾이고
말았다. 남로당과 민전은 간부들이 체포돼 조직이 거의 붕괴되다시
피 했다.

미·소 공동위원회를 무산시키고 민중의 저항을 폭력적으로 진압
한 미제는 '조선 문제'를 유엔으로 끌고 갔다. 이로써 모스크바 협
정은 사실상 파탄 났다. 미국의 허수아비 노릇을 하던 유엔은 미국
이 주장한 '유엔 감시 아래 총선거'를 결정했다. 소련은 1948년 연
초까지 미·소 양군의 동시 철수를 주장했지만 허사였다. 정세는 점
점 남조선만의 단독정부로 흘러가고 있었다. 분단이 현실의 문제로
전면에 등장한 것이다.

긴박하게 흘러가는 상황 속에서 아버지는 더 이상 구지에 머물러 있을 수 없었다. 증조할아버지 역시 마찬가지였다. 어떻게 해서든 분단 음모를 저지해야만 했다. 다시 전민족적인 대중투쟁을 일으켜야 했다. 그동안 반탁 운동에 앞장섰던 한독당을 비롯한 민족주의 계열의 12개 정당도 남조선 단독정부 반대와 미·소 양군 동시 철수를 내걸고 투쟁 대열에 동참했다. 밀양에서도 민전 조직과 이들이 결합하고 있었다.

— 할아버지가 먼저 구지를 떠나셨어. 1948년 정월이었지. 민전과 민족진영의 공동 대응을 위해 할아버지의 역할이 절실했던 거 같아. 나는 나대로 어떻게 해야 하나 고심하고 있었지.

그때 밀양에서 연락이 왔다. 1948년 1월 26일이었다. 아버지에게 연락을 한 사람은 밀양을 떠날 때, 무슨 일이 있으면 바로 연락을 달라고 부탁했던 강성호 동무였다.

입학 결정 31일 속래.

강성호에게서 온 전보는 딱 여덟 글자였다. 하지만 여기에는 많은 내용이 담겨 있었다. 입학 결정은 투쟁의 결정을 의미했고, 31일은 강성호와 접선하는 날짜였다.

─성호 어머니는, 할아버지의 누이동생으로 내게는 대고모인 활천
 할매와 이웃에 살았지. 두 분은 모두 삯바느질로 외아들을 공부시
 켰어. 그런 인연으로 늘 함께 의지하며 지내셨지.

강성호는 결핵을 앓아 언제나 얼굴에 홍조를 띠고 있었다. 혹시
나 병을 다른 사람들에게 옮길까 봐 사람들이 많이 모인 곳으로는
가지 않았다. 그래서 독서회 성원이었지만 토론 모임에는 참가하지
못했다. 대신 아버지를 따로 만나 학습을 이어갔다. 자치회 투쟁 때
도 드러나지 않아 퇴학 명단에서 빠졌지만, 이주형 교장에게 장문
의 항의 편지를 보내고 자퇴했다고 한다.

─성호에게 연락을 받고 바로 밀양으로 갈 준비를 했어. 아버지에게
 는 밀양고등공민학교 2학년에 편입해 원래 학년을 찾아 공부하고
 싶다고 둘러댔지. 내가 구지중학교 1학년 생활을 지루해하는 걸 알
 던 아버지는 마지못해 허락해주셨어.

구지를 떠날 때, 아버지는 마음을 단단히 먹었다. 다가올 투쟁이
이제까지와는 다른 양상임을 직감적으로 알았다. 더 이상 물러설
곳이 없는 인민들의 봉기가 전국에서 준비되고 있었다. 이번 투쟁
은 전체 인민들의 역량을 하나로 모아 미제와 분단 세력과 맞서는
거대한 투쟁이 될 것이다. 모든 방법을 동원한 실력행사로 반드시

승리해야만 했다. 다시 투쟁 전선으로 향하는 아버지의 가슴도 뜨겁게 타올랐다.

08
2.7 구국투쟁과 입산

─ 38도선 이남에 일본군의 항복을 받는다는 구실로 이 땅에 들어온 미군은 모스크바 3상회의 결정 사항인 임시정부 수립을 파탄시키고, 이승만을 내세워 자신들의 꼭두각시 정부를 세우려 하고 있습니다. 우리는 이를 용납할 수 없습니다. 여러분! 죽기를 각오하고 반대합시다. 미제의 남조선 단독정부 수립 음모를 반드시 저지합시다.

1948년 2월 7일 오전 9시, 밀양고등공민학교 학생들은 자치회장 강성호의 연설에 귀를 기울였다. 밀양중학교를 자퇴한 강성호는 밀양고등공민학교로 편입했고, 아버지도 같은 학교에 편입할 예정이었다. 당시 고등공민학교는 중학교에 진학하지 못한 사람들에게 중학교 과정을 교육하는 학교였는데, 메이데이 투쟁으로 퇴학당한 학생들이 더러 편입해 오기도 했다.

전국 곳곳에서 '2.7 구국투쟁'이 동시에 벌어졌다. 밀양에서도 밀양중학교와 밀양고등공민학교 등 4개 학교에서 총궐기했다. 전농과 전평의 밀양지부도 동시에 들고 일어났다. 시위 군중들은 읍사무소 앞으로 집결했다. 마침 장날이라 아침부터 장꾼들도 모여들기 시작했다.

– 학교에서 출발해 읍내를 돌며 장터까지 상당한 거리를 행진했는데, 경찰이 하나도 보이지 않았어. 이상하다 싶었지. 알고 보니 초동면과 청도면의 지서가 깨지고 악질 경찰들이 무장 해제당했다는 거야. 밀양경찰서에서 지원 병력을 보냈는데 미리 도로를 파서 만든 함정에 경찰차가 빠져 난리가 났다고도 하고.

장터에서 본격적으로 군중대회를 열려고 하는데 밀양농잠학교 학생 한 명이 헐레벌떡 달려왔다. 대회에 참가하려는 학생들을 학련(전국학생총연맹, 대표적인 우익 학생조직) 학생들이 막으면서 충돌이 벌어졌다는 것이다. 밀양농잠학교는 친일 목사 권태희가 교장이었다. 권태희의 비호를 받아 학련 조직이 강한 학교였다. 강성호는 밀양고등공민학교 2학년 학생들을 보내 농잠학교를 지원하도록 했다. 아버지에게도 함께 가서 상황을 보고하라고 했다. 특히 붙잡히지 않게 조심하라고 신신당부했다. 하지만 아버지는 농잠학교로 가던 골목길에서 밀양경찰서 고등계 형사와 딱 마주치고 말았다. 그 형사 옆에는 기관단총을 멘 정복 경찰이 함께 있었다. 아버지를 붙잡은 그들은 카빈총을 어깨에 멘 두 명의 순경에게 인계했다. 순경들은 아버지를 밀양경찰서 뒤편에 있는 경찰 무도장으로 끌고 왔다.

그날 붙잡혀 온 사람은 300명이 넘었다. 경찰은 시위군중을 닥치는 대로 두들겨 팼다. 지서가 습격당한 것에 대한 분풀이였다. 곳곳에서 경찰의 폭력으로 유혈이 낭자했다. 이를 지켜본 사람들이 분노하기 시작했다. 왜놈들도 만세운동을 이렇게 마구잡이로 진압하지 않았다는 소리가 터져 나왔다. 민심이 들끓었다. 지역의 유지와 구장들까지 나서서 어린 학생들과 청년들을 석방하라고 경찰서장에게 대들었다.

그날 밤 무도장으로 손전등을 켠 경찰 여럿이 들어왔다. 남전(남선합동전기주식회사) 산하의 지방 전기회사까지 몽땅 파업에 들어가는 바람에 온 나라가 전깃불 하나 없이 깜깜한 세상이 되었다. 경찰들은 붙잡힌 사람들 사이를 비집고 다니면서 얼굴에다 손전등을 비췄다.

― 안재구 어딨노? 빨리 손 들고 나와라!
― 안재구 이 자식이 잡혀 온 걸 내가 분명히 봤다니까.

아버지는 피칠갑을 하고 누워 있는 청년의 곁으로 갔다. 그 청년의 피를 손바닥에 묻혀 얼굴에 발랐다. 순식간에 아버지 얼굴도 피칠갑이 됐다.

— 어차피 나가도 맞을 게고, 들켜도 맞을 건데 뭐 하러 나가겠노. 그 놈들이 내 곁에 와서 손전등을 비췄는데 못 알아보고 그냥 지나가더라.

다음 날 아침부터 경찰서 앞에는 수백 명이 모였다. 붙잡힌 사람들의 가족이었다. 이들의 항의로 잡혀간 사람들 대부분이 풀려날 수 있었다. 물론 한꺼번에 수백 명을 경찰서에 가두어놓기 어려운 점도 작용했다. 덕분에 아버지도 무사히 빠져나올 수 있었다.

석방된 뒤 아버지는 다른 동무로부터 강성호가 보낸 쪽지를 전해받았다. 쪽지에는 아버지 이름도, 강성호 이름도 없었다. "되도록 빨리 종남산 꼭대기 오른편 방동고개로 오라"라는 사연뿐이었다. 종남산 정상에서 북쪽으로 잘록하게 들어간 방동고개는 초동면과 부북면을 잇는 길목이었다. 아버지는 밀성초등학교 때 같은 반 동무였던 박순희와 방동고개로 향했다. 박순희도 2.7 구국투쟁 때 밀양농잠학교의 주동자였다. 아버지와 마찬가지로 경찰에 쫓기는 신세였다. 방동고개에서 강성호를 만난 아버지는 그로부터 상세한 정황을 들을 수 있었다. 구지에서 밀양으로 나오자마자 2.7 구국투쟁에 참가한 아버지는 당일에도 일찍 경찰에 잡히는 바람에 돌아가는 상황을 정확히 알지 못했다.

'단선단정 반대 2.7 구국투쟁'은 전국에서 전개됐다. 전평이 주도한 노동자들의 파업으로 공장은 일제히 문을 닫았다. 전신, 전화 등 통신도 두절됐고, 철도와 버스 운행도 멈췄다. 항만과 탄광에서도 파업이 일어났다. 학생들은 동맹휴학에 들어갔고, 노동자와 농민들과 합세해 경찰관서를 습격했다. 자연발생적으로 터져 나온 10월 항쟁과 달리 2.7 구국투쟁은 사전에 계획된 투쟁이었다. 또 경찰의 무력 탄압에 폭력으로 맞선 투쟁이었다.

— 강성호를 따라 방동마을에 들어가니 두암에 사는 죽서 할배, 월산 할배와 계음 아재가 계셨어. 세 분 모두 초동면 지서를 습격하고 경찰들을 무장 해제시킨 뒤 빼앗은 무기를 갖고 산으로 들어오셨지.

죽서 할배와 월산 할배는 증조할아버지 숙부인 참위 할배의 아들이다. 아버지한테는 재종조부다. 죽서 할배는 나중에 투쟁이 꺾인 뒤 일본으로 밀항했고, 월산 할배는 보도연맹에 들어갔다가 전쟁 때 이승만의 대학살로 희생당했다. 아버지의 삼종숙(9촌)으로 남로당 밀양군당 초동면책이었던 계음 아재는 나중에 아지트가 발각돼 총격전 끝에 전사했다.

방동마을은 방동골짜기에서 흘러나오는 개울가의 산허리에 붙어 있는 작은 산골 마을이었다. 모두 일곱 가구뿐이라 오가는 사람이 드물어 면당의 아지트 역할을 하고 있었다. 이곳에 장정 열댓 명이 탄압을 피해 모여든 것이다.

> — 우리는 그믐날(2월 9일)을 맞아 종남산 정상 봉화대에 달집을 커다랗게 짓고 봉화 투쟁을 벌였어. 이를 신호로 산 아래 민중들은 야산에 올라 함성을 지르고, 밀양 읍내에서는 농악을 울리며 동시에 궐기했지.

봉화는 단선단정 반대를 위한 새로운 투쟁을 상징하는 것이었다. 2.7 구국투쟁을 계기로 이남의 운동은 점차 무장투쟁으로 전환해 나갔다. 이때부터 각 지방에는 유격 소조인 '야산대'가 조직됐다. 야산대는 제주도의 4.3 항쟁과 5.10 단독선거 반대 투쟁을 거치면서 '남조선인민유격대'로 발전해 나갔다.

봉화 투쟁을 마치고 설날 아침이 되었다. 면당 책임자인 계음 아재가 전체를 소집했다. 간밤에 하달된 군당의 지시 사항을 알려주기 위해서였다. 이 자리에서 계음 아재는 "적들의 반격에 맞서 역량을 보위하기 위해 방동 기지는 즉시 해체하고, 설날의 세배 내왕을 이용해 예정된 장소로 이동하며, 지명수배된 동지와 노출된 동지는 군당에서 소환해 임무를 부여할 것이며, 그 밖의 동지들은 귀가해 대중단체에서 활동한다"라는 내용을 전달해 주었다.

─ 이때 모두랑 헤어졌어. 죽서 할배와 월산 할배, 계음 아재는 방동 마을에서 상복을 빌려 입고 설날의 시묘 상주로 가장해 새로운 면당 비트(비밀 아지트)로 이동했어. 경찰지서 습격에 참여한 다른 청년들은 노획한 무기를 가지고 밀양과 청도의 경계에 있던 화악산으로 들어갔지. 화악산에서 청도군 산서 지역의 역량과 결합해 야산대를 조직했다고 들었어. 박순희는 대중단체 활동을 위해 밀양으로 다시 내려갔고.

강성호는 키가 크고 훤칠한 지도원을 따라갔다. 나중에 듣기로는 강동정치학원으로 갔다고 했다. 강동정치학원은 당시 남조선의 핵심역량을 키우기 위해 북조선에 설립한 기관이었다. 탄압과 테러가 일상이 된 이남에서는 그 어디에도 안전한 곳이 없었기 때문이다.

─ 그날 이후로 성호를 만나지 못했어. 강동정치학원으로 간 동지들은 교육을 마치고 다시 월남하다 많은 이가 특무대에게 사살당했다고 해. 남로당 내부의 종파 프락치를 통해 정보를 입수하고 내려오는 길목을 지키고 있다가 모두 죽여버린 거지. 성호도 그렇게 억울하게 죽었을 거라 생각하니 정말 가슴이 아팠어.

아버지는 외가로 몸을 피했던 자신을 다시 투쟁의 길로 이끌어준 강성호에 대한 애틋함을 평생 간직했다. 아버지와 밀양중학교

동급생이었던 강성호는 아버지가 생의 마지막까지 잊지 못했던 동무였다. 이승에서 함께 보낸 시간은 겨우 1년 남짓이었다. 하지만 아버지는 기억이 사라져가는 마지막 순간, 죽음을 코앞에 둔 시각에도 그에 대한 그리움을 놓지 않았다.

아버지가 세상을 떠난 뒤 나는 밀양의 종남산에 오른 적이 있었다. 종남산은 진달래 군락지로 유명한 산이다. 밀양 시내에서 남서쪽으로 보이는 종남산은 성만마을의 뒷산인 덕대산과 이어져 있다. 정상에 오르면 2.7 구국투쟁 직후 봉화 투쟁을 벌인 봉수대가 보인다. 정상에서 밀양 시내를 내려다보면 밀양강과 그 안에 섬처럼 들어서 있는 삼문동이 눈 앞에 펼쳐진다. 방동마을에서 시작해 방동고개를 거쳐 종남산 정상을 오르는 동안 나는 70여 년 전 이 길을 올랐을 아버지와, 분단을 저지하기 위해 투쟁하다 산화해 간 아버지의 동지들과 할배들을 생각했다. 온 산을 아름답게 수놓은 진달래꽃이 그분들의 넋인 듯했다. 돌 하나, 풀 한 포기 모두 소중하고 절실하게 다가왔다.

강성호와 헤어진 아버지도 설날 오후에 서른쯤 돼 보이는 지도원을 따라 출발했다. 한 군데 아지트에 들러 밤이 오기를 기다렸다가 저녁밥을 먹고 다시 출발했다. 그렇게 어둠 속에 몇 시간을 걸어서 또 다른 아지트에 들러 하룻밤을 묵었다. 다음 날 아버지는 지게를 진 산골 총각으로 위장해 지도원 동지가 이끄는 대로 걷고 또 걸었다. 그렇게 검문을 피하면서 도착한 곳은, 단장면에 있는 표충사의 위쪽 층층폭포 골짜기에서 다시 오른편 안부의 계곡 속에 숨은 무릉동이라는 마을이었다.

   — 무릉동 마을은 해발 800미터 고지대였어. 동서는 높은 산줄기로 가려져 있고, 남쪽은 안부로 훤히 틔어 있으며, 북으로는 깎아지른 듯한 계곡이 있었는데, 그 위에 덩그렇게 얹혀 있는 모습이었지. 예로부터 나라의 통치가 안 미치는 해방구였다고 해.

   그곳에서 아버지의 새로운 삶이 시작됐다. 조직에서 받은 이름은 신덕생(申德生)이었다. '사람들에게 덕을 베푸는 일을 하자'라는 뜻이었다. 아버지가 제일 먼저 해야 할 과업은 바로 '산사람'이 되는 것이다. 아버지는 무릉동에 개설된 남로당 군당 간부 양성반에서 유격 활동의 간부로 성장하기 위한 학습을 받았다. 학습은 군당의 호출이 있기까지 두어 달 동안 집중적으로 진행됐다.

09
간부 훈련을 마치고 '레포'가 되다

무릉동 군당 간부 양성반에는 주로 20대 청년들이 모였다. 청도 군당에서 두 명의 동지가 왔고, 언양군당에서도 두 명의 동지가 왔다. 밀양군당의 아버지까지 모두 다섯이었다. 모두 아버지보다 열 살 가까이 많은 형님이었다. 하지만 출신 지역이나 학교, 나이는 일절 서로 묻지 않았다. 이름도 조직에서 부여한 가명으로 불렀다. 이런 양성반이 밀양 북동부 산악지대에 몇 군데 더 있다고 했지만, 모든 게 보안 사항이었다.

─무릉동 아지트에서 천황산 정상까지 3킬로미터 거리야. 천황산을 중심으로 북으로는 가지산, 운문산, 억산이, 북동에는 고헌산, 동남으로는 간월산, 신불산, 영취산이 빙 둘러서 있지. 요즘에는 다

들 '영남알프스'라고 부르더라. 이 일대는 옛 왕조 때도, 일제강점기 때도 권력이 미치지 못했어. 뜯기고 헐벗고 굶주리던 민중들이 더는 살 수 없을 때, 고난을 피해 들어갔던 곳이야.

무릉동에서 다섯 명의 청년을 지도한 사람은 박철환 지도원이었다. 물론 그 이름도 가명이었다. 아버지는 석 달이 안 된 기간 동안 박철환 지도원으로부터 간부가 지녀야 할 이론과 실무는 물론 혁명가의 품성과 동지애를 배웠다. 박철환 지도원은 일제강점기에 중국의 북부 후방도시에서 공작원으로 투쟁하다가, 체포될 때 격투로 목뼈를 상했다고 한다. 기절해 쓰러진 그를 동지들이 목숨을 걸고 반격해 구해냈다고 한다.

— 지도원 동지는 그때 입은 부상으로 목을 제대로 가눌 수 없었어. 늘 삐딱하게 쳐다보았지. 불편한 몸인데도 나이 어린 우리에게 직접 모범을 보이며 지도해주셨어. 연세가 아버지보다 더 많았지만, 당신과 우리가 서로 대등하고 평등한 동지 관계라고 강조하셨지. 상호 존댓말을 '동지어'라고 일러주신 게 아직도 잊히지 않아.

다섯 명이 모두 모인 첫날 밤에 박철환 지도원은 학습 과제로 세 가지를 제시했다.

첫째는 '산사람'의 체질을 갖추는 것이었다. 구체적인 목표로 무릉동에서 재약산, 천황산으로 해서 능동산, 석남재, 가지산, 운문재(아랫재), 운문산까지 왕복 34킬로미터를 5시간 안에 주파하는 걸 제시했다. 산악지대를 평지보다 더 빠르게 움직이는 놀라운 속도였다.

— 지도원 동지랑 처음 훈련 나간 날 8시간 반이 걸렸어. 다들 산 타는 것만큼은 자신 있다고 여겼는데, 지도원 동지에 비하면 형편없는 수준이었지.

둘째는 총기학이었다. 38식 소총, 카빈총, 45구경 권총의 사격과 분해, 결합을 능숙하게 익히는 것이다.

셋째는 이론학습이었다. 변증법적 유물론과 사적 유물론, 모순론, 실천론 등 철학과 볼셰비키 당사가 커리큘럼으로 제시됐다.

— 아침에는 도시락을 싸서 행군 훈련에 나섰고, 오후에 돌아오면 총기 훈련과 이론학습을 진행했어. 밤에는 2인 1조로 불침번을 섰고, 그다음 날에는 취사 당번이 되었지. 식량은 밀양과 청도, 언양군당에서 포스트를 이용해 10일마다 공급해줬어.

지도원 동지의 헌신적인 지도 속에 훈련생들은 쑥쑥 성장했다. 총기도 능숙하게 다뤘고, 마침내 산악 행군도 5시간 안에 주파할 수 있었다. 그러던 4월 하순 어느 날, 지도원 동지는 군당에서 훈련생들을 소환하라는 지령이 내려왔다고 했다. 이별의 시간이 온 것이다. 이제는 각자 흩어져 다시 투쟁 전선으로 돌아가야 했다. 지도원 동지는 '도당의 명령에 따라' 5명에게 무기를 수여했다. 청도군당과 언양군당의 동지들은 보병총과 카빈총을 받았다. 나이가 가장 어린 아버지는 콜트 45구경 권총을 받았다.

　─총을 받으니 감회가 남달랐어. 총은 적을 쏘고 내 목숨을 지키는 도구이지만, 목숨까지 투쟁에 온전히 바치겠다는 결의도 총구 속에 함께 담았지.

　언양군당과 청도군당의 동무들은 출발이 다음 날이었고, 아버지는 그다음 날이었다. 천황산 정상부까지 올라가 각지로 흩어지는 네 명의 동지를 배웅하고 돌아오니, 지도원 동지가 조용히 불렀다.

　─동무의 조부께서 얼마 전 평양 모란봉극장에서 열린 '남북조선 제정당 사회단체 연석회의'에 참석하셨다고 하오. 밀양에서 함께 대표로 가신 분이 손주헌 선생과 이석기 선생이라고 들었소.

　뜻밖에도 증조할아버지의 소식이었다.

　─지도원 동지는 내가 누구의 손자인지 이미 알고 있었던 거야. 하지

만 전혀 내색을 안 하다 헤어지기 전날 아는 척을 한 거지. 손주헌 선생님은 밀양중학교 손기용 선생님의 아버님이셔. 이석기 선생님도 내가 할아버지를 만나러 민전 회관에 갔을 때 자주 뵌 분이고.

지도원 동지는 아버지에게 증조할아버지 소식을 전하면서 당시 정세에 대해서도 소상히 설명해주었다. 미국의 꼭두각시 역할을 하는 유엔 임시조선위원단의 감시 아래 5.10 단독선거가 결정되자 분단을 반대하는 애국세력은 하나로 뭉치기 시작했다. 이들은 역량을 총결집해 '미·소 양군 동시 철수'와 '남북 제정당 대표자회 소집'을 요구했다. 이의 결실로 1948년 4월 19일 '남북조선 제정당 사회단체 연석회의'가 열린 것이다.

— 할아버지는 민전 밀양지부 대표로 남북연석회의에 참석하셨지. 할아버지는 38선이 지나가는 강원도 양양의 남대천을 건너 북으로 가셨다고 했어.

군당에 소환되면서 무릉동을 떠나게 된 아버지는 지도원 동지와도 헤어졌다. 그 뒤로는 무릉동도, 지도원 동지도 영원히 만나지 못했다.

— 공비 토벌을 이유로 민간인들을 잔인하게 학살한 김종원이란 놈

이 있었어. 일본 관동군에 자원입대한 그놈은 왜놈 군인일 때나, 해방되어 국군 장교로 있을 때나 잔혹하기로 악명이 높았지. 주로 경상도 일대를 휩쓸고 다녔는데, 그놈 때문에 밀양 일대 산간 지방도 아비규환의 지옥으로 변했다고 해. 무릉동도 살아남지 못했을 거야.

이승만은 그런 김종원을 "애국 충정이 대단한 사람으로 충무공 이순신과 견줄 만하다"라며 총애했다. 김종원은 빨치산 토벌대장을 맡아 무자비한 양민 학살로 이승만의 총애에 보답했다.

아버지는 경북대 교수로 재직할 때 산악반 지도교수를 맡았다. 산악반 학생들과 '영남알프스' 일대도 자주 다녔다. 표충사와 층층 폭포, 사자평, 고사리분교를 오갈 때 무릉동도 찾아가 보았다. 하지만 무릉동의 흔적은 어디에도 남아 있지 않았다. 그 일대는 그냥 초원이었고, 숲이었다. 몽땅 불타버린 뒤 그렇게 변한 듯했다. 아버지는 그 뒤로도 혼자서 무릉동 일대를 자주 찾았다. 시국이 답답하거나 풀리지 않는 고민거리가 생기면 학교 일을 마치고 저녁에 혼자 밀양으로 내려갔다. 손전등 불빛 하나에 의지해 묵묵히 산에 올랐다. 그곳에서 옛 기억을 떠올리다 보면 답답한 심경이 풀리고 고민도 해결됐다. 특히 교수 재임용에서 탈락한 아버지에게 이재문 선생이 남민전 가입을 제안했을 때, 아버지는 천황산에 올라 목숨을 건 투쟁을 결심했다고 한다.

교육을 마치고 박철환 지도원 동지와 헤어질 때, 아버지는 당신의 할아버지 생각이 나서 많이 울었다.

— 내 역량이 부족해 동무를 훌륭한 빨치산으로 성장시켜 주지 못해서 유감이오.

지도원 동지가 아버지에게 마지막으로 해준 말이었다. 아버지는 평생 지도원 동지의 가르침을 잊지 않았다. 그의 혁명적 풍모와 상대에 대한 배려, 이신작칙(以身作則)의 생활 태도까지 가슴에 품고 본받으려 노력했다.

무릉동에서 간부 교육을 받고 내려온 아버지에게는 밀양군당 연락부의 레포(연락원) 임무가 주어졌다.

— 밀양은 산악지대인 동북부와 평야지대인 서남부의 지리적 환경이 크게 달라. 그 가운데 자리 잡은 밀양읍이 두 지역을 연결해주고 있지. 밀양읍은 교통의 요지였지만 검문의 지뢰밭이기도 했어. 그래서 연락 업무를 수행할 때는 밀양읍을 피해 산길로 이용하는 게 안전했지. 밀양의 구석구석 지리에 익숙하고 민첩한 연락원이 필요한 것도 이 때문이었어.

군당에서 아버지를 적임자로 뽑은 이유도 마찬가지였다. 새로운 임무와 함께 새로운 이름도 주어졌다. 최덕출(崔德出)이었다. 아버지의 역할은 군당과 산하 조직의 연락선이었다. 연락은 주로 포스트를 통했다. 군당의 방침을 담은 문건 전달이 많았다. 실수 없이 정확하게 백 퍼센트 성공해야 하는 임무였다. 산에서 내려오자마자 아버지는 바빠졌다. 5.10 단독선거 반대운동에 남로당과 민전의 모든 역량이 투입된 것이다. 아버지는 군당과 각 면당을 연결하면서 지령문과 보고문을 전달하기 위해 밀양 일대를 부지런히 쫓아다녔다.

— 얇은 미농지에 프린트한 문건을, 호주머니를 이중으로 만든 조끼 속에 감추고 움직였어. 망태기 안에는 떡이나 감자, 미숫가루 같은 비상식량을 싼 보자기와 도시락처럼 보이게 권총을 싸서 감춘 보자기가 있었지. 만일 검문에 걸려 수색을 당하면 비상식량 보자기를 먼저 보여주고, 그래도 계속 뒤지자고 하면 권총 보자기를 풀어 보여주는 듯하다 재빨리 권총을 꺼내 장탄하고 "손들어!" 하는 걸 수없이 연습했지.

망태기 안에는 아버지만의 소지품이 하나 더 있었다. 바로 수학책이었다. 아지트에서 밤이 되기를 기다리거나 상부에 보고할 답변을 기다릴 때, 그 시간을 이용해 수학책을 펼쳤다. 아버지는 상급학년의 수학책까지 혼자서 차례로 공부했다. 머릿속으로 문제를 풀다가 막히면 혼자 땅바닥에 수식을 써가며 문제를 풀곤 했다. 그러면 두려움도 막막함도 금세 사라졌다.

아버지처럼 수학자가 되지는 못했지만, 그 심정을 나도 조금은 알 것 같다. 구국전위 사건으로 구속됐을 때, 나는 함께 구속된 아버지와 밖에 있는 선후배들에 대한 걱정으로 몸도 마음도 무척 힘들었다. 가슴 속에 갑갑한 분노가 치밀어 오를 때, 나는 독방에서 수학책을 펼치곤 했다. 수식을 들여다보고 문제를 풀다 보면 갑갑하던 마음이 조금은 진정됐다.

5.10 단독선거 반대투쟁은 밀양에서도 거세게 일어났다. 투표 반대운동은 사제폭탄으로 투표함을 파괴하고 불태우는 단계로 발전했다. 하지만 많은 인민이 투표를 거부했는데도 어찌 된 셈인지 투표함에는 투표용지가 가득했다. 유엔 임시조선위원단은 93퍼센트의 참여로 무사히 선거를 치러 198명의 국회의원을 선출했다고 발표했다.

― 온갖 부정과 날조의 결과물이었지. 선거에서는 친일 역적들이 대부분 당선됐어. 이런 자들이 남조선에서 국회의원이 돼 헌법을 제정하고, 대한민국이라는 친미 친일 정부를 세운 거야.

5월 10일 이후 투쟁은 선거무효 운동, 남조선 단독정부 수립 반대운동으로 전환되었다. 분단을 반대하는 세력들은 1948년 6월

29일부터 7일간 평양에서 '남북조선 제정당 사회단체 지도자협의회'를 열었다. 이 자리에서 전 조선의 통일적인 입법기관 선거를 통해 헌법을 제정하고 통일민주정부를 수립하겠다고 발표했다.

8월 25일에는 남북 조선의 총선거가 거행됐다. 북조선에서는 선거로 212명의 대의원을 뽑고, 남조선에서는 선거를 공개적으로 할 수 없으니 이중선거로 대표를 뽑았다. 각 시군의 정당과 사회단체에서 추천한 대표자들이 해주에 모여 남조선인민대표자대회를 열고, 360명의 대의원을 뽑기로 한 것이다. 이를 위해 이들을 지지한다는 인민들의 연판장을 지역마다 받기로 했다. 그해 여름, 아버지는 각 면에서 연판장을 모아 정리한 뒤 제본한 책자를 아지트에서 건네받아 상부에 전달하는 일로 정신없이 바빴다. 5.10 단독선거에서 친일 지주들이 대거 국회의원에 당선되는 걸 본 인민들은 연판장 서명에 적극적으로 동참했다. 자료에 의하면 전체 유권자의 77퍼센트, 670여만 명이 연판장에 날인했다고 한다. 그만큼 인민들의 분노가 컸기 때문이다.

— 각 면에서 군당으로 모인 연판장은 강줄기를 건너고 산줄기를 돌아 38선 넘어 해주에 있는 선거지도위원회로 보냈어. 이때 수송을 담당한 이들이 '강동 사람'들이었어. 강동정치학원 동무들을 우리는 '강동 사람'이라고 불렀지. 당시 '강동 사람'은 군마다 2명씩 배치돼 있었어.

연판장 투쟁을 통해 남조선에서 모두 1,080명의 대표를 선출했다. 이들 중 1,008명이 해주에 모여 다시 360명의 대의원을 선출했다. 이들은 북조선에서 선거로 당선된 212명과 함께 남북 조선의 '최고인민위원회'를 구성했다. 그 결과로 1948년 9월 9일, 조선민주주의인민공화국이 탄생했다.

남조선의 모든 애국역량이 총동원돼 한 달 이상 진행된 연판장 투쟁은 기대한 목적을 달성했다. 하지만 후과도 컸다. 연판장 투쟁에서 수많은 사람이 체포되고 투옥당했다. 특히 조직의 '트(아지트)'와 '선(연락망)'들이 대거 노출되면서 일선 조직이 탄압에 그대로 방치되는 상황이 벌어졌다. 그런데도 남로당 지도부는 인민대중의 역량을 보존하고 새롭게 묶어 세우기보다 대책 없는 전면 투쟁에 빠져 있었다. 레포로 활동하던 어린 아버지의 눈에도 남로당의 좌경적 오류가 보였다. 누적돼 온 남로당의 문제는 이내 심각한 폐해를 드러냈고, 남조선 운동에 심대한 타격을 주었다.

10

'선'이 끊기고 홀로 남다

1947년 5월 미·소 공동위원회가 속개되면서 각 정당과 사회단체로부터 임시정부 수립을 위한 합동회의 참가 신청을 받았다. 이때 남로당을 비롯한 좌익계와 중도파는 물론, 반탁 시위를 주도했던 한민당, 한독당 등 우익계 정당과 단체들도 참여했다. 때맞춰 급조한 단체들도 대거 등장했다. 합동회의 참가 신청을 한 남조선의 정당과 사회단체만도 425개였다. 남북의 461개 정당, 사회단체 회원은 모두 7,000만 명으로 집계됐다. 당시 남북 전체 인구의 두 배에 달하는 엄청난 숫자였다. 미·소 공위에서 협의 대상 단체를 회원 수에 비례해 정한다고 하는 바람에 우익에서는 유령단체를 만들고, 회원명부도 허위로 작성했다. 그들이 그렇게 설쳐대니 남로당도 당원 배가운동에 나섰다. 5배가, 10배가라고 하면서 일반 대중들까지 대거 당원으로 가입시켰다. 이게 나중에 엄청난 후과로 돌아왔다.

5.10 단독선거를 끝낸 남조선에서는 국회를 구성하고 헌법을 제정한 뒤, '대한민국'이라는 국호를 내세운 단독정권이 들어섰다. 국회는 이승만을 대통령으로 뽑았고, 이승만은 미군정청으로부터 정권을 인수했다. 또 미군 주둔군 사령관이 쥐고 있던 남조선국방경비대의 통수권을 인수해 '대한민국 국군'으로 호칭했다. 군대와 경찰, 사법권까지 장악한 이승만은 단독정부 수립을 반대한 절대다수의 인민들을 '치안'을 내세워 대대적으로 탄압했다.

전면적인 탄압 국면에 맞서 대중역량을 보존하고 핵심역량을 지키는 게 필요했다. 하지만 남로당 지도부는 이와 정반대로 나갔다. 대표적인 게 '공화국기 게양 투쟁'이었다. 7, 8월의 연판장 투쟁은 인민대중의 단독정부 반대운동을 확산시키는 데 귀중한 성과를 남겼다. 문제는 다음이었다. 뜬금없이 공화국기 게양 투쟁을 벌인 것이다. 공화국기 게양 투쟁은 면사무소와 학교의 깃발 게양대에, 9월 9일 선포된 조선민주주의인민공화국기를 게양하는 투쟁이었다. 깃발 제작을 위해 광목천과 물감을 사들이고, 마을에서 얼굴이 알려진 청년들이 제작 장소를 들락날락하는 모습은 금세 드러났다. 경찰의 수배가 떨어지자 투쟁에 참여한 사람들은 도피할 수밖에 없었다.

― 어쭙잖은 투쟁 한 번에 조직은 만신창이가 됐어. 한창 조직사업,
　대중투쟁을 끌고 나가야 할 청년 일꾼들이 몽땅 수배자 신세가 돼
　버린 거야. 공화국기를 무사히 게양해도 한밤중에 건 깃발은 날이
　새자마자 단번에 발각돼 내려졌어. 아무 성과도 없이 조직 역량만
　일순간에 다 드러낸 어이없는 투쟁이었지.

　이 틈을 비집고 적의 공세는 세차게 몰아쳐 왔다. 탄압은 경찰보
다 극우 폭력조직이 극심했다. 이들은 무자비한 폭력을 예사로 휘
둘렀다. 말로 표현하기 힘든 고문도 서슴지 않았다. 남편의 행방을
대라며 아내를 성고문했다. 조직원을 대라고 고문하면서 생사를 따
지지 않았다. '빨갱이'는 죽여도 아무런 죄가 안 되던 때였다. 1948
년 12월 1일, 일제강점기의 치안유지법을 그대로 계승한 국가보안
법이 공포된 뒤로는 '사상전향서'가 등장했다. 거기에는 꼭 남로당
'탈당성명서'가 붙어 다녔다. 탈당성명서를 신문광고란에 내고, 그
것을 오려내 사상전향서에 붙여서 내도록 했다. 당시 신문광고란마
다 탈당성명서가 넘쳐났다. 그 와중에 아버지는 두 가지 충격적인
소식을 접했다.

― 나와 동무들이 참 존경하던 선배인 조우재 민애청 밀양지부 위원
　장 동지가 체포됐다는 소식을 들었어. 조 선배는 밀양농잠학교를
　졸업하고 일본에서 대학을 다녔는데, 학병을 피해 밀양 북부의 화

악산으로 들어갔지. 그때 산에서 할아버지를 만났어. 해방되자 바로 하산해 경찰서와 행정기관을 접수하고 건준을 조직할 때 청년부장을 맡았지. 할아버지를 곁에서 지켜주던 조 선배의 늠름한 모습이 아직도 눈에 선해.

조우재 위원장이 체포돼 밀양경찰서에 구금됐을 때, 김종원 부대가 밀양에 들어와 있었다. 조 위원장은 이들에게 혹독한 고문을 당했다고 한다. 조 위원장은 발목부터 인피를 위로 벗기는 고문을 당하면서도 끝까지 굴복하지 않았다. 마지막 생명이 끊어지기 직전 자신을 고문하던 놈들에게 이렇게 소리쳤다고 한다.

─ 나는 유물론자이기에 귀신이 있다고 믿지는 않는다. 하지만 내가 죽어 귀신이 된다면 까마귀로 환생해 밀양경찰서 지붕 꼭대기에 앉아 밤마다 울며 네놈들, 친일 역적놈들을 끝까지 저주할 것이다!

조우재 위원장의 마지막 외침은 사람들의 입을 통해 밀양 전역으로 퍼져나갔다. 마지막 순간까지 절개를 지킨 모습에 친일 경찰과 군인들은 간담이 서늘했다고 한다. 또 한 가지, 입이 딱 벌어지는 소식이 들려왔다.

– 밀양군당의 조직책이 체포됐는데, 변절해서 조직 체계도와 당원 명부를 몽땅 내주었다는 거야. 그자의 이름은 최달현이었어. 연계소에서 가까운 터실 길목의 제법 큰 기와집에 살았고, 일본에서 전문학교를 나왔지. 해방 이후 민청 간부로 활동하다 남로당 군당 간부가 되었고, 1948년부터 군당 조직책을 맡았어.

경찰에 협조해 많은 동지를 잡아들인 최달현은 이 공으로 경찰에 특채됐다. 밀양경찰서 고등계 형사가 된 그는 밀양 남로당을 붕괴시키는 데 결정적인 역할을 했다.

1979년에 남민전 사건으로 체포된 아버지가 치안본부 대공분실에서 수사받을 때, 한 수사관이 다가와 "고향이 밀양이라면서요?"라고 물었다. 그렇다고 하니까 말없이 고개를 끄덕이며 가더라는 것이다. 나중에 생각해보니 민전 회관에서 자주 본 얼굴이었다. 최달현과 마찬가지로 해방 직후에 민청 간부로 활동하다 변절해 동지를 밀고하고 특채된 자였다.

'최달현'의 경우는 적지 않았다. 밀양뿐 아니라 전국 곳곳에서 체포와 변절이 일어났다. 상황이 이렇게 되자 남로당 지도부는 당을 정예화한다며 핵심 당원 중심으로 조직을 재편성하라는 방침을 내렸다. 문제는 대대적인 당원 배가 운동 때 마구잡이로 끌어들인 사람이었다. 그들은 입당한 지 얼마 안 돼 제대로 된 당원 교육도 받지 못했고 사회정치적 의식도 떨어졌다. 당의 방침은 결국 이들을 버려둔 채 피하라는 말밖에 안 됐다. 이탈자가 속출했다. 이미 당원 명부까지 경찰 손에 들어갔다는 소문이 파다했다. 살길을 찾아 전향하는 사람들이 줄을 이었다. 혼자 전향하고 탈당하는 게 끝이 아니었다. 누구도 당원이요, 누구도 당원이요 하면서 다른 이들을 고발해야만 했다. 그래야 저놈들의 손아귀에서 벗어날 수 있었다. 누가 이들을 탓할 수 있을까. 무작정 벌인 당원 배가와 대중을 책임지지 않은 결과는 이처럼 혹독했다.

— 박헌영이 이북에 가서 50만 당원을 자랑했다는데, 그 50만 당원이 뭔가. 당원 5배가, 10배가, 이러면서 뻥튀기한 것 아닌가. 인민들은 그때 입당만 해주면 그 숫자로 친일 주구들을 내쫓고 모든 게 다 해결된다고 해서 가입서에 서명했을 뿐이야. 그것 때문에 경찰에 쫓기게 되었다고 다들 원망이 많았지. 변절자들이 갖다준 당원 명부는 거기에서 끝나지 않았어. 나중에 보도연맹 대학살의 살생부로 다시 이용됐지. 미군정 탄압을 핑계로 북으로 도피한 뒤, 책상머리에 앉아 지시하는 것만 알고, 남쪽 동지들을 온갖 위험에 빠뜨린 박헌영 일파의 죄상을 나는 절대 용서할 수 없어.

아버지는 여전히 군당의 소년 연락원으로 부북면당과 하남면당 '트'의 안전을 확인하는 임무를 수행했다. 하지만 하남면당의 '트'가 습격당해 당책인 계음 아재가 총격전 와중에 세상을 떠나는 일이 벌어졌다. 결국 하남면당과 그에 연결된 초동면, 상남면, 삼랑진읍의 당조직이 동면 상태로 들었다. 밀양읍, 무안면, 청도면을 연결하는 부북면당도 안심할 상황이 못 됐다. 대대적인 노출과 탄압 국면에서 파국의 날은 그리 오래지 않았다. 부북면당의 '트'에 도착한 아버지는 사립문에 안전 신호로 걸어놓은 요령(놋쇠로 만든 큰 방울)이 없어진 걸 알았다. 문 앞에서 주저하는 아버지에게 한 노인이 다가와 시선을 피한 채 작은 소리로 말했다.

— 총각, 어서 이곳을 피하게. 그 집 사람들 오늘 모두 잡혀갔네.

아버지는 그 소리를 듣고 노인의 얼굴과 사립문을 번갈아 보았다.

— 요령을 찾나? 내가 떼버렸네.
— 할배, 고맙습니다.

아버지는 그 길로 빠져나왔다. 부북면당의 사고 소식을 산외면 다원에 위치한 군당 연락부에 알려야 했다. 날이 저물기를 기다렸다가 마을의 초입에 들어서는데, 누군가 아버지의 팔을 붙잡았다. 군당 연락부 '트'의 초당 방에서 만났던 형이다.

— 덕출이, 날세. 어서 여기를 피하게.

그의 손에 이끌려 인가에서 멀리 떨어진 논둑길 수로에 숨어 앉아 자초지종을 들었다. 군당 연락부 지도원 동지와 청년들이 우익 단체 깡패들과 함께 쳐들어온 군인인지 경찰인지 모르는 자들에게 몽땅 잡혀갔다는 것이다. 군인인지 경찰인지 모른다면 '백골대'라고 부르던 김종원 부대였다.

— 그들이 잡혀갔다는 건 내 '트'도 안전하지 않다는 의미였어. 즉시 비상선을 찾아가기로 했지. 이럴 때를 대비해 마련한 2선이 있었 거든.

그곳은 무릉동으로 들어갈 때 하룻밤을 잤던 곳이다. 무릉동으로 아버지를 안내해주면서 '신덕생'이라는 조직명을 지어준 서공생 동지의 귀미마을 '트'였다. 그곳에 도착하자마자 아버지는 마당에서 방을 향해 접선 암호를 보냈다.

— 살내마을의 도동댁에서 씨나락을 가지고 왔습니다.

하지만 방에서는 한참 동안 대답이 없었다. 그러다 나온 대답이 뜻밖이었다.

— 우린 그런 소리 들은 일이 없소.

－아니, 씨나락 부탁한 일이 없다니요. 찹쌀 2되와 멥쌀 6되 가져온
  단 말 못 들었는교?

－우린 살내 도동댁도 모르고, 씨나락 부탁한 일도 없소. 그라이 그
  만 가란 말이웃!

통명한 목소리에는 싸늘한 한기가 묻어났다. 목소리의 주인공은
다름 아닌 서공생 동지였다.

－나중에 안 일이지만 이미 천황산 일대는 김종원 부대에게 몰살당
  한 상태였어. 그래서 서공생 동지도 그처럼 나를 매정하게 떼어낸
  거겠지. 인제 그만 너대로 살길을 찾아가라는….

모든 선이 단절됐다. 하남면당도, 부북면당도, 산외면 다원의 군
당 연락부도, 귀미마을 비상 연락선도…. 이제 어디로 가야 하나.
막막했다. 갈 데가 없었다. 소년 연락원인 아버지로서는 그다음을
알지 못했다. 의지가 되었던 모든 선이 끊기니 두려움이 몰려왔다.
그렇다고 무작정 산으로 들어갈 수도 없었다. 눈물이 왈칵 났다. 울
음소리가 가슴에서 뭉쳐져 올라왔다. 그 통곡을 눌러가며 소리 죽
인 채 한참을 울었다. 울고 나니 할매 품이 그리웠다. 엄마가 너무
보고 싶었다. 막막한 상황에서 어찌할 바 모르던 그때, 아버지의 나
이 겨우 열여섯이었다. 집으로 가고 싶다는 마음이 커졌다. 하긴,

달리 갈 곳도 없었다. 모두가 잡혀갔다는 소식을 연이어 들으니 두렵기도 했다. 그 순간 몸에 지닌 콜트 45구경 권총이 생각났다.

— 집에 가자니 총을 계속 지니고 있을 수가 없었어. 그렇다고 버리자니 당장 어느 놈이 달려들 것 같았고.

아버지는 권총을 꺼내 들었다. 동지들이 목숨을 걸고 얻은 무기였다. 그걸 버린다고 생각하니 허망했다. 몇 번을 망설이고 갈등하다 결국 냇물에 총을 던졌다. 총을 버리고 나니 온몸의 피도 다 빠져나가 버린 듯했다. 아버지는 고요한 달빛을 따라 한참을 터벅터벅 걸었다. 인기척 하나 없고 소리 하나 없는 밤이 새삼 낯설었다. 연락원으로 숱하게 오가던 길이건만 모든 게 다른 느낌으로 다가왔다.

이때의 막막하고도 사무쳤던 기억은 아버지의 평생에 무척 강렬했던 것 같다. 의식의 영역에서도, 무의식의 영역에서도…. 아버지는 말년에 병세로 기억이 흐려지고 혼돈된 시간을 보내면서도 마지막 순간 끝내 다시 찾아가 도달한 시간은, 소년 연락원의 임무를 수행하던 바로 그때였다.

귀미마을에서 밀양 읍내로 들어서니 어느새 자정이 다 됐다. 아버지는 연계소 집 부근에 도착했다. 사방을 살펴보았다. 아무 인적이 없었다. 연계소 집으로 조심스레 발길을 옮겼다. 조용히 대문을 밀었다. 마침 대문에는 빗장이 채워져 있지 않았다. 아버지가 집을 떠난 뒤로 증조할머니는 혹시나 하는 마음에 대문을 걸어두지 않았다고 한다. 이윽고 아버지는 대문을 열고 안으로 한 발 들어섰다. 1949년 4월 8일, 길고 길었던 하루가 이렇게 끝나가고 있었다.

11
열여섯 살
'아기선생'이 되다

1948년의 2.7 구국투쟁 때 집을 떠난 아버지가 14개월 만에 돌아온 날, 다행히도 할아버지가 연계소 집에 와 계셨다. 할아버지는 이날 낮에 밀양에서 구지로 제사를 옮겨 가려고 제기와 집기들을 챙기러 오셨다고 한다. 한밤중에 대문을 열고 들어오는 아들을 보고 놀란 할아버지는, 혹시라도 누가 따라왔을까, 대문 밖으로 나가 사방을 둘러보고 돌아왔다.

— 재구야, 조상님이 정말 너를 지켜주시는갑다! 어쩌면 이리도 때를 잘 맞췄노. 내일 아침 일찍 물건들을 싣고 갈 트럭이 올 거다. 그 차 타고 나랑 구지로 같이 가자.

증조할머니도 기쁨과 당황스러움에 반 울음으로 이야기했다.

— 내가 계음 아이 죽고부터는 정말 사는 게 아니었다. 앉아도, 서도, 잠자리에 들어도 온통 니 걱정뿐이었다. 왜놈 시대에 저놈들이 조선왜놈 노릇을 그렇게나 했어도, 해방되고 어디 한 사람 다치기나 했나. 그런데도 저놈들은 무슨 원수가 졌는지 사람들을 이래 무참히 죽이고 있으니….

왜놈 앞잡이들이 다시 미국놈 앞잡이가 돼 사람들을 마구잡이로 끌고 가는 모습을 지켜본 증조할머니는 비통한 심정이었다. 집 나간 장손에게 행여 무슨 일이라도 생기지 않을까 노심초사하며 지냈는데, 그리던 손자가 집으로 돌아와도 걱정부터 앞섰다.

— 내일 아침 너거 애비하고 바로 구지로 떠나거라. 할배도 어디서든 잘 지내고 계실 테니 염려 말고. 지금은 밀양을 벗어나는 게 상책이다.

다음 날 아침, 짐을 싣고 연계소를 출발한 미제 '스리쿼터' 트럭은 무안으로 해서 영산과 창녕을 지나 현풍 아래 유가를 거쳐 구지로 들어섰다. 두 시간쯤 걸렸다. 집에 도착해 아버지가 트럭에서 내리자마자 할머니의 반가운 외침과 울음이 마당에 울렸다.

— 이게 누고? 아이고 재구야, 니가 어떻게 이 차를 타고 왔노?

할머니 옆으로 삼촌과 고모들이 달려 나왔다. 어린 동생들은 다들 오랜만에 보는 맏형의 팔과 허리를 붙들며 매달렸다.

— 내가 구지를 떠날 때 엄마 배 속에 동생이 하나 있었는데, 태어나 돌도 못 지나고 그만 세상을 떠났다고 하더라. 엄마가 나를 붙들고, "오라비 불러오려고 고게 먼저 가 버렸나 보다"라며 슬피 우셨지. 얼굴 한번 못 본 동생이 불쌍하고 엄마도 가여워 나도 눈물이 나더라.

구지로 돌아온 아버지는 살아갈 길을 찾아야 했다. 투쟁 전선을 떠나 집으로 돌아올 수밖에 없었던 아버지는 동생들을 돌보며 부모님의 일손을 거들었다. 무료하고 답답했다. 대식구의 생계를 이어가느라 쉴 틈 없는 부모님을 보기에도 면목 없었다. 그렇다고 취직하기에도 상황이 여의찮았다. 예전에 다니던 구지고등공민학교에 다시 입학하는 것도 내키지 않았다. 그러다 우연히 신문에서 '국민학교 교원 모집' 광고를 보았다('국민학교'는 1995년에 '초등학교'로 개칭됐다). 어차피 중학교 1학년 때 퇴학을 당해 학교를 마치지 못한지라 별 관심 없이 훑어보는데, 응시 자격에서 눈길이 멈췄다. "중학교 3학년 졸업 또는 수료 미달자 중 응시 자격시험 합격자는 본시험에 응할 수 있다"라고 적혀 있었다.

　– 눈이 번쩍 뜨였어. 나도 시험을 칠 수 있는지 다시 자세히 읽어보
　　았어. 응시 자격시험만 통과하면 본시험을 칠 수 있다는 거야. 그
　　래, 한번 시험을 쳐보자, 마음먹었지.

　정부 수립 이후 초등학교 6년의 의무교육 시행을 추진했지만, 교
사가 없는 게 가장 큰 문제였다. 교실이야 가건물이라도 지으면 되
지만 교사는 아무에게나 시킬 수 없었다. 그래서 교원 자격시험을
통해 초등학교 교사를 대거 뽑기로 한 것이다. 아버지는 이튿날 대
구로 나가 중앙통 서점가에 들렀다. 시험과목은 국어, 영어, 수학,
사회(공민, 역사, 지리), 과학(물리, 화학, 생물, 생리), 음악, 미술, 체육이
론과 교육이론이었다. 서점에서 적당한 교재를 사서 돌아왔다. 바
로 공부에 돌입했다. 응시 자격시험은 6월 말이었고, 본시험은 7월
초였다. 아버지는 건넌방에 틀어박혀 밤낮으로 책과 씨름했다. 한
달가량 벼락치기로 공부한 결과 시험에 연달아 합격했다.
　그렇게 해서 아버지는 초등학교 준교사 자격을 얻었다. 외가의
친척들을 보증인으로 넣고, 외가 큰집 할아버지(한민당 국회의원 김우
식)가 도교육청 학무과에 특별히 부탁해 첫 임지 발령을 구지초등
학교로 받았다. 이때 아버지의 나이, 만으로 열여섯 살이 좀 모자랐
다.

― 여러분, 나는 방금 교장 선생님으로부터 소개받은 안재구입니다. 여러분들에게 무엇을 가르친다는 선생이라기보다는 함께 공부하고 함께 놀아줄 동무가 되겠습니다. 때로는 형처럼, 오빠처럼 여러분의 공부를 돕고, 한 가족으로 이 학교에서 생활하겠습니다.

발령 첫날 조회 시간에 학생들에게 건넨 인사말과 같이 아버지는 형처럼 오빠처럼 학생들을 대했다. 빡빡 깎은 중학생 머리에 검은 목닫이 학생복을 입은 아버지를, 학생들은 '아기선생'이라 불렀다. 학부형들도 마찬가지였다. '아기선생'이란 별명은 이내 구지면 전체로 퍼졌다.

나중에 형이 대학에 입학했을 때, 지도교수님이 구지초등학교 시절의 아버지 제자였다고 한다. 학생들과 나이 차이도 별로 나지 않는 '아기선생'을 또렷이 기억하고 있었고, 뒤에 그 선생님이 수학자가 된 것도, 박정희 정권 때 남민전 사건으로 구속된 것도, 여전히 수감돼 있다는 것도 잘 알고 있었다. 그 '아기선생'의 아들을 제자로 맞은 인연에 감회가 남달랐을 것이다.

그 시절에는 교육자의 사회적 지위가 매우 높았다. 면에서 가장 존경받고 지위가 높은 사람은 학교 교장이었다. 그다음이 면장, 그다음이 전관예우를 받는 유지가 되고, 경찰 지서장은 그다음쯤 됐다. 그런 시절에 열여섯 까까머리 소년이 교사가 됐으니 구지 외가의 친척들도 칭찬이 자자했다. 대식구가 의탁하고 있는 것으로 어른들께 송구스러웠던 할아버지와 할머니의 어깨도 조금은 펴졌다.

─ 학기 초에 가정방문을 나가면 구장이 직접 학생들의 집을 안내했
어. 그리고 구장 집에서 점심 대접을 받았지. 머리가 희끗희끗한
구장이 정중하게 술잔도 권하고, 식후에는 담배까지도 한 대 담아
불을 붙여 주었지. 그 바람에 나도 담배를 일찍 배웠어. 그만큼 교
사에 대한 존경심이 높았던 때야. 그런 존경을 받은 교사들도 학생
들을 진심으로 가르쳤고.

내게도 잊히지 않는 아버지의 모습이 있다. 하루는 아버지를 모
시고 외출하다 퇴근하는 큰아이 담임선생님을 만나게 됐다. '손자
의 담임선생님'이란 말에 아버지는 바로 모자를 벗고 젊은 여선생
님께 허리를 깊이 숙였다. 나중에 다른 일로 선생님을 만났을 때,
선생님은 내게 이렇게 말했다.

─ 그날 제게 정중하게 인사를 하시는 할아버님을 뵙고 많은 걸 느꼈
습니다. 정말 아이들을 귀하게 여기고 열심히 가르쳐야겠다는 생
각이 들었습니다.

아버지에게는 교직이 천직이었다. 학생들을 정말로 좋아했고, 가
르치는 일이 즐거웠다. 학교 일 하나하나가 모두 재미있었다. 교내

환경정리도 도맡아 했다. 복도 끝에서 끝까지 우리나라 역사 연대표를 상세히 적어 붙여 아이들이 익히도록 했다. 풍금을 치며 아이들과 함께 노래 부르는 시간도 즐거웠다. 오랜 세월이 흐른 뒤에도 그 시절 이야기를 할 때면 아버지의 얼굴은 아이처럼 천진스러워졌다.

교사 일에 재미를 붙이고 잘 적응해 나갔지만, 세상은 여전히 혼란했다. 단독정부 수립 후 인민들의 항쟁을 무력으로 토벌하고 있던 이승만은 '북진통일' 방침을 내놓았다. 이남의 국방군 병력이 대거 38도선 아래로 배치됐다. 이 때문에 남북 사이에는 크고 작은 무력 충돌이 빈번해졌다. 이승만 정권은 거기에다 '좌익 사상에 물든 사람들을 전향시켜 이들을 보호[保]하고 인도[導]한다'라는 명목으로 국민보도연맹(國民保導聯盟)을 조직했다. 1949년 6월에 조직된 보도연맹은 1941년에 일제가 조직한 대화숙(大和塾)을 본뜬 것이다. 대화숙은 독립운동가, 사회주의자들을 사찰하고 전향시키는 업무를 담당했다. 또 전향한 이들을 앞세워 내선일체와 천황에 대한 충성 등 일제의 논리를 홍보하고 전파하는 역할을 했다. 보도연맹에는 한때라도 남로당원이었던 사람들은 의무적으로 가입해야 했다. 빨치산이나 남로당원의 가족들도 반강제로 가입시켰다. 또 지역마다 경찰서별로 할당된 숫자가 있어서 평범한 농민들에게 고무신이나 비료를 나눠주면서 가입 도장을 받는 일도 비일비재했다.

― 이승만 정권은 보도연맹을 만들면서 국민을 세 가지로 분류했어. 하나는 '도민'이라고 해서, 투쟁에 가담한 사실이 없는 사람들에게는 '도민증'을 주었지. 또 투쟁에 가담했다가 체포돼 이력이 남았거나 전향한 사람들은 보도연맹에 가입시키고 '맹원증'을 주었고. 도민증도 맹원증도 없는 사람들은 모두 적으로 간주하고 잡아들였어.

경찰이나 사찰 당국이 원하는 대로 전향만 하면 놓여날 줄 알았는데 그게 아니었다. 여기저기 관제 행사에 강제로 동원되는가 하면 감시는 여전했다. '맹원증'을 안고 창살 없는 감옥살이를 한 것이다. 그런데도 이승만 정권은 6.25 전쟁이 터지자 이들을 모두 골짜기로 끌고 가 학살했다. 인민군에게 부역할 수 있다는 게 이유였다. 당시 보도연맹 가입자는 30만 명이 넘었다고 한다. 전국의 골짜기마다 이들의 시신으로 가득 찼다. 죽음을 의미하는 '골로 갔다'라는 말도 여기에서 유래됐다. 우리 집안에도 보도연맹으로 학살당한 이들이 여럿 나왔다. 증조할아버지의 동생인 끝에 할배가 보도연맹에 가입하고, 그 영향으로 증조할아버지의 사촌동생인 월산 할배도 가입했다. 두 사람은 모두 전쟁이 터지자마자 골짜기로 끌려가 희생당했다. 특히 끝에 할배는 보도연맹 밀양군지부 훈련부장이라는 감투까지 쓰고 숱한 사람들을 보도연맹에 가입시켰다고 한다. 본인은 물론이고 그들까지 모두 죽음의 구렁텅이로 몰아넣은 꼴이었다. 그 바람에 여기저기서 원망이 자자했다.

아버지가 구지로 내려가 초등학교 교사가 된 1949년 10월에 증조할아버지도 구지로 오셨다. 미군정이 남로당을 불법화하며 대대적인 탄압에 나서자 남로당은 지하로 숨어 들어갔다. 이때 이루어진 조직 재편으로 군당 위원장에서 물러난 증조할아버지는 밀양을 떠나있었다. 당시 탄압을 피해 산으로 들어가 유격대를 조직한 사람들은 대규모 토벌로 상당수가 전사하거나 붙잡혔다. 그런 상황에서 환갑을 앞둔 증조할아버지도 더 이상 활동하기가 어려운 처지였다. 일제강점기와 해방 후의 감옥살이에서 얻은 병세도 심상치 않았다. 경찰의 추적을 받던 증조할아버지가 '합법 신분'을 얻게 된 것은 밀양 유도회(儒道會)의 중재 덕분이었다. 유도회에는 밀양 유림을 새로 일으킨 우리 집안의 내력과 일제강점기부터 독립운동을 해온 증조할아버지를 인정하는 사람들이 적지 않았다. 지역 경찰서에 말발이 서는 유지들도 있었다. 물론 그간의 대대적인 탄압으로 밀양의 남로당 조직이 궤멸하다시피 한 점도 영향을 미쳤다.

— 밀양의 유림들이 나서서 경찰과 협상해 할아버지가 집으로 돌아오실 수 있게 만들었지. 경찰도 이미 나이도 들고 병고에 쇠약해진 할아버지를 붙잡아 가기보다는 나중에라도 활용해야겠다고 생각했을 테고. 물론 유림에서도 속셈이 따로 있기는 했어. 다른 데 거처를 마련해 드릴 테니, 할아버지 명의로 되어 있던 연계소를 자신

들에게 넘겨달라는 거였어.

　이렇게 해서 증조할아버지는 병든 몸으로 밀양으로 돌아왔다. 선대가 짓고 당신의 손으로 새로 일군 연계소를 떠나야 하는 마음이 착잡하셨을 것이다. 낯선 집에서도 오래 머무를 수가 없었다. 밀양에서도 보도연맹이 결성되면서 감시와 압박이 노골적으로 들어왔다. 당신의 동생까지 보도연맹에 가입해 앞장서는 꼴을 보게 된 증조할아버지는 결국 고향 산천을 떠나기로 결심했다. 그리하여 증조할아버지 내외와 할아버지 내외, 아버지보다 세 살 많은 작은할아버지, 그리고 아버지와 삼촌들, 고모까지 일가족 아홉 식구가 구지에 모여 살게 됐다.
　모처럼 얻은 평안한 일상은 그리 오래가지 못했다. 이듬해 동족상잔의 비극이 터진 것이다. 그 비극은 이미 오래전부터 예견되어 온 것이기도 했다.

12
전쟁으로 찢긴 겨레

1950년 6월 25일 아침, 서울방송은 38선 일대에서 남북 군대의 대규모 충돌이 일어났다고 보도했다. 곧이어 이북의 평양방송에서도 남조선 국방군이 38선을 넘어 침략했지만, 인민군이 이를 격퇴하고 있다는 보도가 나왔다.

— 이미 1949년 한 해만도 38선 일대에서 2,600여 회의 크고 작은 군사 충돌이 일어났다고 해. 구지에서도 긴박하게 돌아가는 정세를 빠르게 알 필요가 있었어. 첫 월급을 받자마자 대구로 나가 '양키 시장(대구역 건너편의 교동시장)'에서 단파 라디오를 산 것도 그 때문이었지. 구지에 오신 할아버지도 조만간 전쟁이 터질 수밖에 없다고 예견하셨어.

1950년 5월 30일에 치른 2대 국회의원 선거에서 여당 격인 대한국민당은 24석을 얻었다. 이승만 지지 세력을 몽땅 합쳐도 210석 중 57석밖에 당선되지 못했다. 남북협상파와 반이승만파가 압도적인 다수를 차지한 것이다. 이승만의 대패였다. 국회가 구성되면 이승만은 권좌에서 물러나야 할 상황이었다. 이를 뒤집어엎은 것이 바로 전쟁이었다.

― 6월 17일에 남조선을 방문해 국회 개원식에 참석하고 38선을 시찰한 덜레스(미국 국무장관 고문)는 "공산주의자들과의 투쟁에서 당신들은 외롭지 않을 것이며, 언제나 미국의 강력한 지지를 받을 것"이라고 강조했어. 미국의 담보를 받은 이승만은 결국 전쟁을 향해 발을 내디뎠지.

전쟁이 터지자 이승만은 국회의원과 시민들에게 서울을 사수할 것이라고 말해 대부분 서울에 남도록 한 다음, 한강 다리를 폭파하고 남쪽으로 도망쳤다. 다시 서울에 돌아올 때는 '부역자' 문제를 걸고 나왔다. 전쟁 중에 후방 곳곳에서 양민이나 보도연맹원에 대한 학살이 자행된 뒤였다. 서울에 남아 있었다는 이유로 졸지에 '부역자'로 몰릴 위기에 처한 이들은 인민군이 후퇴할 때 북으로 따라갈 수밖에 없었다. 제헌의회 국회의원을 지낸 아버지 외가의 큰집 할아버지도 마찬가지였다. 덕분에 국회에는 이승만 반대파가 크게 줄었다. 전쟁으로 이승만과 미국은 자신들이 원하는 걸 손에 쥐었다. 전쟁을 구실로 남쪽에서 골칫거리 '좌익'들과 반대파들을 소탕하면서 식민지 독재의 탄탄대로를 닦은 것이다.

탄압의 칼바람은 아버지에게도 예외가 아니었다. 전쟁이 발발하고 열흘도 안 된 7월 4일, 무기한 휴교 조치가 내려졌다. 교무실에서 교사들끼리 모여 대책을 논의하고 있는데, 갑자기 문이 드르륵 열렸다. 카빈총을 멘 경관 둘이 교무실로 들어서며 말했다.

— 안재구 선생이 누구요?
— 전데요. 왜 그러시오?
— 지서장이 부릅니다. 잠깐 지서로 갑시다.

영문도 모른 채 그들과 같이 지서로 왔더니 다짜고짜 유치장에 집어넣고는 문을 잠갔다. 순식간에 당한 일이었다.

— 당시 지서장이 외가 큰집 할아버지의 호위 경관 출신으로 집안사람이었어. "할배요, 왜 이럽니까?" 하고 물으니, "나도 모른다. 본서에서 너를 잡아 보내라고 연락이 왔다"라고 하셨지. 뭔가 심상찮구나 싶었어.

5.30 국회의원 선거에서 떨어진 아버지의 외재종조부는 전쟁이

터질 때 이승만의 말을 믿고 서울에 남아 소식을 알 수 없던 때였
다. 구지면장을 하던 아버지의 외할아버지도 이태 전에 세상을 떠
나셨다. 그러니 아버지를 보호해 줄 사람이 아무도 없었다. 지서에
먼저 잡혀 와 있던 사람들은 꽁꽁 묶인 채 트럭에 실려 본서인 남
대구경찰서로 끌려갔다. 그리고 뒤에 잡혀 온 사람들로 지서 유치
장이 다시 차기 시작했다. 대부분 보도연맹원이었다. 아버지처럼
예비검속에 걸린 이들도 있었다. 모두 쑥덕거리는 소리가 '골로 간
다'라고 했다.

곧 어두워졌다. 아버지는 아무 생각도 안 났다. 이대로 죽는구나
싶었다. 하지만 2.7 구국투쟁 이후 야산에서 활동하다 붙잡혀 죽은
동무들을 생각하니 두려움이 가셨다. 투쟁의 길에 나설 때부터 언
제 어디서건 기다리고 있는 죽음의 길이었다.

자정이 넘어 유치장 문이 덜컹 열렸다. 지서장 할배였다. 아버지
를 데리고 나가 자기 책상 맞은편 의자에 앉힌 뒤 말했다.

─ 니도 우리 집안 외손인데 우째 내가 니를 죽을 곳에 보내겠노. 본
　서에는 못 잡았다고 할 테니 여기서 나가는 대로 멀리 도망쳐라.

나중에 알고 보니 아버지가 준 월급으로 할머니가 사 모아둔 금
붙이와 할아버지가 갖고 있던 최신형 시계를 받고 지서장이 몰래
풀어준 것이다. 아버지는 바로 도망쳤다. 구지에서 십여 리 떨어진

유가면 한정리 원산마을에 사는 할머니의 고모에게 찾아갔다. 원산 할매의 시가는 곽재우 장군 형님의 후손이었다. 현풍 곽씨 집안의 큰집 종부가 원산 할매였다. 원산 할매는 아버지를 삼면이 대밭으로 둘러싸인 사당에 데리고 갔다.

— 여기 사당에 모신 분이 12대조 할아버지로 망우당(곽재우 장군)의 종사관이셨다. 너도 우리 집안의 외손이나 마찬가지다. 그 어른이 널 지켜주실 거다.

그러고는 사당 안의 신주함 밑에 있는 마룻장을 올리고, 그 속으로 들어가게 했다. 아버지는 낮에는 마룻장 아래에서 꼭꼭 숨어 지내고, 밤에는 나와서 사당 안에만 있었다. 꼬박 한 달을 그렇게 보냈다.

8월이 되어 아버지는 원산마을로 찾아온 가족들과 함께 피난길에 올랐다. 그해 여름은 정말 무더웠다. 그리고 참담하고 끔찍했다. 곳곳마다 헐뜯긴 조국의 상처가 고스란히 드러났다. 싸움이 벌어지는 전쟁터가 아닌데도 골짜기마다 송장 썩는 냄새가 코를 찔렀다.

구지를 떠나 청도까지 피난을 내려온 아버지와 가족들은, 매전면 온막리 동창천변에 자리 잡은 피난민수용소를 그대로 지나쳤다. 증조할아버지까지 계시니 사람들이 많은 곳에 머무르는 것은 최대한 피해야 했다. 혹시나 알아보는 이가 있을지도 모르기 때문이다. 대신 금천면 오봉의 외진 산골짝에 있는 증조할머니 친정 조카딸의 시가에 의탁하게 됐다. 다행히도 거기까지는 전쟁이 미치지 못했다. 보도연맹 난리도, 극우 깡패들의 횡포도 피해 간 오지 마을이었다. 그곳에서 5리도 채 못 되는 능선을 넘으면 밀양의 산내면으로 들어선다. 하지만 밀양으로 가는 고갯길은 절대 넘을 수 없었다. 그 길은 사는 길이 아니라 죽는 길이었다.

한날은 전황에 대해 귀동냥도 할 겸 온막리 피난민수용소에 들렀다. 거기에서 아버지는 구지초등학교의 교장 선생님과 교감 선생님을 만났다. 두 사람은 아버지의 상황을 잘 모르는 듯 피난길의 만남에 반가워했다. 그편에 '전시수당'이 포함된 밀린 월급도 받았고, 교사에게 지급하는 전시요원증과 전시요원 완장도 수령할 수 있었다.

— 경찰에서는 나를 잡아들이라 했지만, 교육청에서는 이에 대해 전혀 모르고 있었어. 그만큼 기관들끼리 정보 공유가 제대로 안 됐던 거야. 전시요원증은 나중에 대구나 밀양에서 경찰의 검문을 통과하는 데 아주 요긴하게 쓰였지.

피난살이는 10월 3일에, 10월 4일 복귀하라는 복귀령이 나오면서 끝났다. 전쟁 발발 직후 태어난 막내 삼촌까지 열 식구는 다시 구지를 향해 떠났다. 증조할머니와 할머니는 삼촌들과 고모를 데리고 천천히 올라왔고, 아버지는 증조할아버지와 할아버지, 작은할아버지와 함께 당일로 구지에 들어왔다.

학교는 10월 10일에 신학년 개학을 했다. 문제는 불타버린 교사(校舍)를 다시 세우는 일이었다. 수업하는 동안에도 흙벽돌로 담을 세워 교실을 만들어 나갔다. 교실이 만들어지기 전까지는 학교 담벼락 밑에 학생들을 앉히고 흑판을 걸어놓고 수업했다. 한 달 만에 뚝딱 완성한 흙벽돌 울타리 교실은 겨울이 되면서 다시 천막 교실로 바뀌었다.

전쟁으로 조국의 분단은 고착되고 있었다. 1951년 봄부터는 전선도 교착상태에 놓였다. 전방에서는 전투가 지속됐지만, 후방은 일상을 회복하고 있었다. 하지만 여전히 청년들은 전선으로 끌려갔다. 징집을 연기할 방법은 대학에 가서 학생 신분을 얻는 길뿐이었다. 자식의 목숨을 하루라도 더 지키려는 부모들은 자식을 대학으로 보내기 위해 논도 팔고 소도 팔며 아우성이었다.

─ 나도 대학 진학을 결심했지. 당장은 징집을 면할 방편이었지만, 미래에 대한 전망을 잃어버려서 그런 것이기도 했어. 분단은 현실이 되고 있었고, 이를 막아낼 힘은 남쪽에서 더는 보이지 않았거든. 암담한 상황에서 일단 대학으로 가자, 이렇게 마음먹었지. 학교 일을 마치면 혼자서 새벽까지 고교 과정을 공부해 나갔어.

1951년 3월부터 학제가 개편됐다. 6년제와 4년제 과정이 혼재

되어 있던 중학교는 3년제로 통일됐다. 대신 3년제 고등학교와 실업고등학교가 새로 생겨났다. 아버지가 대학에 진학하자면 고등학교 졸업장이 필요했다. 아버지는 외가 아재의 도움으로 대구 영남고에 3학년으로 편입하는 걸 추진했다.

당시만 해도 전쟁의 혼란으로 위조 증명서가 난무했다. 초등학생 실력으로도 고교 졸업장을 따내 대학에 들어가는 일이 허다했다. 하지만 아버지는 그럴 수 없었다. 정공법을 택했다. 고3 학력이 되는지 직접 학교에 찾아가 테스트를 받기로 했다. 국어, 수학, 물리, 화학, 생물, 국사 등 다른 과목은 모두 통과됐다. 특히 수학은 지금 당장 고등학교 교단에 세워도 좋다는 극찬을 받기도 했다. 문제는 영어였다. 중학교 3학년 수준으로 합격을 주기 어렵다는 평가였다. 그러자 수학 선생님이 "지금 우리 학교에 안재구 학생보다 영어 실력이 나은 학생이 절반이나 됩니까?"라며 아버지를 거들고 나섰다.

─ 그때 내가 선생님들께 약속했어. 통과만 시켜주신다면 졸업 때까지 영어를 고등학교 3학년 실력으로 만들어놓겠다고. "그게 안 되면 낙제시켜도 좋습니다" 이렇게 말씀드렸지.

마침내 아버지는 영남고 3학년 2학기 편입을 허락받았다. 첫 실력고사에서 영어를 13점 받았지만, 6개월 내내 영어 공부에 몰두해 우수한 성적으로 고등학교를 졸업할 수 있었다.

졸업을 앞두고 아버지는 어느 학과를 지망할까 고심하다 증조할아버지와 상의했다. 증조할아버지는 사람을 살리는 의과대학 진학을 바랐지만, 가정 형편상 학비 마련이 큰 부담이었다. 아버지는 내심 경제학을 공부하고 싶었다. 사회의 병을 치료하는 이론이라 할 정치경제학에 관심이 많았다.

    — 재구야, 지금 같은 세상에서 사회과학은 진리는 고사하고 체제를
        옹호하는 어용 이론만 남아 있게 될 거다. 그래야 이 사회에서 인
        정받고 출세할 수 있을 테니까.

증조할아버지가 권한 것은 수학이었다.

    — 네가 수학에 남달리 흥미를 갖고 있고 이해가 빠르더구나. 과학을
        비롯해 모든 학문은 수학적 논리로 기초를 구성하고 있지. 수학은
        어떠냐?

증조할아버지의 제안에 아버지는 바로 결정했다. 어려서부터 수학을 좋아했고 남다른 수학 재능을 가졌던 아버지에게 딱 맞는 전공이었다. 그렇게 해서 아버지는 경북대학교 사범대학 수학과를 지망했다. 1952년 1월 하순에 대학 시험에 합격했고, 4월에는 대학생이 되었다. 아버지는 대학의 문으로 들어가면서 수학을 연구하는

학자로 살기로 작정했다. 전쟁으로 갈가리 찢긴 겨레를 생각하면 가슴이 아렸다. 해방 뒤의 혼란기와 전쟁 통에 죽음으로, 행방불명으로, 잠적으로, 모습을 보이지 않는 동무들이 너무나 그리웠다. 혼자서만 살아남아 대학에 가는 게 그들에게 참으로 미안하고 마음 아팠다.

13

마지막 유훈

증조할아버지께서 세상을 떠나셨다. 1953년 12월 11일, 새벽 4시였다. 당시 대학 2학년인 아버지는 아침에 부고를 받자마자 서둘러 출발했다. 구지로 가는 덜컹거리는 버스 안에서 아버지는 북받쳐 오르는 울음을 참을 수 없었다.

― 할아버지는 췌장염을 앓으셨어. 처음 병이 나신 건 1940년 가을이었지. 창씨개명도 안 하고 사상전향서도 안 낸다고 왜경들이 할아버지를 잡아가 버렸지. 그때 고생을 많이 하셨어. 그 때문에 발병하셨던 거야. 부산 부립병원(지금의 부산대병원)에 입원해 수술받으셨는데 경과가 좋았어. 의사도 앞으로 10년은 거뜬할 거라고 했지. 그런데 10년이 지나면서 재발하신 거야.

증조할아버지는 피난에서 돌아온 뒤로는 점차 기운이 떨어지셨다. 전쟁과 분단으로 고통에 빠진 조국의 현실 앞에 몸과 마음의 상처가 점점 커졌다. 일가친척과 형제, 동지들의 억울한 죽음도 무수히 겪었다. 쫓겨나듯 고향을 떠난 뒤로는 상심이 날로 깊어만 갔다. 그것이 다시 병마로 돌아온 것이다.

— 1953년에 구지중학교를 졸업한 재두(아버지의 첫째 동생)가 대륜고에 입학하면서 온 가족이 대구로 이사 왔어. 구지에는 할아버지와 할머니, 숙모만 남게 됐지.

새로 구지중학교 재단 이사장을 맡은 구지면장은 할아버지를 영어 교사 자리에서 내쫓았다. 그 바람에 할아버지도 구지를 떠날 수밖에 없었다. 아버지보다 세 살 많은 작은할아버지는 징집돼 군에 있었고, 작은할머니가 6개월 된 첫째를 데리고 증조할아버지와 증조할머니 곁에 남았다. 할아버지가 대구로 이사 온 다음 날, 아버지는 구지로 내려갔다. 증조할아버지가 걱정돼 도무지 책이 손에 잡히지 않았다. 학비를 벌며 대학에 다녀야 하는 처지라 구지에 자주 내려가지 못한 게 마음에 걸렸다.

— 할매! 내 왔다! 재구 왔다!

아버지는 크게 소리치며 활짝 열려있는 대문으로 들어갔다. 큰방 대청의 미닫이가 열리고, 증조할머니의 여윈 몸과 반가워하는 얼굴이 나왔다. 바로 이어 건넌방 미닫이가 열렸다. 증조할아버지가 힘겹게 얼굴을 내미셨다.

– 할아버지의 파리한 얼굴을 보는 순간 그만 숨이 막히고 억장이 무너지는 듯했어. 내 입에서는 그저 "할배, 할배" 하는 울음소리밖에 안 나왔지.

아버지는 증조할아버지의 곁에 앉아 얼굴을 자세히 보았다. 옥골선풍(玉骨仙風)이라고 했던 보얗던 얼굴이 누른빛으로 되었다. 병색이 완연했다. 근 1년 만에 뵙는 얼굴이었다. 아버지는 증조할아버지의 야윈 손을 잡았다. 눈물이 나고 목이 꽉 잠겼다.

– 재구야, 누구에게나 다 이별이란 게 있다. 너무 상심하지 마라.

그날 밤 아버지는 증조할아버지 곁에 누웠다. 증조할아버지도 모처럼 손자와 이야기를 나누고 싶어 했다. 아버지는 증조할아버지의 기분이 좋아질 만한 이야기를 꺼냈다.

– 할배, 예전에 제정당 사회단체 연석회의를 위해 평양에 가셨던 이

야기 좀 해주이소.

— 그 이야기는 벌써 여러 번 안 했나? 또 뭐가 더 궁금하다는 거고?

아버지는 구지에서 증조할아버지를 다시 만난 뒤로 그 이야기를 여러 번 들었다. 연석회의에 참석한 대표단은 북에서 반일 민족해방과 민주주의 혁명의 성과를 보여주는 곳에 시찰을 다녔다고 한다. 보통강운하와 황해제철소를 둘러보았고, 후대를 위해 세운 연필공장에도 가보았다. 그중에서도 가장 인상 깊었던 곳은 만경대혁명학원(당시 명칭은 '평양혁명자유가족학원')이었다고 한다.

— 김일성 수상의 항일유격대 유자녀들만 아니라, 독립군 사령관이었던 양세봉 장군을 비롯해 많은 독립운동가 유자녀들이 학원에 다니고 있다고 했어. 임정에서 교육부장을 했던 이종익 선생이 원장을 맡고 있었고. 할아버지는 그 모습에서 우리 민족해방투쟁의 본류를 확인했다고 하셨지.

아버지는 증조할아버지에게 이런 질문도 했다.

— 할아버지도 대의원에 뽑혀서 평양에 남을 수 있었잖아요?

그랬다면 남쪽에서 온갖 험한 일을 겪지 않았을 테고, 고향 땅에서 쫓기듯 나와 이렇게 고생 안 하셔도 됐을 텐데, 하는 아버지의 솔직한 심정이 질문 속에 담겨 있었다.

– 많은 이들이 대의원이 되고자 했지. 하지만 '모두 대의원이 되어 북에 남으면 남조선 혁명은 누가 하는가?' 이런 말도 나왔어. 나도 그렇게 말하는 쪽에 있었고. 나는 다시 남으로 내려온 걸 후회하지 않는다.

아버지가 증조할아버지를 마지막으로 뵌 것은 부고를 받기 며칠 전이었다. 병간호를 위해 하던 일을 그만두고 먼저 구지로 내려간 할아버지로부터 연락이 왔다. 증조할아버지가 며칠 못 버티실 것 같다고 했다. 아버지도 급히 구지로 내려갔다. 손자를 보고 기력을 조금 회복한 증조할아버지는 아버지에게 이렇게 당부의 말을 남기셨다.

– 동지들과 함께 왜놈에 맞서 싸웠고, 그 힘으로 내 고향 밀양 땅에서 왜놈 권력을 몰아낼 수 있었지. 하지만 일제에 빌붙어 동족을 탄압하던 놈들이 다시 미국 놈을 등에 업고 38선을 그어 민족을 분단시키는 걸 막지 못했어. 반분단 투쟁에서 숱한 사람들이 죽어간 게 참으로 통탄스럽구나. 젊은 너희들에게 이런 세상을 남겨두고 떠나는 게 무척 마음이 아프다.

증조할아버지는 여기까지 말하고는 아버지의 얼굴을 한참 바라 보았다. 당신의 길을 따라온 손자를 남겨두고 떠나는 게 마음에 걸리신 것이다.

─ 재구야, 공부 가운데 가장 중요한 건 사람의 도리를 공부하는 거다. 사람의 도리를 모르면 공부한 게 도리어 사람을 해치는 데 이용될 수 있다. 사람의 도리가 무엇인가, 언제나 이 공부를 잊지 말아라. 그리고 이런 세상이 얼마나 갈지 모르겠지만, 너도 자식들에게 올바른 세상을 물려주겠다는 마음으로 살았으면 한다.

이 말을 마지막으로 증조할아버지는 잠이 드셨다. 그리고 며칠 후 세상과 영별하셨다. 이때 연세, 예순셋이었다.

1906년에 열여섯의 나이로 새로운 세상을 배우기 위해 서울로 올라온 뒤 국권 상실의 역사를 지켜보았고, 그 뒤 빼앗긴 나라를 되찾기 위해 일본 놈에 맞서 줄기차게 싸웠다. 해방을 맞았으나 그것은 가짜 해방이었다. 인민이 주인이 되는 진짜 해방과 남북의 통일 민주정부 수립을 위해 다시 미국 놈들과 치열하게 싸웠다. 하지만 끝내 조국은 분단됐다. 그 과정을 통한의 심정으로 지켜봐야 했던 증조할아버지는 분단의 휴전선이 그어진 그해 겨울, 마지막 눈을 감으셨다.

구지에서 발인을 마치고 증조할아버지를 밀양 성만마을에 있는 선산으로 모셨다. 그토록 오고 싶어 했던 고향 땅이었건만 넋이 되어서야 돌아올 수 있었다.

— 선산에 도착하니 일가친척들이 몇 사람 나와 있었어. 하지만 집안 종손인 증조할아버지의 위치와 밀양을 대표하는 지도자로 살아오신 이력을 생각하면 너무도 조촐했지. 1947년 1월, 건준과 민전의 위원장을 맡으셨던 김병환 선생께서 세상을 떠났을 때만 해도 1만 명의 인파가 모여 영결식을 거행했지. 몇 년 새 세상이 허망할 만치 달라진 거야.

성만마을 장지에는 밀양경찰서 고등계 형사들도 여러 명 나와 있었다. 그들은 주변을 오가며 날카로운 눈초리로 사람들을 훑어보고 있었다. 그러자 먼발치에서 바라보던 사람들이 행여 눈이 마주칠세라 고개를 숙였다. 마을에서 지켜보던 사람들도 담벼락 아래로 머리가 쑥 들어가 버렸다. 전쟁이 끝났다고 해도 여전히 두렵고 엄혹한 시절이었다.

내게는 증조할아버지가 사진으로만 남아 있다. 매년 12월 11일, 증조할아버지의 기일이 되면 어느 때보다 진지하고 엄숙하게 제사를 준비하던 아버지의 모습이 사진에 겹쳐 떠오른다. 그날 아버지는 오래도록 생각에 잠긴 채 말씀이 없으셨다. 제상에 올리는 술 한 잔도 여느 때보다 간곡했다.

한번은 내가 증조할아버지를 독립유공자로 신청하는 문제를 아버지에게 꺼낸 적이 있었다. 일제강점기 때 사회주의 계열에서 활동했던 독립운동가들에게도 훈장을 수여하고 국가유공자로 지정하겠다는 정부 발표가 나왔을 때였다. 증조할아버지와 함께 활동했던 분들 가운데도 독립유공자로 지정된 분이 여럿 있었다. 하지만 아버지의 대답은 단호하면서도 분명했다.

― 그런 소리 하지 마라. 내 할아버지가 반쪽나라, 그것도 미국 놈이 세운 나라에서 주는 훈장을 받을 분이겠나? 오히려 부끄러워하실 분이다.

증조할아버지를 보내드리고 아버지는 심한 몸살을 앓았다. 만으로 스무 살을 막 넘긴 때였다. 큰 산이 무너져 내린 느낌이었다. 평생의 의지처가 사라진 기분이었다. 연락선이 다 끊어지고 산중에 홀로 남았을 때와 같은 막막함이 몰려왔다. 할아버지마저 돌아가시니 이제는 정말 그 어디에도 길이 보이지 않았다. 어떻게 살아야 할지 삶의 좌표도 분명하지 않았다.

소년 연락원 시절에 배낭 한구석을 차지하고 있던 수학책이 아버지의 길동무였던 것처럼, 이때도 수학책이 아버지를 위로해주었다. 수학은 아버지의 유일한 의지처였다. 아버지는 묵묵히 수학 공부에만 몰두했다. 한 번씩 당신의 할아버지가 그리워지고 죽어간 동지들이 생각날 때면 술로 상심을 달랬다. 아버지의 20대 시절은 그렇게 흘러갔다.

3장

경북대 수학과

01
전쟁의 한가운데서
대학생이 되다

새 냇가 새 바위에 푸른 숲속에

피 끓는 젊은 넋이 자라는 전당

이상은 하늘같이 높기도 하고

정성은 바다처럼 가득도 하다

경북대학교는 우리의 자랑

경북대학교는 세계의 자랑

1952년 5월 28일, 경북대학교 사범대학 부속초등학교 학생합창
단의 목소리가 기념식장(지금의 경북대학교 본관 터)에 울려 퍼지고
있었다. 바로 경북대학교 개교의 노래다. 고운 물색의 한복을 입은
여선생님의 풍금 반주에 따라 곱고 어린 음색의 노래가 늦은 봄날

의 기념식장을 은은하게 채웠다. 기념식장에는 경북대학교 교색인 자금색(紫金色) 빛깔의 천이 노래에 맞춰 춤을 추듯 펄럭이고 있었다. 주석단의 중심에는 당시 문교부 장관이었던 백낙준 박사와 대구의과대학(경북대 의과대학의 전신) 학장으로 경북대학교 초대 총장에 선임된 고병간 박사가 그 권위를 상징하듯 박사학위 정복에 금빛 수실이 찬란한 학위모를 쓰고 앉아 있었다. 또한 경북도지사와 대구시장을 비롯한 많은 하객이 그 지위에 따라 순서대로 자리를 잡고 앉아 있었다. 아버지 역시 경북대학교의 첫 신입생으로, 주석단 앞의 넓은 공간에 내놓은 강의실 학생용 의자에 동료 입학생들과 함께 앉아 있었다.

─ 불과 서너 해 전, 우리 청소년들까지 목숨을 담보하고 겨레의 분단을 막기 위해 싸웠던 투쟁이 생각났어. 2.7 구국투쟁과 남조선 단독선거 반대투쟁, 그리고 소년 연락원으로 활동하던 그때가…. 그런데 개교식 자리에 앉아 있으니, 오늘의 내가 처절했던 그 당시의 내가 맞는지 믿기지 않더라. '나는 누구인가?' 그런 의문이 입학식 내내 들었어.

조국 반도의 허리를 남북으로 자른 전선에서는 이곳 봄날의 '개교 잔치'와는 상극되는 '살육의 전쟁판'으로 밤낮이 없었다. 축하받을 수만은 없는, 남의 잔치에 온 기분이었다.

'무릉동의 간부 양성반 동무들은 무엇을 하고 있을까. 박철환 지도원 동지는 살아계실까…. 6.25가 터지고 밀양 산내면의 산중에서 붙잡혀 갖은 악형을 당하다 돌아가신 밀양중학교 손기용 선생님…. 저놈들은 끝내 손 선생님의 목을 대창에 꽂아 남천강 밀양교 기둥에 매달아 놓았다지. 또 구정식 선생님의 생사는 어찌 됐을까…. 잊지 못할 동무 강성호는….'

눈앞에서 벌어지고 있는 행사와는 상관없이 기억의 단편이 여기까지 이르자 아버지는 하염없이 눈물이 흘렀다. 눈이 아픈 양 주머니에서 손수건을 꺼내 몰래 눈물을 닦았다. 이제는 모두 만날 수 없는 스승과 동무들이었다.

경북대학교는 그 전신이 일제강점기 때 설립된 대구사범학교, 대구의학전문학교, 대구농림전문학교에 있다. 이들 학교는 8.15 이후 각각 대구사범대학과 대구의과대학, 대구농과대학으로 승격됐다. 이 세 대학을 합쳐 1951년 10월에 경북대학교로 개편한 것이다. 여기에 문리대학과 법정대학을 신설해 1952년에 모두 5개의 단과대학을 둔 종합대학교로 정식 개교했다.

ㅡ 학교 이름에 거창하게 도명을 붙인 경북대학교는 1951년 가을부터 도민들한테 설립 기금을 모금했어. 후대를 위한 교육이라는 취지에 다들 군말 없이 돈을 모아주었지. 이 돈으로 산격동 공동묘지

일대를 부지로 사들였고, 그 터전 위에 강의실과 도서관, 연구실을 건립했지.

명색이 대학교라지만 모습은 초라하기 짝이 없었다. 미군 부대에서 쓰다 남은 허드레 각목과 판자, 아스팔트 루핑과 창문용 셀룰로스 철망 등을 사들여 후다닥 지은 판잣집이 교사였다. 그렇게 강의실과 연구실도 대충 짜 맞추어 나갔다. 개교 기념식이 열린 당시만 해도 연고자들이 묘를 이장하고 난 직후라 교정 곳곳에 황토가 벌겋게 속살을 드러내고 있었다. 대충 불도저로 밀어놓은 대운동장도 공터나 마찬가지였다. 그 바닥에는 잡석들이 이리저리 흩어져 굴러다녔다.

대학은 개교 기념식이 열리기 전인 3월 20일부터 수강 신청을 받기 시작했다. 1학기 강의는 4월부터 바로 시작됐다. 교사가 마련되기 전이라 이때는 경북도청 옆 대구야간대학의 강의실을 주간에 빌려서 수업을 진행했다. 그러다 개교 직후인 6월부터 비로소 산격동 교정에서 수업을 시작한 것이다.

아버지는 사범대 수학과로 입학했다. 당시 문리대는 신설 단과대학이라 신입생이 첫 기수였다. 그래서 대구사범대학 시절부터 수학과를 개설한 사범대에 지원한 것이다. 졸업 후 수학 교사로 임용될 수 있다는 점도 참작했다.

개강하자마자 아버지는 미리 공개된 강의시간표에 맞춰 지정된 강의실로 찾아갔다. 그런데 아무리 기다려도 교수가 나타나지 않았다.

– 그러자 교실에 앉아 있던 2학년 선배들이 자리에서 일어나더니
  그냥 나가는 거야. 그때쯤 온 다른 학생들도 복도에서 창문 너머로
  강의실을 힐끗 들여다보고는 그냥 지나쳐 가고. 도대체 영문을 몰
  랐어.

황당해하는 아버지의 표정을 보고 있던 한 선배가 다가와 말을
건넸다.

– 신입생입니까?
– 예, 선배님. 오늘 강의는 안 합니까?
– 보아하니 휴강인 것 같소. 대학이 원래 그렇소. 아마 이 교수는 다
  다음 주쯤 돼야 강의를 시작할 겁니다.

빙그레 웃으며 말하던 선배가 먼저 통성명을 했다.

– 나는 2학년이고, 신○○이라 합니다. 근데 어째 신입생처럼 보이
  지 않습니다.

초등학교 교사 경력을 가진 아버지에게서 고등학교를 갓 졸업한

신참 냄새가 나지 않은 듯싶었다.

　- 아닙니다. 신입생 맞습니다. 저는 안재구라고 합니다.

　- 이 강의를 하는 박 교수는 휴강하기로 유명합니다. 한 학기에 강
　　의실에 세 번 오면 보통이고, 때로는 두 번만 강의하고 학기가 끝
　　날 때도 있습니다.

　- 아니, 그러면 학점은 어떻게 줍니까?

　- 학점이야 리포트라고 시험지 2, 3매를 적당히 써서 내면 됩니다.
　　물론 이 교수가 좀 심한 편이기는 하지만 대학 강의가 다 그렇다
　　고 보면 됩니다.

　두 사람이 이렇게 이야기를 주고받는 동안에도 학생 몇 명이 강
의실 문을 열고 고개를 들이밀다가 가곤 했다. 그 가운데 아버지는
신입생 오리엔테이션을 착실히 받고 있었던 셈이다.

　- 선배님, 그런데 교수님이 강의는 잘하시는가요?

　- 나야 뭐가 뭔지…. 잔뜩 영어에다가 독일어에다가 흑판에 열심히
　　써나가는데, 당최 구름 잡는 것만 같아서….

　- 수학에 무슨 영어고, 독일어는 뭐지요?

　- 글쎄, 내가 압니까?

　- 그러면 질문해서 뭣인지 설명을 좀 해달라고 하시지요?

— 그러다가 잘못 보이면 학점도 못 따고 졸업도 못 하려고?

  첫 수업부터 예고도 없이 휴강한 교수는 성이 박이었다. 서울대학교에 다니다가 '국대안 반대투쟁'이 거세지면서 학교를 중퇴하고 대구사범대학에 강사로 왔다고 한다. 국대안 반대투쟁의 여파로 실력 있는 교수들이 대거 북으로 가면서 남쪽에는 대학교수가 절대적으로 부족했다. 일본의 구제(舊制) 고등학교(대학 예과에 해당한다)를 졸업한 실력쯤 되면 교수로 환영받는 시절이었다. 대학 중퇴 학력의 박 교수도 그런 이들 중 한 명이었다. 이 정도의 교수(教授) 능력을 갖춘 사람조차 구하기 힘든 시절이었다.

  새 학기가 시작되고 1, 2주가 지나자 대부분 강의가 시작됐다. 국어, 문화사, 철학개론, 자연과학개론 등이 교양과목으로 개설됐다. 수학과에서도 미적분학과 일반기하학, 해석학 등이 개설됐다. 아버지는 잔뜩 기대를 안고 수업에 참여했다. 하지만 기대가 실망으로 바뀌는 데는 많은 시간이 필요하지 않았다.

  — 전공과목이든 교양과목이든 제대로 된 수업은 기대할 수 없었어. 교수들은 대부분 낡은 대학노트를 들고 교실에 들어왔지. 그 노트는 자신들이 일제강점기에 대학에 다닐 때 필기했던 노트였어. 때에 절어 너덜너덜해진 그 노트를 들고 흑판에 가득 써나갔어. 그것도 귀찮으면 노트에 적힌 내용을 읽어주는 게 수업의 전부였지.

명색이 대학 수업임에도 질문과 토론이 없었다. 쥐 죽은 듯한 교실에서는 사각사각 펜대 움직이는 소리만 들렸다.

— 사범대 수학과 전공수업도 별반 다를 게 없었어. 수학이란 학문이 지닌 논리 전개의 엄밀성은 온데간데없고, 일제강점기 때 일본어로 출판된 책을 우리말로 번역해 적은 노트를 읽어주는 게 강의의 전부였지.

하루하루 실망뿐이었다. 그렇다고 남들처럼 책상에 앉아 받아쓰기만 하고 있을 수는 없었다. 대책을 마련해야 했다.

— 중고등학교 공부도 다 독학했는데, 까짓거 대학 공부라고 못 하겠냐 싶었지. 일단 책부터 구하기로 했어. 수업 시간에 교수가 읽어주는 내용을 필기하는 대신에 교수가 들고 있는 책을 유심히 관찰했어. 제목과 저자가 확인되면 곧바로 헌책방을 찾아가 서고를 뒤졌지.

당시 대구역과 교동 일대에는 헌책방들이 많았다. 전쟁통에 관공서나 도서관의 책들이 고물상으로 넘어왔다가 헌책방으로 모여들었다. 거기에서 책의 값어치에 따라 가격이 매겨졌다. 이렇게 흘러나온 헌책들이 많고 찾는 사람도 많다 보니 당시 헌책방은 장사가 꽤 잘됐다.

─ 전쟁이 아직 끝나지 않은 때라 책이 귀했어. 새 책은 주로 일본에
서 들어왔는데 구하는 게 하늘의 별 따기였지. 그러니 대부분 헌책
을 구하러 이리저리 쫓아다녔어.

아버지는 헌책방을 뒤져 간신히 구한 책을 들고 혼자 공부해 나
갔다. 수업이 없는 오후에는 산격동 교정에서 걸어서 헌책방으로
나오는 게 일과가 되었다. 이곳에서 수업과 관련된 책들을 뒤적이
며 노트에 필기도 하고, 문학이나 사회과학책을 읽다 보면 밤이 이
슥해졌다. 지식과 학문에 목말랐던 아버지는 당시 대학 강의실에서
는 얻을 수 없는 진짜 공부를 혼자서 착실히 해나갔다.

─ 한번은 교수가 강의 시간에 읽어주던 책을 헌책방에서 구해 혼자
공부하는데, 어떤 개념이 제대로 이해가 안 됐어. 그래서 수업 때
그에 관해 질문한 적이 있었어. 그런데 그 질문이 교수의 아픈 곳
을 찌른 격이 되었나 봐. 교수는 화난 표정으로 나를 한참 동안 노
려봤지.

그날 이후 그 교수가 강의하는 모든 과목에서 아버지의 성적은
60점으로 고정됐다. 성적이야 교수의 고유권한이고 낙제를 주는

것도 아니고 해서 정식으로 항의하지는 않았다. 항의해도 받아주지 않았을 것이다.

1학기가 끝나고 여름방학이 됐다. 아버지는 첫 학기를 허망하게 보낸 느낌이었다. 언제까지 이렇게 공부할 수는 없는 일이었다. 특히 전공인 수학이 걱정됐다. 신입생 시절의 수학이야 다른 교양과목처럼 독학할 수 있겠지만, 학년이 올라가면서 본격적으로 공부해야 할 전공과목까지 그렇게 할 수는 없는 노릇이었다. 아버지의 고민은 다음 학기에 뜻밖의 한 사람을 만나면서 씻은 듯이 해결됐다. 아버지가 또 다른 큰 산처럼 의지했던 학문의 스승, 바로 몽석(夢石) 박정기(朴鼎基) 교수였다.

02
학문의 참스승을 만나다

여름방학이 끝나고 2학기 강의시간표가 나왔다. 아버지도 시간표를 보면서 2학기 수강 신청을 고민하고 있었다. 사범대 수학과 강의는 대부분 1학기 과목의 연속이어서 듣고 싶은 게 별로 없었다. 그런데 문리대 수학과 1학년 시간표에 해석학이라는 과목이 있었다. 담당 교수란에 적힌 '박정기'라는 이름 세 글자가 눈에 들어왔다. 아버지가 영남고 3학년에 편입했을 때 고등대수학을 가르쳤던 분이다.

— 박정기 선생님은 전쟁 전에 서울대학교와 연희대학교에서 교수로 재직하다 전쟁이 터지면서 대구로 피난 오셨어. 당시 서울의 대학은 전시 휴학 상태라 강의가 없었지. 피난 온 교수들은 대구에 있

는 몇 안 되는 대학에서 시간강사로 생계를 꾸렸어. 그것만으로 생활비를 충당할 수 없어 고등학교에도 강의를 나갔어. 그래서 나도 박정기 선생님께 수학을 배울 수 있었지.

전쟁통에 고등학교 3학년 수업은 제대로 진행되지 못했다. 교실에는 군에 입대했다가 '빽'을 써서 후방근무를 배치받은 나이 많은 학생도 더러 있었다. 이들은 아예 군복을 입은 채 학교에 왔다. 학생들은 대부분 공부에 관심이 없었다. 졸업장만 받으면 된다는 생각뿐이었다. 그러니 수학 시간에는 오죽했을까. 대부분 꾸벅꾸벅 졸거나 아예 엎드려 잤다. 그런 가운데서 오직 한 사람만 열심히 수업을 듣고 있었다. 덕분에 아버지는 박정기 교수에게 개인 과외를 받듯 제대로 배울 수 있었다.

— 그러다가 경북대학교에 문리대 수학과가 신설되면서 주임교수로 오신 거야. 선생님은 대구사범대학 수학과에서 강의할 때 우수한 학생들을 따로 모아 세미나를 시작하셨어. 이들에게 진짜 수학이 뭔지 제대로 가르쳐주셨어. 그리고 당신과 세미나를 해온 제자들을 문리대 수학과 강사로 뽑아 강의를 맡기셨지.

덕분에 문리대 수학과는 초창기부터 학문의 분위기가 올바르게 잡혀 있었다. 설렁설렁 교재만 읽어주는 다른 학과의 수업과는 차원이 달랐다. 이 소문은 아버지에게도 들렸다. 그래서 시간이 겹치지 않으면 문리대 수학과 수업을 들어보려고 마음먹었다. 그러다가 박정기 교수의 해석학 과목을 발견한 것이다. 신설 단과대학인 문리대 수학과에는 사범대 수학과와 달리 학생이 1학년 신입생밖에 없었다. 대부분의 수학과에서 해석학은 2학년 1학기 전공과목이다. 해석학이란 미적분의 개념을 기초로 함수의 극한과 연속에 관한 성질을 연구하는 수학의 한 분야다. 1학년 2학기에 해석학 수업을 한다는 건 좀 빠른 것이기도 했다.

─박정기 교수님처럼 실력 있는 분이 의욕을 갖고 공부시킨다면 못 할 것도 없었지. 나도 선생님의 강의를 듣고 싶다는 생각이 들었어. 개설 학과가 다르더라도 선택과목으로 수강 신청을 하면 학점을 인정받을 수 있었어. 물론 그까짓 학점이야 신경 쓸 게 없었어. 안 되면 청강이라도 할 생각이었으니까. 나한테는 오직 하나, 제대로 된 수업을 받고 싶다는 간절한 마음뿐이었지.

박정기 교수의 해석학 수업 첫날, 아버지는 문리대 강의실 뒷자리에 조용히 앉아 있었다. 잠시 후 교실에 들어온 박정기 교수가 강의를 시작하려고 학생들을 둘러보다가 아버지와 눈이 마주쳤다. 놀란 얼굴로 아버지를 보던 박정기 교수가 대뜸 아는 체를 했다.

— 어, 안 군이 여기에 웬일인가? 나에게 무슨 할 말이 있는가?

모든 학생의 시선이 일제히 아버지에게 모였다. 아버지는 어색하게 웃으면서 일어나 대답했다.

— 아닙니다. 선생님께서 문리대에서 강의하신다는 걸 알고 선생님
　강의를 들으러 왔습니다.
— 그런가? 그럼 앉게.

박정기 교수는 그러고는 강의를 시작했다. 당시 문리대는 신입생 수가 학과별로 20명이었다. 수업을 듣는 20명의 수학과 학생 틈에 아버지가 앉아 있으니 단박에 눈에 띄는 것은 당연했다. 강의를 마치고 박정기 교수는 아버지를 연구실로 데려갔다. 대학 생활은 어떤지, 공부는 할 만한지, 생활비는 어떻게 충당하는지 세세하게 물어보았다. 그러고는 듣고 싶은 수업이 있으면 언제든지 와서 들어도 좋다고 했다. 그다음부터 아버지는 박 교수의 강의는 물론, 수학과에서 개설한 수업도 틈나는 대로 열심히 들었다. 재적은 사범대이지만 강의는 주로 문리대 수학과에 가서 들었던 셈이다.

— 박정기 선생님의 해석학 강의는 참으로 명강의였어. 수학의 논리
　체계가 빈틈없이 짜여 있고, 그런 논리체계가 구성되는 역사적 배

경도 상세히 설명해주셨지. 손에 쥘 수도 없고 눈으로 볼 수도 없는 논리체계지만, 선생님의 설명을 듣다 보면 어느새 하나의 아름다운 창조물처럼 우리 앞에 펼쳐져 있었어.

박정기 교수는 열강으로 유명했다. 강의할 때는 무아지경의 오케스트라 지휘자 같았다. 중요한 대목에서는 소리를 높였고, 판서하는 분필에도 힘을 주었다. 판자로 만든 교단도 신명난 구둣발에 짓눌려 소리 내어 울었다. 그 모든 게 하나의 오케스트라 연주처럼 들렸다. 칠판에 가득한 수식들을 수도 없이 쓰고 지우다 보니 강의가 끝날 때면 온몸이 분필 가루투성이였다. 또 칠판에 특유의 필체로 써 내려간 수식을 보면서 "역시! 수학은 예술이야!"라고 스스로 감탄사를 뱉곤 했다.

─ 선생님 말씀대로 수학은 정말 예술이었어. 선생님을 만나고 나서부터 진짜 수학이 뭔지 제대로 알게 됐지. 나는 점점 수학의 세계로 빠져들었고, 수학이라는 학문에 흠뻑 매료되고 말았어.

2학년이 되자 박정기 교수는 아버지에게 《현대대수학》 책을 한 권 주었다. 그러면서 1주일에 한 번씩 당신의 연구실에서 세미나를 하겠다고 했다. 아버지는 박정기 교수의 특별한 배려로 시작한 이 세미나를 통해 수학이라는 학문이 어떤 것인지 확실히 알게 됐다.

또 학문하는 사람의 인생관에 대해서도 많은 것을 느끼고 배웠다. 박정기 교수의 각별한 가르침 아래 4년 동안 수학 공부를 했던 아버지는 문리대 수학과 대학원에 응시했다. 박정기 교수를 따라 수학이란 학문의 길에 들어서기로 결심한 것이다.

하지만 시험이 그리 만만치가 않았다. 당시 대학원의 입학 정원에는 대학 당국 정원과 병사 정원이 있었다. 대학 당국 정원은 정부의 법령에 따라 정해진 입학생 수다. 일반적인 모집 인원이라 할 수 있다. 병사 정원은 대학원 재학 2년 동안 입영을 유예해 주는 인원이었다. 경북대의 경우 학과마다 1명만 선발했다. 아버지는 최대한 입대를 늦추려는 생각으로 병사 정원 시험을 치르기로 했다. 시험 과목은 제1외국어인 영어와 제2외국어인 독일어가 있었고, 전공과목은 1학년부터 4학년까지 전 과목이었다. 아버지는 이미 준비가 늦은 어학은 과락만 면하고, 대신 전공과목에 승부를 걸기로 했다.

— 원서접수 후 남은 시간은 딱 1주일이었어. 전공과목 책과 노트를 내 하숙방 책상과 바닥에 널어놓고 모조리 독파했지. 1주일 동안 거의 잠도 안 자고 공부에만 몰입했어. 초등학교 교원 자격시험 때도 밤샘 공부를 하긴 했지만, 그때와는 비교가 안 됐어. 엄마가 항상 내게 "너는 잠 안 자고 책 읽는 데는 도가 텄다"라고 말씀하셨는데, 그대로 1주일을 버텼지.

시험 날 아침 9시에 시험장에 도착한 아버지는 시험을 마치자마자 바로 하숙방으로 돌아왔다. 그대로 쓰러져 며칠을 잠에 빠졌다. 하숙집에서 죽었나 살았나 걱정할 정도였다. 1주일 후 합격자 명단이 발표됐다. 게시판에는 '안재구'라는 이름 석 자가 선명했다. 대학원 시험에 합격하고 겨울방학을 앞둔 어느 날, 박정기 교수가 아버지를 찾았다. 연구실로 가니 아버지에게 《해석기하학》과 《좌표기하학》 책 2권을 주면서 말했다.

— 안 군, 곧 방학이 되네. 방학 동안 이 두 권의 책을 보고, 자네가 학생을 가르친다고 생각하고 강의 노트를 한번 만들어 보게. 겨울방학이 끝날 때 그 노트를 내게 가져오게.

아버지는 무슨 영문인지도 모르고 열심히 강의 노트를 만들었다. 방학이 끝나는 날에 두 권의 책을 정리한 강의 노트 4권을 박 교수에게 가져다드렸다. 그 이튿날, 교수님이 급히 찾으신다는 말을 듣고 아버지는 다시 연구실로 갔다. 그때 박정기 교수는 기쁜 표정으로 아버지에게 말했다.

— 노트를 만드느라 수고했네. 내가 노트를 만들어 보라고 한 건 자네에게 그 강의를 맡겨도 좋을지 알아보려고 그런 걸세. 이번 학기부터 꼭 그대로 강의를 해주게.

박정기 교수는 따스한 시선으로 바라보며 아버지의 손을 잡았다. 아버지는 어안이 벙벙한 표정으로 박 교수가 내민 손을 맞잡았다. 이렇게 해서 아버지는 대학을 졸업한 바로 그해, 1956년 봄부터 문리대 수학과에서 학부 강의를 시작했다.

03
한국 수학계의 거목
박정기 교수

박정기 교수는 1915년 경남 거창군 가북면 몽석리에서 태어났다. 몽석리는 거창의 가장 북쪽 지역으로, 북으로는 김천의 수도산, 동으로는 합천의 가야산과 이어진 산골이다. 박 교수의 아호 '몽석'은 고향에서 따온 이름이기도 하다. 박 교수는 1923년에 대구로 나와 수창공립보통학교와 공립공업학교를 졸업했다. 1935년 교남학원(대륜고의 전신)에서 학업을 마친 뒤, 1936년 연희전문학교 수물과에 입학했다. 1940년 졸업 후에는 센다이에 있는 일본의 3대 제국대학(도쿄대, 교토대, 도호쿠대) 중 하나인 도호쿠제국대학(東北帝國大学) 수학과에 입학했다. 당시만 해도 일본의 제국대학은 제1고부터 제8고까지의 국립고등학교를 포함한 10여 개의 일본 정규 고등학교 출신자만 지원할 수 있었다. 이들 가운데 합격자가 정원에 미달하면 전문학교나 사립대 출신에게 시험 칠 기회를 주었다. 조선의 전문학교 졸업생이 일본의 사립대도 아닌 제국대학에 진학한다는 것은 거의 불가능한 일이었다. 간혹 도쿄대나 교토대에 조선인 학생이 있기도 했다. 고등학교 때부터 유학을 와 명문 제1~8고에 다니다 시험을 보고 진학한 경우였다. 친일 집안의 부잣집 자식으로 일찍 일본으로 유학을 왔기에 가능했던 것이다. 이들은 졸업 후 대부분 일제의 법관이나 고위 관리가 돼 조선으로 다시 나왔다.

이야기는 좀 더 거슬러 올라간다. 1920년대에 선교사 출신으로 연희전문학교 수물과에서 수학을 가르치던 미국인 교수가 있었다. 그는 학교에서 아주 우수한 학생을 만났다. 얼마 뒤 미국으로 다시 돌아가면서 도호쿠대 수학과 교수로 있는 친구에게, 이 학생이 꼭 입학시험을 칠 수 있게 해달라고 부탁했다. 덕분에 이 학생은 1925년도의 입학시험을 칠 수 있었고 우수한 성적으로 합격했다. 조선인 최초로 도호쿠대 수학과에 입학한 이 학생의 이름은 장기원이다. 유학을 마치고 돌아온 장기원은 모교인 연희전문학교 수물과에서 학생들을 가르쳤다. 이때 장기원 교수에게 배운 박정기 교수도 졸업 후 도호쿠대 수학과로 진학한 것이다. 장기원 교수가 입학한 지 꼭 15년 뒤였다.

— 조선에 대한 일제의 식민지 교육정책은 뛰어난 인재 육성이 아니었어. 자신들에게 필요한 하급 관리직이나 실무자만을 양성하는

것이었지. 당시 조선의 유일한 대학이었던 경성제대에도 기초과학을 대표하는 수학과는 없었어. 오직 연희전문학교에 수학과와 물리학과를 합친 수물과가 개설돼 있었지.

일제는 수학이나 과학 분야의 경우 중등학교 교사를 양성하는 수준에서 장벽을 쳐 놓았다. 식민지에서 실력 있는 고등 지식인과 학자의 등장을 막기 위한 속셈이었다. 그런데도 장기원 교수나 박정기 교수는 워낙 탁월한 인재이다 보니 진학을 허용해 준 것이다. 뛰어난 실력으로 그 벽을 스스로 뚫고 들어간 것이라고도 하겠다. 박정기 교수가 입학한 도호쿠대 수학과에는 당시 세계적으로 이름이 쟁쟁한 교수들이 재직하고 있었다. 해석학 교수 다카키 데이지(高木貞治), 기하학 교수 구보타 타다히코(窪田忠彦), 추상대수학 교수 쇼다 겐지로(正田健次郎) 등은 독일에서 최정상의 수학을 공부하고 돌아와 일본 수학의 수준을 세계적으로 높인 실력파 학자들이었다.

― 박정기 교수님은 도호쿠대를 졸업한 뒤 계속 남아 공부하기 위해 조교가 되기를 희망했지만 거절당했다고 해. 조선 학생이라는 게 이유였지. 구보타 주임교수에게 사정해 어렵게 얻은 자리가 항공계측과 관련된 연구소였어. 여기에서 조교로 일했지. 하지만 미군의 폭격으로 일본의 주요 도시가 파괴되면서 더 이상 일본에 남아 공부하기 힘든 상황이 됐어. 게다가 집안에서도 혼기가 늦다고 귀

국을 재촉했지.

그러던 중 해방 소식이 들렸다. 박정기 교수도 일본에서 돌아왔다. 귀국 후 몽석리 고향 집에서 홀로 수학 독서삼매에 빠져 있었는데, 급히 연락을 해온 사람이 있었다. 바로 장기원 교수였다. 스승이자 선배인 장기원 교수는 박 교수에게 무조건 빨리 올라오라고 했다. 그의 부름을 받고 서울로 올라온 박 교수는 1945년 9월에 연희전문학교 수물과 교수로 취임했다.

- 우리나라에 근대수학이 뿌리를 내린 것은 새로운 근대교육이 시작되면서부터야. 그 과정에서 우리나라에서도 뛰어난 수학자들이 배출됐어. 장기원, 유충호, 박정기, 이렇게 세 분을 우리 수학계의 대표적인 1세대 학자로 꼽을 수 있지.

기하학을 전공한 장기원 교수는 일제강점기 때 연희전문학교(1946년 연희대학교로 승격) 수물과 교수를 거쳐 해방 후 연희대학교와 세브란스의대가 합쳐진 연세대학교에서 수학과 교수를 지냈다. 대한수학회 회장을 역임했으며, 연세대학교에 장기원기념관이 세워질 정도로 수학 분야에 탁월한 업적을 남겼다. 유충호 교수는 미분기하학의 권위자로 1946년에 경성대학 수학과 교수로 임용됐다. 하지만 국대안 반대 투쟁에 동참하면서 미군정에 의해 학교에서 쫓겨났다. 이후 북으로 올라간 그는 김일성대학교 수학과 교수로 재직하면서 북의 수학 발전에 크게 이바지했다.

1946년 6월 19일에 미군정청은 경성대학과 경성의학전문학교, 경성치과의학전문학교, 경성법학전문학교, 경성고등공업학교, 경성고등상업학교, 수원고등농업학교 등을 통합하는 '국립대학안(국대안)'을 발표했고, 8월 23일에는 군정령으로 국립 서울대학교의 신설을 강행했다. 국대안은 고등교육기관을 통합해 미군정의 관리 감독 아래 두겠다는 의도였다. 이는 총장과 행정책임자를 미국인으로 한다는 내용에서도 명확히 확인할 수 있다.

국대안 반대 투쟁으로 실력 있는 교수들이 대거 쫓겨나면서 서울대 수학과는 별 볼 일 없는 곳이 되고 말았다. 당시 서울대 수학과를 대표하던 교수로 도쿄대 수학과를 졸업한 최윤식이 있었다. 그는 권위만 내세우고 공부는 제대로 하지 않았다. 그러면서 실력 있는 학자들이 서울대로 오는 걸 자꾸 막았다. 그의 본색은, 자유당이 이승만의 종신집권 개헌안을 추진할 때 '사사오입' 논리를 정권에 제공한 것에서 확인할 수 있다. 당시의 전형적인 '정치교수'였던 것이다.

서울대 수학과가 학문적으로 큰 발전이 없는 동안 연세대 수학과와 경북대 수학과가 주목받았다. 장기원 교수가 큰 산처럼 버티고 있는 연세대와, 박정기 교수가 지독하게 공부시키기로 소문난 경북대는 전국을 대표하는 수학과로 평판이 자자했다. 세 사람 외에도 아버지가 존경하는 수학자가 한 사람 더 있다. 일제강점기 때 '거리의 수학자'로 불린 최규동 선생이다. 그는 저녁마다 종로 길거리에 칠판을 내걸고 길 가는 사람들에게 수학을 강의한 분으로 유명하다. 신식 교육이 보급됐다고 하지만 여전히 읽지도 쓰지도 못하는 사람이 많았고, 셈도 제대로 못 하는 경우도 많았다.

— 최규동 선생님은 수학 교육을 받을 기회가 없었던 일반 국민들에게 기초적인 셈법을 가르쳐주고 일상생활과 연관해서 수학을 쉽게 이해하도록 해주었어. 최 선생님이 놀라운 건 독학으로 수학 공부를 했다는 거야. 그런데도 이미 20대에 여러 학교에서 수학을 가르칠 정도였고, 강의 실력도 탁월했다고 해. 선생님은 해방이 되자 서울대에 수학과를 창설하고 교수가 됐으며 서울대 총장으로도 재직했어. 하지만 전쟁이 터지고 북으로 가면서 소식이 끊겼지.

1920~30년대 수학계에 유행하던 말 가운데 '최대수'와 '장기하'란 표현이 있다. 대수를 잘한다고 소문난 최규동과 기하에 탁월하다는 장기원, 두 사람을 가리킨 말이었다. 일제강점기에 척박한 순수과학과 수학교육 현실에서 최규동 선생과 장기원 선생은 수학의 대중화에도 큰 업적을 남겼다. 박정기 교수는 이들의 바로 아래 후배 세대라 할 수 있다. 6.25 전쟁으로 대구에 피난을 온 박정기 교수는 대구사범대학 수학과에 강사로 출강했다. 이때 우수한 제자들

을 물색해 자신의 모교인 교남학교의 교실을 빌려 따로 세미나를
진행했다. 대구 지역에 제대로 된 수학을 본격적으로 전수하기 시
작한 것이다. 교남학교 세미나에는 주로 대구사범학교 출신의 수학
교사들이 참가했다. 교남학교 교실을 더는 사용할 수 없게 된 뒤에
는 시내의 다방에 모여 세미나를 계속 진행했다.

─ 처음에는 7~8명이 참여했지만, 아무래도 교사들이다 보니 출석이
　들쑥날쑥했겠지. 당시 세미나 교재는 도호쿠대 시절 선생님의 강
　의 노트와 일본에서 귀국할 때 어렵게 모아온 외국의 수학책들이
　었다고 해. 시간이 지나면서 하나둘씩 떨어져 나가고 끝까지 남은
　사람이 서태일, 엄상섭 선배였어. 덕분에 두 선배는 선생님께 일대
　일 지도를 받을 수 있었지.

뒤에 결합한 사람이 한 명 더 있었다. 유일한 여성인 배미수 선배
였다. 대구의과대학을 졸업하고 병리학교실의 조교로 근무하던 배
선배는 박정기 교수의 수업을 듣고 수학에 매료돼 의사에서 수학
자로 진로를 바꾸었다.

다방에서 노트를 펴들고 박정기 교수에게 특강을 받던 세 사람은
경북대가 개교한 뒤 수학과의 전임강사가 됐다. 이들은 박정기 교
수를 도와 후배들의 전공수업 지도를 맡았다. 특히 박정기 교수가
지켜보는 가운데 진행하는 수학 연습 시간은 학부생들에게는 악몽

의 시간이었다. 한 명씩 나와 강의실의 앞뒤에 놓인 흑판을 꽉 채우며 문제를 풀어야 했다. 이를 잘 지도해 나가는 것이 선배들의 역할이었다. 기하학을 전공한 엄상섭 선배는 경북대 최초의 이학박사가 됐다. 대수학을 전공한 서태일 선배와 확률통계론을 전공한 배미수 선배는 1960년대 초에 미국의 예일대학으로 유학 가서 박사학위를 받았다. 세 사람 모두 박정기 교수의 1세대 제자이자 경북대 수학교실의 1세대 선배로서 빛나는 업적을 남겼다.

04
경북대 대학원
수학교실

1956년 4월, 아버지는 긴장된 표정으로 강의실로 들어섰다. 대학원 첫 수업 시간이었다. 강의실에는 같은 신입생인 최태호 학형과 조용 학형이 역시 긴장된 표정으로 앉아 있었다. 아버지보다 나이가 몇 살씩 더 많았던 두 사람은 모두 문리대 수학과 1기 졸업생이었다.

─ 최태호 형은 군대를 다녀와서 보결시험을 치고 경북대에 뒤늦게
  입학했어. 조용 형은 대구의전을 다니다 연희대학교 수학과에 편
  입했지만 전쟁통에 그만두고 다시 경북대 수학과에 들어왔지.

이윽고 문리대 수학과 강사인 서태일, 엄상섭, 배미수 선배가 들

어왔다. 그리고 잠시 후 수학과 주임교수인 박정기 교수가 들어와 교단에 섰다.

　─ 여러분의 대학원 입학을 축하합니다. 오늘 우리는 새로운 학문의 동지를 맞이하게 됐습니다. 세 명의 신입생과 또 세 분의 선생님들, 그리고 저까지 포함해서 모두 일곱 명이 앞으로 경북대 대학원 수학과의 수학교실을 이끌어나갈 것입니다. 우리는 함께 연구하고, 또 그 연구 결과를 함께 토론하면서 끊임없이 새로운 수학적 성과를 찾아내야 합니다. 그것이 학문하는 우리들의 기본자세입니다.

　나지막하면서도 힘이 실린 박정기 교수의 목소리가 강의실에 울려 퍼졌다. 그랬다. 이날의 첫 만남은 학부 시절의 수업 때와는 확연히 다른 분위기였다. 아버지는 긴장감 속에서도 새로운 기대가 마음속에 넘쳐났다.
　학부 시절에는 교수의 강의가 중심이었다. 교과서라고는 교수가 강의하는 책뿐이었다. 그것도 없어 강의 노트만 가지고 수업하는 때도 많았다. 학생들이 지식을 얻는 방법은 오직 교수의 말과 판서밖에 없었다. 이를 놓칠세라 학생들은 온몸으로 수업에 몰두했다. 귀는 설명을 듣느라 집중하고, 눈은 흑판의 판서를 따라다녔다. 손은 판서 내용을 연습장에 속기로 부지런히 옮겨 써야 했다. 질이 나뻔 연필은 자주 부러졌고, 연습장은 찢어지기 일쑤였다. 수업이 끝나면 필기 내용을 다시 강의 노트에 옮겨 적으면서 복습했다. 이 작업을 수학과에서는 '노트 정리'라고 했다. 노트 정리는 교과서도 참고서도 제대로 없던 당시에 유일한 자기 주도 공부 방식이었다.

─ 그런데 대학원에 오니 수업 방식이 전혀 달랐어. 학부 때 같은 교수님의 일방적인 강의가 일절 없었어. 각자 자신의 전공 분야를 정하고, 그것에 맞춰 교재를 연구하고 발표하는 게 전부였어. '수학교실'이란 이름으로 매주 수요일 오후마다 세미나를 하는 게 우리의 수업이었지.

대학원의 목적은 해당 분야의 학문적 성과를 연구할 역량 있는 연구자를 길러내는 일이다. 대학원에 입학한 학생들은 지도교수에게 그러한 능력을 전수받고, 그 결과물로 자신의 논문을 창조해야 한다. 그런 점에서 볼 때, 일방적인 강의가 아닌 세미나 방식의 수업은 학습자의 능력을 발전시키는 데 꼭 필요한 방법이었다. 자기 머리로 이해하고 정리한 내용을 스스로 발표하는 것만큼 실력을 키울 수 있는 학습 방법은 없기 때문이다.

─ 경북대 대학원 수학과는 그때 이미 선진적인 시스템을 구축해 놓고 있었어. 나중에 외국에서 박사 공부를 하고 온 선배나 동료들의

말을 들어보면 우리가 하던 세미나 방식을 외국 대학에서도 똑같이 한다는 거야. 같은 분야의 연구자들이 모여 토론하며 공부하는 것은 일종의 협동학습이라고 할 수 있어. 이러한 공동체의 힘이 인류문명을 발전시켜 온 원동력이었지.

당시에는 해석학, 대수학, 기하학이라는 수학의 전통적인 갈래 외에 다양한 응용 분야가 등장하면서 수학의 발전이 급속도로 이루어지고 있었다. 응용수학은 인접 과학에도 큰 영향을 미쳤다. 그 결과로 다시 새로운 분야가 창조되고 새로운 전공이 등장했다. 이러한 수학의 새로운 발전 추세에 뒤처지지 않기 위해 경북대 수학교실은 최선의 노력을 다했다.

아버지를 비롯한 신입생 세 사람도 제각기 전공 분야를 정했다. 최태호 학형은 대수학을, 조용 학형은 확률통계론을 선택했다. 아버지는 기하학으로 결정했다. 세 사람은 선배들과 함께 공동으로 세미나 팀을 구성하고 본격적으로 연구에 몰두하기 시작했다. 신입생들은 선배들처럼 학부에서 강의도 했다. 아버지 역시 대학원에 입학하던 해부터 사범대 수학과에서 좌표기하학과 사영기하학 수업을 맡았다. 그러니 1주일에 한 번씩 돌아오는 수학교실의 세미나 발표 준비가 만만치 않았다. 더구나 아버지는 학비와 생활비도 스스로 마련해야 했다. 대학 1, 2학년 때는 주로 학원 강사와 그룹과외를 하면서 해결했다. 그러다 영남고 3학년 때 담임이었던 석종구 선생의 강력한 추천으로 대학생 신분임에도 영남고 야간부 수학 강사를 맡았다. 사범대 졸업으로 교사자격증이 나온 뒤에는 야간부 수학 교사로 정식 발령을 받았다.

> — 낮에는 경북대에 나와서 학부생 강의와 대학원 세미나, 저녁에는 영남고로 가서 야간부 수업…. 정말 눈코 뜰 새 없이 바빴어. 공부는 주로 늦은 밤에 했지. 공부하는 게 너무 재미있어서 밤을 새울 때도 많았어.

길동무가 되는 벗들과 길잡이가 되어주는 선배들이 있어서 든든했다. 특히 그 중심에서 이끌어 주는 스승의 존재는 큰 의지가 됐다. 공부하는 재미, 학습하는 보람이 절로 생겼다. 참으로 오랜만에 느끼는 행복한 시간이었다.

박정기 교수는 세미나를 마치면 종종 제자들을 데리고 대구 시내로 나갔다. 자주 가던 곳이 '녹향'이라는 음악감상실이었다. 이곳에서 스승과 제자들은 클래식 음악을 듣거나 커피를 마시며 못다 한 토론을 이어가기도 했다. 당시 대구 시내 중심가인 향촌동과 동성로에는 음악감상실과 다방이 많았다. 전쟁 때 피난 온 서울의 지식인들과 예술가들이 주로 여기에 모여들었다. 전쟁이 끝나고 그들은 떠났지만, 이곳은 여전히 대구의 지식인들과 예술가들의 아지트가 됐다.

― 다방에서 대구의 문인과 예술인들도 자주 만났어. 전쟁 직후의 심
　란한 사회 분위기에 다들 우울했어. 모더니즘 문학과 실존주의 철
　학이 이들을 위로해주었지. 영남일보 주필이었던 구상 시인이 다
　른 이들과 어울리던 모습이나, 구석에서 조용히 음악을 듣고 있던
　이중섭 화가의 독특한 모습이 기억에 생생하네.

　박정기 교수는 장차 교수가 될 제자들의 소양을 위해 한 번씩 양
식당이나 일식당에도 데리고 갔다. 일본에서 유학하던 시절에 접한
서양요리와 일본요리도 소개하고 식사 예절도 일러주었다. 그런가
하면 향촌동 선술집에서 막걸리를 마시며 열변을 토할 때도 많았
다. 박정기 교수는 제자들에게 늘 이렇게 말했다.

― 학문은 대를 이어 발전해 나가는 거야. 선대가 이루어 놓은 터 위
　에서, 그 터를 딛고 올라서는 거지. 제자가 스승보다 뛰어나고, 그
　제자가 또 그 스승보다 뛰어나야 발전이 있지 않겠는가? 자네들
　이 나를 밟고 올라서게. 나를 주춧돌 삼아 그 위에 기둥을 올리게.
　그래야 나도 사는 보람을 느끼지 않겠나?

　아버지는 이 말을 평생 마음속에 간직했다. 선대와 후대의 중요
성이 어찌 학문뿐이겠는가. 역사의 진보에서도, 혁명의 성패에서도
대를 이어 계승, 발전하는 게 핵심과제일 것이다. 제자들을 바라보

는 박정기 교수의 눈빛에서 아버지는 무릉동에서 만난 박철환 지도원 동지의 눈빛을 볼 수 있었다. 학문에서도, 변혁운동에서도 아버지는 그 눈빛과 정신을 잊지 않았다.

각자의 전공에서 연구 성과가 하나둘씩 쌓여 가자, 박정기 교수는 또 한 번의 '큰일'을 벌였다. 그것은 세미나에서 토론하고 연구한 결과물을 발표할 정기간행물을 창간하는 일이었다.

— 처음 교수님에게서 그 제안을 듣고 다들 어안이 벙벙했어. 우리 실력이 그 정도 수준이 되는지부터 의문이었거든.

하지만 박정기 교수는 배짱 있게 밀고 나갔다. 당시 경북대 수학과 도서관 책장에는 박정기 교수가 일본에서 가지고 온 수학 원서들과 고서점을 통해 어렵게 구한 수학책들이 그저 헤아릴 수 있을 정도로만 꽂혀 있었다. 더 많은 책과 논문이 필요했다. 최신 연구 추세를 알자면 그러한 내용이 담긴 외국의 최신 수학책을 읽어야 했다. 고가의 그 책들을 사려면 돈이 필요했다. 하지만 대학의 예산은 뻔한 수준이었다. 달리 지원받을 곳도 없었다. 더구나 당시만 해도 아무나 달러를 취급할 수 없었다. 돈이 있어도 외국의 학술지를 구매하는 게 쉽지 않았다.

— 상황이 그렇다면, 우리가 직접 학술지를 만들어 외국 대학과 당당

하게 교류를 해보자는 것이었지. 아무튼 대단한 용기였어. 아무도 생각하지 못했고 시도하지 못했던, 교수님다운 발상과 추진력이었지.

박 교수의 추진력 앞에 불똥이 떨어진 건 아버지를 비롯한 세 명의 대학원생이었다. 학술지에 발표할 수 있게 석사학위 논문을 제대로 준비해야만 했다. 마침내 1957년 12월에 세 사람의 논문발표가 열렸다.

― 조용 학형은 확률과정에 대한 논문이었고, 최태호 학형은 속공간에 위상을 도입하는 이론에 관한 논문이었어. 나는 비틀림을 가진 공간에 관한 논문(On the Projective and Conformal Transformations in the Metric Manifold with Torsion)이었지. 논문발표 날 우리보다 더 감격하고 뿌듯해하던 교수님의 표정이 아직도 생생해.

그리고 한 달 뒤인 1958년 1월, 세 사람의 석사학위 논문에 서태일, 엄상섭, 배미수 세 선배의 논문을 보태 〈경북 매스매티컬 저널〉(KMJ) 창간호가 세상에 나왔다. 국내 대학에서는 처음 발간되는 수학 학술지였다. 한국의 수학을 세계에 알리는 최초의 도전이자 역사적인 첫걸음이었다.

05

아버지를 살려낸
〈경북 매스매티컬 저널〉

1958년에 〈경북 매스매티컬 저널〉(이하 KMJ) 창간호가 나오자, 경북대 수학과에서는 미국, 일본, 유럽 등 수학 학술지를 출판하고 있는 세계 주요 대학에 책을 보냈다. 학술지를 교환하고 싶다는 편지도 동봉했다. 다행히도 여러 대학에서 답장이 왔다. 그들은 동양의 한 작은 나라의, 한 번도 들어본 적 없는 대학에서 수학 학술지를 펴냈다는 데 놀라워했다. 학술지 상호교환 요청을 흔쾌히 수용하며 응원의 메시지도 보내왔다.

— 미국과 일본, 유럽의 여러 대학에서 보내주는 학술지가 하나둘씩
  모이기 시작했어. 우리는 박정기 선생님의 지도로 매주 세미나를
  열었지. 각국의 학술지에 실린 수학 논문을 돌아가며 발제하고 토

론했어. 그 덕분에 시야를 세계적으로 넓히고 수학의 최근 연구 동
향을 파악할 수 있었지.

매년 두 차례씩 저널을 발간하는 건 보통 일이 아니었다. 일단 필
진을 구하는 일부터 쉽지 않았다. 국내에는 논문 원고를 부탁할 만
한 수학자가 부족했다. 초창기에는 경북대 수학교실에서 주로 논문
을 쓸 수밖에 없었다. 각자 1년에 1~2편씩은 논문을 써야 했다. 덕
분에 연구자들의 수준과 실력도 쑥쑥 올라갔다. 그 무렵 대한수학
회에서 세미나를 열면 논문 발표자의 절반 이상이 경북대 수학교
실 멤버였다. KMJ가 어느 정도 알려진 뒤부터 외국의 연구자들이
먼저 관심을 가지고 논문 투고를 의뢰해 필진 걱정을 덜 수 있었다.
　발간 비용도 만만찮았다. 당시는 나라도, 대학도 가난했다. 수학
과에 실험실습비가 있기는 했지만 쥐꼬리만 한 수준이었다. 달리
예산을 더 지원받기도 어려웠다. 박정기 교수가 먼저 사재를 털었
다. 다른 연구자들은 교양학부 일반수학과 공과대학 공업수학, 고
등학교 수학 참고서 등을 저술하면서 받은 인세를 끌어모았다. 어
려운 사정을 알고 논문 게재비를 보내온 외국 연구자들도 더러 있
었다. 그렇게 해서 발간을 이어 나갈 수 있었다. 편집과 인쇄도 쉽
지 않은 일이었다. 영어로 써야 하는 데다가 복잡하고 장황한 수식
을 꼼꼼하게 검수하고 교정보는 일은 매번 신경이 쓰였다. 더구나
그 당시 인쇄소에는 수학의 수식 관련 활자가 없었다. 따로 공장에

서 수식 모양을 본뜬 활자를 직접 만들어 사용해야만 했다. 보통 힘든 일이 아니었다. 하지만 긍지와 보람이 더 컸다.

　－창간호가 나오고 얼마 뒤 미국수학회(American Mathematical Society)에서 KMJ에 실린 논문들을 소개하는 글을 〈아메리칸 매스매티컬 리뷰〉에 싣고 싶다고 연락이 왔어. 당시 미국수학회는 서구의 수학을 총괄하면서 최신 수학의 연구 성과를 모으는 역할을 하고 있었어. 우리한테는 너무나도 고마운 일이었지.

　매번 발간될 때마다 〈아메리칸 매스매티컬 리뷰〉에 논문이 소개되면서 KMJ가 널리 알려졌다. 세계의 여러 대학에서 학술지 교환 요청도 많아졌다. KMJ에 논문을 게재하고 싶다며 연락해오는 외국 학자들도 점차 늘어났다.
　당시 KMJ의 위상은 경북대 수학교실 연구자들의 유학 과정에서도 확인할 수 있다. 1960년 초에 서태일 선생이 아시아재단의 장학금을 받아 가장 먼저 유학을 떠났다. 대수학의 세계적 석학인 제이콥슨 교수가 있는 예일대학으로 간 서태일 선생은 바로 박사과정에 들어갔고, 2년도 안 된 1961년 말에 박사학위를 받았다.

　－제이콥슨 교수는 KMJ에 실린 서태일 선배의 논문을 읽은 적이 있었어. 그래서 서 선배한테, 따로 강의를 들을 필요가 없으니 바로

논문을 쓰라고 했다는 거야.

배미수 선생도 1962년에 서태일 선생의 추천을 받아 예일대학에 장학생으로 유학 갔다. 배미수 선생 역시 KMJ에 실린 여러 편의 논문이 〈아메리칸 매스매티컬 리뷰〉에 소개됐다. 그 덕분에 예일대학에서 현역 연구자로 대접을 받았고, 박사학위를 받는 데도 큰 도움이 됐다.

최태호 선생의 사연은 더 극적이다. KMJ에 실린 최 선생의 논문을 읽은 미국의 저명한 교수가 심사평을 〈아메리칸 매스매티컬 리뷰〉에 실었는데, 최 선생의 논문에 가정이 하나 빠졌다고 지적했다. 뜻밖의 지적에 낙심하는 최 선생에게 박정기 교수는 "그런 대가에게 수정을 받았으니, 자네도 국제적인 수학자 다 됐어"라며 좋아했다. 다음 해 미국수학회가 발간하는 학술지에 그 교수는 최 선생의 논문을 인용하고 참고문헌에도 포함시켰다고 한다. 1964년 장학생으로 플로리다대학에 유학 간 최태호 선생도 그때까지 KMJ에 발표한 13편의 논문 덕분에 강의를 들을 필요가 없었다. 2년 만에 바로 박사학위를 받았다. 최 선생의 논문에 심사평을 달았던 교수도 최 선생의 박사학위 지도교수의 제자였다. 나중에 세미나 자리에서 만났을 때, 그는 KMJ에서 최 선생의 논문을 자주 봤다며 무척 반가워했다고 한다.

— 그 뒤로도 많은 후배들이 미국과 캐나다, 일본으로 유학 갔어. 그런데 하나같이 하는 말이 KMJ에 실린 논문 덕분에 도움을 많이 받았다는 거야. 그만큼 경북대 수학과와 KMJ가 세계 수학계에 널리 알려져 있었지.

KMJ 덕분에 도움을 받은 건 아버지도 마찬가지였다. 1980년에 남민전 사건으로 1심에서 사형선고를 받았을 때, 200여 명의 세계 수학자들이 한국 정부와 재판부에 구명 탄원서를 제출해 아버지는 무기로 감형받을 수 있었다. 서슬 퍼런 독재정권 아래에서 국내의 수학자들은 나서지 못했지만, 외국에 있는 경북대 수학과 선후배와 제자들이 구명운동을 벌여나갔다. 이들은 자신이 속한 대학의 수학자들에게 직접 서명을 받았고, 그들한테서 또 다른 수학자들을 계속 소개받았다.

특히 브리티시컬럼비아대학 이임학 교수가 아버지의 구명운동에 나선 것이 큰 힘이 되었다. 서울대 수학과 교수로 재직하다 1953년 캐나다로 유학을 떠난 이임학 교수는 1963년 40세의 젊은 나이에 캐나다 왕립학회 정회원으로 선출된 세계적인 수학자였다. 자신의 성을 따온 '리군(Ree群)' 이론으로 수학계에 큰 족적을 남긴 이임학 교수는 일면식도 없던 아버지를 위해 직접 동료 수학자들에게 서명을 받아주었다. 당시 세계 수학자들은 '안재구(Jae Koo Ahn)'라는 이름을 또렷이 기억했다. KMJ에 실린 아버지의 논문 덕분이었다. 아버지는 KMJ에 여러 차례 게재한 논문으로 미분기하학 분야에서 이름이 널리 알려져 있었다. 이것이 세계 수학자들이 아버지의 구명운동에 동참하게 만든 힘이었다. 그들은 안재구 교수처럼 능력 있는 수학자를 죽이는 것은 대한민국에도 큰 손실임을 강조했다.

KMJ 발간은 경북대 수학교실의 가장 중요하고도 큰일이었다. 1962년에 정식으로 조교로 발령받고, 그해 8월에 전임강사로 발령받은 아버지는 이때부터 경북대 수학과 일에 전념했다. 경북대 수학교실 운영과 KMJ 발간을 위해 시간을 쪼개가며 일했다. 연이어 조교수, 부교수로 승진했고, 1968년에는 학과장으로 임명됐다. 그리고 1970년 8월에 이학박사 학위를 받았다. 석사학위만으로도 교수 지위를 가질 수 있었던 당시에는 무척 젊은 나이의 박사였다. 1956년 대학원에 입학해 학문의 길을 걸은 지 14년 만에 이룬 결실이었다.

수학교실의 세 선배 중 서태일 선배는 예일대학에서 박사학위를 받고 돌아와 경북대와 서강대에서 교수로 있다가 다시 외국 대학에 교수로 나갔다. 배미수 선배는 예일대학에서, 대학원 동기인 최태호 선생은 플로리다대학에서 박사학위를 받고 외국 대학에 교수로 남았다. 경북대에서 박사학위를 받은 엄상섭 선배는 1970년대 초에 성균관대로 옮겨갔다. 동기인 조용 선생은 1967년에 대구대학과 청구대학을 합쳐 영남대학교가 설립될 때 신설 수학과의 교수로 초빙됐다. KMJ의 창간호에 논문을 게재했던 연구자 중에는 아버지만 경북대에 남았다.

– 박정기 선생님을 보좌하던 내가 이제는 KMJ를 발간하고 수학교
실과 수학과를 책임지는 위치에 서게 됐어. 그중에서도 후배들을
이끌고 제자들을 키워내는 게 제일 큰 역할이었지. 수학이란 학문
에 왕도가 없듯이 그 일도 꾀를 부리거나 대충대충 할 수 있는 게
아니었어. 그때부터 막연히 잠을 줄이자는 식이 아니라 시간을 효
율적으로 관리하고 집중력을 높이는 방법을 찾아나갔지.

남민전 사건이 벌어지고 나서야 다들 알게 됐지만, 아버지는
4.19 혁명 이후 다시 변혁운동에 뛰어든 상황이었다. 군에서 제대
한 뒤 영남고에 복직하면서 아버지는 교원노조운동에 참여했다. 경
북대에 발령받으면서 교원노조 활동은 정리했지만, 1964년 한일
회담 반대투쟁 때는 교수들의 서명운동을 주도하기도 했다. 이 과
정에서 만난 평생 동지 이재문 선생을 통해 비공개 변혁운동을 본
격적으로 시작한 게 이때였다. 그런 상황 속에서도 수학과 교수로
학부와 대학원 강의는 물론이고, 수학교실의 세미나를 진행하고 논
문을 발표하면서 KMJ 발간까지 차질 없이 진행한 것이다. 또 산악
반 지도교수로 학생들을 이끌고 등산도 다녔다. 1인 3역, 1인 4역
으로 수많은 역할을 도맡아 한 셈이다. 산악반 제자 중에는 학생운

동에 적극적으로 참여한 학생도 있었고, 나중에 남민전에 참여해 구속된 이도 있었다.

나는 아버지의 삶을 돌이켜 볼 때마다, 한 인간이 어떻게 하면 자신에게 주어진 시간을 그토록 빈틈없이 쓸 수 있을까 궁금했다. 아버지의 하루는 24시간이 아니라 48시간이 아닌가 싶었다. 몸이 몇 개라도 감당할 수 없을 법한 일을 아버지는 혼자서 다 해낸 것이다. 인간의 삶에서 30~40대가 한창인 시절이라지만, 과연 아버지의 그 시절처럼 보낼 수 있을까. 어떤 신념과 확신이 자신을 그런 정도로까지 단련시킬 수 있을까. 인간은 목표가 확고하고 사상이 투철하다면 자신을 불가능의 수준으로까지도 끌어올릴 수 있는 존재라는 걸 나는 아버지를 통해 배울 수 있었다.

아버지는 누구보다도 제자들에 대한 사랑이 각별했다. 국립대라 등록금이 쌌던 경북대 수학과에는 가난한 농촌 출신 학생들이 많았다. 가난한 집안을 생각하면 대부분 빨리 졸업해서 돈을 벌어야만 했다. 그런데 한 제자의 수학적 재능이 너무 뛰어났다. 하지만 오지 산골 출신의 그 학생은 대학원에 진학할 형편이 도저히 안 됐다. 부모님은 하루빨리 학교를 졸업하고 교사라도 하여 가계에 보탬이 되길 학수고대했다. 아버지는 대구에서 버스를 몇 차례나 갈아타고 그 학생의 집을 찾아갔다. 부모님을 만나 간곡히 설득했다. 그 학생의 뛰어난 자질을 설명하고, 앞으로의 공부를 책임질 테니 고생스러우시더라도 조금만 참고 기다려달라고 간곡히 부탁했다. 머나먼 시골까지 대학의 선생이 찾아와 자식의 장래를 보장하며 확신하는 이야기에 시골의 부모님도 마음이 움직일 수밖에 없었다. 이렇게 당사자와 부모님을 설득해 계속 공부하게 만든 제자들이 한둘이 아니었다. 그때 아버지의 모습을 보며 어머니는 '이 사람, 참 훌륭한 사람이구나'라고 생각했다고 한다.

　— 너거 아버지는 제자들 일이라면 어디든 찾아갔고, 무슨 일이든 앞장섰어. 자신이 어렵게 공부해서인지 가난한 학생들의 처지를 잘 알아 수시로 형편을 묻고, 장학금을 챙겨주고, 학자금 대출에 보증을 서주는 일도 많았지. 밤늦게 세미나를 마치면 통금 때문에 집에 가기 힘든 제자들을 데리고 올 때도 자주 있었어. 아침이면 그 학생들 밥 먹이고 도시락까지 챙기느라 나도 정신이 없었지.

　그런 날은 아침에 눈을 뜨면 엊저녁에 잠든 우리 방이 아니었다. 간밤에 잠든 우리를 안방으로 옮겨 놓은 것이다. 잽싸게 달려가 건넌방 문을 열면 아버지 제자들이 나를 반갑게 맞아주었다. 그처럼 왁자하던 날들의 기억이 내게는 아직도 생생하기만 하다.

　— 제자를 키우는 것은 후대를 키우는 일이야. 후대가 없으면 학문도, 혁명도 계승 발전할 수 없지. 당대에 자신의 업적을 드러내는 건 아무런 의미가 없어. 중요한 건 후대를 키우는 일이고, 후대들이

내리는 역사적 평가야. 그것이 세상을 발전시키는 진정한 힘이지.

아버지는 후대를 키우는 일의 중요성을 일찍이 증조할아버지의 삶과 학문의 스승인 박정기 교수를 통해 터득했다. 밀양의 투쟁 현장과 경북대 수학과의 세미나실에서 생생히 배웠다. 그리고 그 마음을 평생 간직하며 살았다.

06
18년간 몸담았던
강단에서 쫓겨나다

1968년 1월, 박정기 교수가 경북대 총장으로 취임했다. 4년 임기였다. 수학자 출신의 대학 총장은 드문 경우였다. 당시 국립대 총장은 장관급이었다. 임명도 국무회의 의결사항이었다. 박 총장과 함께 임명된 부산대 총장은 문교부 장관 출신이었다. 그만큼 국립대 총장은 상당한 지위였다. 박정기 교수가 경북대 총장이 되면서 아버지도 3월 1일자로 문리대 학생과장을 맡게 됐다. 여기에는 박정기 교수의 특별한 부탁이 있었다. 당시는 1964년 한일회담 반대투쟁으로 활발해진 학생운동이 박정희 군사정권에 맞서 저항을 본격화하던 때였다. 경북대에서도 삼선개헌 반대운동, 교련 반대운동, 등록금 인하운동 등 해마다 학생들의 시위가 치열하게 전개됐다.

―학생들의 시위가 거세게 일어나면서 문교부는 시위 주동 학생들의 징계를 학교 당국에 강력히 요청했어. 나는 박정기 총장님이 문교부의 부당한 요구를 받아들여 정권의 앞잡이가 되는 걸 막아야만 했어. 그게 은사를 보호하는 길이라고 생각했지.

아버지는 박 총장에게 간곡히 말씀드렸다. 정권이 하달하는 대로 따르면 임기는 보장받겠지만 후대의 역사에 오명을 남길 수밖에 없다고. 대신 아버지는 박 총장을 지켜낼 방법을 찾아야만 했다. 학생 징계위원회가 열렸을 때 문리대 학생과장인 아버지는 최대한 징계 대상자를 줄이고 징계 수위를 낮추려고 노력했다. 징계 대상자가 문리대가 가장 많았기에 자연스럽게 총대를 멘 것이다. 이를 회의록에 세세하게 담았다. 당연히 문교부에서는 난리가 났다.

―총장실로 연락을 해 어떻게 된 일이냐고 따졌지. 그때 박 총장님은 미리 나하고 이야기한 대로 내 핑계를 댔어. 징계 학생이 가장 많은 문리대에서 학생과장이 강력히 반대하는 바람에 어쩔 수가 없었다고. 그 학생과장이 총장님 제자가 아니냐고 물었을 때는 요새 젊은 것들이 나이 든 사람 말을 듣냐며 한탄을 늘어놓으셨어. 그렇게 나오니 문교부에서도 어쩔 수 없었는지 더는 따지지 않았다고 해.

그리고 시간이 지난 다음 징계를 해제하고 학생들을 복교시켰다.

학생들에 대한 징계는 그 후로도 몇 차례 있었다. 그때마다 '문리대 학생과장'이 총대를 멨다. 아버지 덕분에 박정기 교수는 총장 임기를 무난하게 마쳤고, 아버지도 문리대 학생과장 보직을 끝냈다.

하지만 1972년 1월에 후임으로 김영희 총장이 취임하면서 상황은 달라졌다. 박정희의 대구사범학교 동창이었던 김영희는 유신헌법 반대 시위에 나선 학생들을 가혹하게 대했다. 문교부와 한통속이 돼 징계를 남발했다. 그 와중에 1974년 민청학련 사건과 인혁당 재건위 사건이 터졌다. 경북대 학생들도 대거 구속됐고, 징계가 내려졌다. 유신 말기까지 총장을 지낸 김영희의 악랄한 탄압에 학생들도 가만히 있지 않았다. 학생들은 졸업식에서 김영희가 총장 축사를 하러 나올 때 돌아앉았다. 김영희 명의의 졸업장 수여도 거부했다.

문교부의 조치는 '문제 학생'을 교실에서 추방하는 데서 그치지 않았다. '문제 교수'도 강단에서 내쫓기로 한 것이다. 교수 재임용 제도가 그 구실이 되었다.

─ 처음 교수 재임용 제도란 말이 나왔을 때, 나는 오히려 찬성하는 쪽이었어. 제대로 연구도 하지 않고 월급만 받아 가는 교수들이 적지 않았거든. 그런 사람들 대신 젊은 학자들이 강단에 선다면 연구 풍토도 정착되고 대학도 더 발전할 수 있을 거라 기대했지.

하지만 정부의 목적은 다른 데 있었다. 정부에 비판적인 교수들까지 재임용에서 탈락시킨 것이다. 여기에는 아버지도 포함됐다. 문교부는 '국가관 미확립'과 '학생운동에 동정적'이란 점을 재임용 탈락 사유로 들었다. 예전에 아버지가 시위 학생들의 징계를 반대하고 징계 수위를 낮춘 데 대한 명백한 보복이었다. 1976년 2월에 벌어진 일이었다.

수학과는 물론이고 문리대, 나아가 경북대 전체가 술렁였다. 아버지만큼 학생들에게 실력을 인정받고 연구 성과를 낸 교수가 드물었다. 아버지는 문교부의 1971학년도 학술연구논문평가에서 최우수자로 선정될 만큼 뛰어난 연구자였다. 선정된 교수 중 수학 분야에서는 유일했다.

1974년 말에는 영국의 대학에서 교환교수로 와 달라는 요청을 받기도 했다. 아버지는 영국으로 나갈 준비를 하다 결국 포기했다. 박정기 교수가, 연구자로 한 단계 더 발전할 좋은 기회인데 왜 안 나가냐며 아버지의 결정에 의아해했다고 한다. 인혁당 관련자 여덟 분이 대법원 선고 바로 다음 날인 1975년 4월 9일에 사형집행을 당하는 걸 보면서 아버지는 결심했다. 도저히 용서할 수 없는 박정희 정권에 맞서 끝까지 싸우겠다는 의지를 가슴에 새겼다. 그런 상황에서 영국으로 나간다는 건 스스로 용납할 수 없는 일이었다. 어머니는 이때의 결정을 두고두고 안타까워했다.

─그때 너거 아버지는 아직 애들도 어리고, 또 자기가 나가면 경북대 수학과를 책임질 사람이 없다고 했어. 나도 애들 걱정은 하지 말라고 했고, 박정기 교수님도 수학과 일은 다른 사람이 맡으면 되니 염려하지 말고 나가라고 하셨지. 그만큼 다들 이해를 못 했어. 만약 그때 영국으로 갔다면 어땠을까…. 재임용 탈락도 없었고, 남민전 사건에도 연루되지 않았겠지.

　아버지처럼 실력 있는 교수를 재임용 탈락시킨 문교부의 조치는 누가 봐도 말이 안 되는 횡포였다. 하지만 이에 항의한다는 건 자신도 쫓겨날 각오를 해야 하는 일이었다. 서슬 퍼런 유신독재 아래에서 다들 침묵할 수밖에 없었다. 결국 아버지는 18년간 몸담았던 경북대에서 쫓겨났다. 자신의 청춘을 바친 경북대 수학교실 운영과 KMJ 발간 업무에서 손을 떼야만 했다. 경북대를 떠나던 날, 박정기 교수는 "조금만 기다려 보세, 머잖아 다시 이곳으로 돌아올 날이 올 걸세"라며 아버지를 위로했다. 하지만 아버지는 다시는 그곳으로 돌아갈 수 없었다.

　아버지의 재임용 탈락 소식을 듣고 동국대 이선근 총장이 바로 연락을 해왔다.

　─이선근 총장은 동국대 이전에 영남대 총장으로 있었어. 이승만 정권 때 문교부 장관을 맡았을 만큼 굉장히 보수적이고, 친일 문제로

도 비판을 많이 받았던 사람이지. 근데 내게, 영남대 수학과 조용 교수님한테서 내 이야기를 많이 들었다며 동국대에서 강의를 꼭 좀 해달라는 거야. 정교수 대우를 해주고, 정교수 자리가 나는 대로 바로 채용하겠다는 제안이었지.

아버지는 그 제안을 받고 일단 서울로 올라왔다. 아버지는 동국대 외에도 연세대와 서강대에도 강사로 나갔다. 아버지의 학문적 열정과 실력을 인정했기에 여러 대학에서 강의를 부탁했다. 숙명여대에서도 교수로 와주길 요청했다. 아버지는 동국대와 숙명여대 사이에서 고민하다, 새로 수학과를 개설하고 의욕적으로 준비하던 숙명여대로 결정했다. 그렇게 해서 1979년 9월 1일에 숙명여대 수학과 교수로 발령을 받았다.

아버지의 재임용 탈락 소식을 듣고 이재문 선생도 연락을 해왔다. 서울에서 아버지를 만난 이재문 선생은 아버지에게 남민전 조직 결성을 알렸다. 그러면서 남민전 조직 가입을 요청했다. 아버지는 이를 수락했다. 이재문 선생과 함께 본격적으로 조직운동에 나서기로 결심한 것이다. 이는 유신독재에 맞서 목숨을 걸고 싸우는 운동이었다. 민족해방을 위해 온몸을 던지는 전사의 길이었다.

이때부터 수학은 아버지로부터 한 발 떨어져 있게 됐다. 경북대 수학과 시절에는 수학과 변혁운동이 함께 존재했다. 아버지는 두 가지 길을 함께 추구했다. 아버지는 강의와 연구, 변혁운동, 어느 것 하나 소홀히 하지 않았다. 밤을 새워서라도 주어진 임무를 수행했다. 국립대의 교수, 그것도 수학 교수라는 신분은 변혁운동을 벌이는 데도 큰 도움이 됐다. 아무도 아버지가 그런 일을 할 것이라고는 상상하지 못했기 때문이다. 그러나 경북대에서 쫓겨나고 서울에 올라온 뒤로는 달라졌다. 아버지에게는 수학보다는 변혁운동이 우선이 됐다.

— 남민전 활동으로 수학 연구가 뒤로 밀린 게 아쉽기는 했지. 강의는 차질 없이 수행했지만, 연구 활동을 하거나 논문을 쓴다는 건 쉽지 않았거든. 경북대에서 쫓겨난 뒤 내게는 박정희 유신독재와 싸우는 게 더 중요했어.

그랬다. 유신독재는 아버지를 경북대 강단에서 추방했다. 유신 말기 대학은 긴급조치의 폭압 속에서도 독재 타도를 외치는 학생들의 시위가 곳곳에서 벌어졌다. 재야인사들도 투쟁을 멈추지 않았다. 노동자, 농민들의 저항도 점차 고조됐다. 남민전 조직원들은 비밀리에 이러한 투쟁을 이끌었다.

— 당시 나는 이렇게 생각했어. '내가 진정한 학문의 자유를 얻기 위해서라도 유신독재부터 끝장내야 한다.' 서울에 올라와 사립대학에서 자리를 얻었지만, 학생들을 보호하고 정권을 규탄한다면 그

자리인들 보장될 수 없었어. 민중들의 저항 속에 점점 위기에 빠져든 박정희 정권이 무슨 짓을 할지 몰랐거든. 수학은 나중에라도 다시 할 수 있지만, 박정희 유신독재 타도는 바로 이 순간 내가 해야 할 일이었어.

하지만 남민전 활동은 3년여 만에 끝이 났다. 1979년 10월, 남민전은 서기인 이재문 선생의 아지트가 발각 나고 조직원들이 체포되면서 그 실체가 세상에 드러났다. 이재문 선생의 체포 소식을 듣고 급히 집을 나선 아버지는 숙명여대 연구실에서 신변을 정리하고 도피 생활에 들어갔다. 하지만 박정희가 총탄을 맞고 유신독재가 종말을 고한 다음 날인 10월 27일, 아버지는 끝내 체포되고 말았다.

사형선고와 무기징역의 혹독한 시절 속에 아버지는 더는 수학자의 길도 걸어갈 수 없었다. 군사독재 시절 대한민국 교도소는 수감자에게 볼펜과 종이를 주지 않았다. 조선 시대에도 귀양 간 선비에게 집필의 자유가 주어졌건만, 대한민국의 교정 현실은 이를 허락하지 않았다. 김남주 시인은 감옥에서 우유갑에 못으로 새겨가며 시를 썼다. 신영복 선생은 한 달에 한 번 허용된 편지 시간에 봉함엽서 빽빽이 써 내려간 글을 밖으로 내보냈다. 하지만 수학 공부는 그렇게 할 수 없었다. 볼펜과 종이가 없는 수학은 무용지물이나 마찬가지였다. 아버지는 결국 10년의 세월을 수학과 단절된 채 살아야 했다.

볼펜과 종이를 달라고 여러 차례 싸웠지만, 저들은 들은 척도 하지 않았다. 독재정권은 그렇게 수학자에게서 수학을 강탈해 갔다.

1988년 12월, 10년 만에 감옥에서 나온 아버지는 수학자라는 정체성을 잃지 않으려 애썼다. 하지만 10년의 세월은 최신의 수학 연구를 따라가기에는 너무 오랜 시간이었다. 대신 아버지는 수학의 역사를 정리하고, 역사 속 수학자들의 생애와 삶을 청년들에게 알려주는 작업에 몰두했다. 그 결과물로 《수학문화사》와 《수학을 만든 사람들》을 출간했다. 어린이를 위해 《쉽고 재미있는 수학세계》, 《생활에서 수학을 이해하는 책》도 썼다.

전교조 수학교사모임 고문을 맡아 현장의 수학 교사들과도 꾸준히 만났다. 수학 교사들의 세미나에서 발표할 원고를 준비할 때 행복해하던 아버지의 모습이 떠오른다. 당신에게 주어진 시대적 역할이라 생각하며 뿌듯해했다. 본격적인 수학 전공 강의는 아니나 경희대를 비롯해 몇몇 대학에서 '철학의 세계, 과학의 세계' 등의 교양과목을 강의하기도 했다. 1~2학점의 강의를 위해 서울과 수원 등 먼 길을 마다하지 않고 젊은 학생들을 만나러 나서던 아버지의 모습이 아직도 눈에 선하다. 아버지가 그처럼 아끼고 사랑하는 후대를 만나러 가는 길이었을 것이다.

그러나 1994년 6월에 구국전위 사건으로 다시 구속되면서 수학자로서 진행한 저술 작업도, 수학 교사들과의 만남도, 후대를 위한 교육도 모두 중단되고 말았다.

4장

이재문과 여정남

01
인생의 변곡점이 된 4.19

아버지가 중환자실에 입원한 지 어느덧 2주가 지났다. 그새 호흡이나 맥박은 정상으로 돌아왔다. 이제는 산소호흡기 없이도 자가호흡이 가능했다. 아버지를 검진한 담당 의사는 일반병실로 옮겨도 좋다고 했다.

— 아직 의식이 완전하지 않은데 언제쯤 좋아질까요?
— 수치상으로는 모든 게 정상으로 돌아왔으니 곧 좋아질 겁니다.
— 퇴원은 언제쯤 가능할까요?
— 콧줄을 빼고 음식 섭취가 가능해야 하니 며칠 더 지켜보죠.

그래도 중환자실을 벗어나니 한시름 놓였다. 6인실인 일반병실은 만실이었지만 조용했다. 대부분 거동이 어려운 나이 든 환자들이었다. 간호사들이 아버지를 침대에 반듯하게 눕혔다. 침대 곁에 앉아 아버지를 바라보는데, 아버지가 감았던 눈을 스르르 떴다.

— 아버지, 이제 정신이 드세요? 저 영민이에요. 알아보시겠어요?

하지만 아버지는 별다른 반응이 없었다. 아버지 손을 잡고 살짝 흔들어 보았다. 그러자 나를 힐끔 쳐다보더니 이내 눈길을 돌렸다. 가만히 천장을 응시하다 다시 눈을 감았다. 아버지는 감았던 눈을 오래도록 뜨지 않았다. 그렇다고 주무시는 것 같지는 않았다. 다시 "아버지!" 하고 불러보았다. 여전히 아무런 반응이 없었다.

'무슨 생각을 하고 계신 걸까?'

아버지는 누워 있는 자세가 불편한지 한 번씩 몸을 뒤척였다. 중간에 잠깐 눈을 떠도 천장만 바라볼 뿐이었다. 그렇게 긴 침묵의 시간이 흘러갔다.

아버지의 인생을 돌이켜 보면 몇 번의 분기점이 있었다.
첫째는 해방이 되던 날, 산에서 내려와 청년들의 무등을 타고 밀양 읍내로 들어오던 증조할아버지를 만난 때였다. 그날의 기억은 소년 시절 아버지의 의식과 행동을 규정했다. 그날 이후 아버지는 줄곧 증조할아버지의 길을 따랐다. 하지만 해방의 감격은 오래가지 못했다. 식민의 압제는 그대로 남았다. 거기에 분단의 비극까지 겹쳤다. 그런 현실 속에서 아버지는 증조할아버지의 길을 지켜내려고 애썼다.

그다음이 소년 연락원 시절에 모든 선이 끊긴 뒤 총마저 버리고 집으로 돌아온 때였다. 숱한 우여곡절 끝에 목숨을 유지한 아버지는 먼저 세상을 떠난 동지들에 대한 그리움과 전선을 이탈했다는 죄책감으로 청년 시절을 보냈다. 대학에 들어가 수학을 공부하면서도 불현듯 떠오르는 그때의 기억은 끊임없이 아버지를 괴롭혔다. 아버지는 분단된 조국에서 미래의 전망을 잃어버린 상태였다. 하기에 그 기억은 잊고 싶은 상처였다. 그럴수록 아버지는 수학에 몰두했다. 천둥이 치건 폭우가 쏟아지건 상아탑 바깥에는 눈길을 주지 않았다. 혼자만의 학문 세계에 점점 파고들어 갔다. 그때의 아버지에게 수학은 도피처이자 의지처였다.

이런 아버지의 인생에서 새로운 변곡점이 생겼다. 바로 1960년 4월의 봉기였다. 아버지는 4.19의 현장을 가까이서 직접 목격했다.

1958년 2월에 대학원을 졸업한 아버지는 모교인 영남고에서 계속 수학 교사로 근무했다. 수학과의 학부 강의도 맡았고, 세미나 교실도 일주일에 한 번씩 계속되었지만 생활 대책을 마련해야 했기 때문이다. 정식으로 대학 강단에 서면 좋겠지만 자리가 나지 않았다. 또 미루었던 병역도 마쳐야 했다. 아버지는 1959년 10월에 교보병으로 입대했다. 교보병은 교사들의 경우 1년만 복무하면 조기에 제대시켜 주는 제도였다. 제대 후에는 다시 몇 년간 교직에 근무해야 한다는 조건이 붙기는 했다. 부족한 교원 인력을 확보하려는 방편이었다.

아버지는 경기도 고양군 수색에 있는 30사단의 서무행정병으로 자대배치를 받았다. 교직에 있다가 늦은 나이에 입대한 교보병들은 행정병으로 복무하는 경우가 많았다. 마침 본부중대 장교 중에 영남고 제자가 있어서 여러모로 편의를 봐주었다. 주임상사도 아버지 고모의 시댁 아재뻘이라 아버지에게 특히 잘해주었다고 한다. 그렇게 다소 편하게 군대 생활을 하던 중에 1960년 봄, 3.15 부정선거를 규탄하는 학생들의 시위 소식이 부대 내에도 전해졌다.

─ 부정선거는 군대에서도 대놓고 공개투표를 할 정도로 노골적이었어. 그런데 이승만과 자유당을 규탄하는 데모가 마산에서 시작돼 전국으로 번지고 있다는 소식이 들려왔어. 특히 중고등학생들이 시위대의 맨 앞에 섰다는 이야기도 나왔지. 그 소식에 교보병들은 마음이 뒤숭숭했어. 거기에 내 제자들도 있겠구나 싶었으니까. 우리끼리 모여 이런저런 이야기를 나누다, 누가 가서 현장을 직접 보고 오자는 말이 나왔어. 결국 내가 대표로 나가게 되었지.

그날이 4월 19일이었다. 아버지는 아침에 제자인 장교에게 외출증을 좀 끊어달라고 부탁했다. 그 제자는 안 된다며 펄쩍 뛰었다. 선생님의 마음은 충분히 알겠지만 바깥 상황이 위험하다고 했다. 아버지는 사정했다. 교사인 내가 그 현장을 꼭 한번 봐야겠다고 설득했다. 결국 그 장교는 외출증을 끊어주었다. 대신 먼발치에서 잠깐만 보고 바로 귀대해야 한다고 신신당부했다. 아버지는 수색에서 버스를 타고 서대문 부근에 도착했다. 하지만 길이 막혀 더 이상 갈 수가 없었다. 아버지는 버스에서 내려 걸어서 시내로 들어갔다.

— 도착한 곳이 효자동 부근이었을 거야. 현장에서 직접 보니 정말 참혹했어. 최루탄을 쏘며 시위대를 뒤쫓던 경찰이 곤봉으로 학생들의 머리를 내리쳤어. 그 바람에 머리가 깨져 피투성이가 된 채 쓰러지는 걸 똑똑히 봤어. 시위가 격렬해지자 경찰이 시위대를 향해 마구잡이로 총을 쐈다는 말도 들었어. 예전에 단독정부 수립을 반대하던 민중들에게 총을 쏜 것처럼…. 이승만과 자유당 정부는 그때나 이때나 시위대는 무조건 적으로 간주했지.

오후에 부대로 돌아온 아버지는 동료 교보병들에게 본 대로 말해주었다. 다들 말문이 막혔다. 참담한 심정이었다. 그날 밤 아버지는 한숨도 자지 못했다.

4월 26일, 이승만이 하야했다는 소식을 들었다. 처음에는 믿기지 않았다. 이승만이 누구인가. 미국의 비호 아래 자신의 정적들과 저항하는 민중들을 숱하게 죽이며 권좌에 오른 무소불위의 독재자가 아닌가. 그런 이승만이 대통령이 된 지 12년 만에, 해방됐다고 이 땅에 들어와 15년 동안 온갖 권세를 누리다가 민중의 거센 저항에 쫓겨난 것이다. 4월 19일 오후에 계엄령을 선포한 이승만은 해 오던 대로 군대를 동원해 시위를 진압하려 했다. 하지만 군은 이승만의 뜻대로 움직이지 않았다. 당시 군 통수권은 미8군 사령관에게 있었다. 더 이상 쓸모가 없어진 이승만을 미국도 버린 것이다.

아버지에게 4.19는 호된 채찍이었다. 홀로 학문에 파묻혀 수학적 논리로 밤을 새워온 아버지는 정신이 번쩍 들었다.

— 4.19 이전까지 나는 단순한 월급쟁이 선생이었을 뿐이야. 미국과 이승만의 힘에 눌려 겁을 집어먹고 저항 의식을 완전히 상실한 채 비겁하게 살았던 거지. 그래서 세상을 바꾸는 일 따위는 이미 지나 가 버린 아주 먼 시절의 일로 치부했어. 간간이 그 시절의 형제 같 은 동무들을 생각하다가 이 세상 사람이 아님을 상기할 때면, 북받 쳐 오르는 슬픔이 가슴을 후벼 팔 때도 있었어. 그럴 때는 나의 생 존이 그들에게 진 빚처럼 느껴져 술로 밤을 새우기도 했지.

어찌 아버지만 그랬을까. 전쟁이 끝나고 난 뒤 세상은 온통 이승 만 세상이었다. 변혁운동은 씨가 말랐다. 전쟁 전에도 숱하게 끌려가 죽었고, 전쟁 중에도 또 숱하게 끌려가 죽었다. 이승만은 사람 죽이는 것쯤이야 아무렇지 않게 여겼다. 간신히 살아남은 이들은 자신의 과거를 숨기기에 급급했다. 개별적으로 흩어져 숨죽이고 살아갈 뿐이었다. 대학도 마찬가지였다. 진보적인 학문과 생각은 모두 사라졌다. 졸업장만 따서 취직하면 된다는 인식이 팽배했다. 두렵고 침울했던 시절이었다.

그런 세상을 어린 학생들이 뒤엎은 것이다. 학생들의 희생과 헌신을 보면서 아버지는 십여 년 전 자신을 떠올렸다. 미군정을 반대하고 분단을 저지하기 위해 투쟁에 떨쳐나섰던 밀양의 중학생들과 "이승만 물러가라!"를 외치며 거리로 몰려나온 4.19의 중고등학생들이 겹쳐 보였다.

— 이때 깨달았어. 미국 놈이 만들어준 권좌도 민중의 힘으로 부숴버릴 수 있다는 걸⋯. 이로부터 연역되어 나오는 명확한 논리가 있었지. 아무리 강력한 외세의 힘도 민중의 단결된 힘을 이기지 못한다⋯. 4.19는 나를 일깨운 매서운 회초리였어. 4.19를 통해 나는 민중의 힘을 보았고, 민중의 힘을 믿게 됐어.

1960년 9월, 아버지는 휴가증을 두 장이나 겹쳐 사용해 일찍 제대했다. 군에 있으면서 아버지는 어느 정도 마음을 정리했다. 이전과는 달라진 마음이었다. 다시 투쟁의 현장에 서겠다는 각오였다.

대구로 내려오자마자 아버지는 영남고에 복직 신청부터 했다. 당시 교단에는 교원노조 바람이 거세게 불고 있었다. 4.19 이후 민중들은 민주개혁을 강력히 요구했다. 또 남쪽의 어려운 경제 상황을 타개하기 위해 북쪽과 교류·협력이 필요함을 주장했다. 청년학생들은 "가자 북으로, 오라 남으로!"를 외치며 통일운동에 나섰다. 휴전선이 그어진 지 7~8년 만에 나온 구호였다.

─ 전국 곳곳에서 진보적인 단체와 정당들이 결성됐어. 교원노조도 그중 하나였지. 이러한 투쟁의 중심에 대구가 있었어. 6.25 당시 인민군은 대구까지 들어오지 못했어. 국방군은 낙동강을 지키기 위해 필사적이었지. 만약 인민군이 거쳐 갔다면 나중에 부역자를 색출한다고 또 난리가 났을 거야. 다른 지역에서처럼 끌려가 죽거나 북으로 올라간 사람들이 많았겠지. 아무튼 그런 연유로 대구에는 진보적인 역량이 많이 남아 있었어. 그러다 4.19가 나고 그 역량을 토대로 전체 운동의 구심 역할을 했지.

민중의 힘을 믿고 아버지가 다시 민족해방투쟁에 서기까지는 11년이란 시간이 흘렀다. 그 뒤로 꼬박 60년, 아버지는 한순간도 쉬지 않고 그 길을 헤쳐 나갔다. 그 길은 증조할아버지 때부터 100여 년을 이어온 민족해방투쟁의 길이었다. 아버지의 대를 거쳐 우리 대까지 계속되고 있는 끝나지 않은 길이었다.

어떻게 하면 과거의 좌절이 현재의 다짐으로, 미래의 낙관으로 바뀔 수 있을까. 뜻을 함께하는 동지가 있을 때 비로소 가능하다. 절망의 어둠 속에서도 희망의 빛을 찾아내는 힘은 동지에게서 나온다. 다시 투쟁의 길을 나선 아버지에게도 그러한 동지가 있었다. 바로 이재문과 여정남이다. 남민전의 이재문은 아버지가 모든 걸 바쳐 따르고자 했던 변혁운동의 지도자였다. 민청학련의 여정남은 아버지가 모든 걸 바쳐 책임지고자 했던 변혁운동의 후대였다. 박정희 유신독재에 맞서 가장 치열하게 저항했던 두 사람은 끝내 사형을 선고받았다. 이재문 선생은 고문 후유증으로 1981년 11월 22일, 감옥에서 숨을 거두었다. 여정남은 1975년 4월 9일, 형장의 이슬로 생을 마쳤다.

4.19에서 남민전까지, 아버지가 가장 치열하게 살았던 20년 속에 가장 강렬한 존재로 남아 있는 동지, 이재문과 여정남. 이제부터 아버지를 포함해 세 사람의 이야기를 시작하려고 한다. 가장 순수하고 가장 아름다웠던 전사(戰士)들의 이야기, 가장 치열했던 그들의 투쟁을 말하고자 한다.

02
교원노조와 5.16 쿠데타

— 니도 노조 할끼가?

1960년 10월, 제대한 아버지가 복직 신청을 하러 영남고 교장실을 찾았더니 주덕근 교장이 대뜸 한 말이다.

— 내가 요새 교원노조 때문에 미치겠다. 대통령을 쫓아내더니 세상이 온통 미쳐 돌아간다. 아니, 선생이 노동자란 게 말이 되나? 니는 우째 생각하노?

1960년 4월 29일, 대구의 교사 60여 명이 교원노조 결성을 제안하며 가장 먼저 준비위원회를 조직했다. 이승만이 하야하고 사흘이 지난 뒤였다. 이때부터 교원노조 설립 운동이 전국으로 들불처럼 번져 나갔다. 5월 22일에는 서울대학교 문리대에서 전국 조직인 대한교원노동조합연합회를 결성했고, 이는 7월 17일 한국교원노동조합총연합회로 확대 개편됐다. 전국적으로 10만 명의 교사 중 약 2만 명이 조합원으로 참여했다. 교원노조 결성 이전에도 대한교련(대한교육연합회, 오늘날 한국교총의 전신)이라고 교직자 단체가 있었다. 하지만 1948년 결성 때부터 철저히 이승만의 앞잡이 노릇을 한 어용단체였다. 일반 평교사들보다는 교장, 교감, 대학교수들이 중심이었고, 사학재단과 관리자의 이해를 대변해 교사들한테서는 지탄받고 외면당했다.

4.19로 이승만 독재정권이 무너지고, 허정 과도정부를 거쳐 내각제 개헌으로 민주당의 장면 내각이 등장했다. 제2공화국 시대가 열린 것이다. 하지만 장면 내각은 교원노조를 인정하지 않았다. 정치적 중립 보장과 학원 민주화 요구가 자신들에게도 위협이 될 거라고 봤다. 교원노조가 학원 비리의 온상이었던 사친회비(師親會費, 나중에 육성회비로 이름이 바뀌었다)와 각종 잡부금 폐지 운동을 적극적으로 벌이면서 사학재단의 반발이 거셌다. 그래서 나온 반대 논리가 '교직은 성직(聖職)인데 어떻게 선생님이 노동자가 될 수 있는가?'였다.

― 교사도 자기 노동의 대가로 월급을 받아 생활하니 당연히 노동자

죠. 무조건 나쁘게만 생각하지 마십시오. 교사들의 처우가 개선돼
야 더 열심히 아이들을 가르치지 않겠습니까?

— 말하는 꼴을 보니 니도 노조 하겠구만. 그럴 거면 복직 못 시켜준다.

주덕근 교장은 아버지가 영남고 3학년에 편입할 당시에도 교장
이었다. 아버지를 무척 아꼈으며, 대학 때부터 영남고에서 강사로
일할 수 있도록 편의를 많이 봐주었다. 주 교장은 모처럼 만난 아버
지에게 신세를 한탄하듯 이야기를 늘어놓았다. 하지만 아버지만큼
실력 있는 수학 선생을 구하기 어렵다는 걸 잘 알고 있었다. 그랬기
에 엄포는 놓아도 복직을 허락했다. 아버지 역시 주 교장의 입장을
고려해 복직하자마자 교원노조에 가입하지는 않았다.

아버지한테 교원노조 이야기를 듣다 보니 1989년 5월의 전교조
(전국교직원노동조합) 결성 때가 생각났다. '민족 · 민주 · 인간화 교
육'을 내걸고 출범한 전교조는 4.19 직후 교원노조 운동의 역사를
계승하는 조직이었다. 하지만 군사정권에서 수천 명이 해직돼 교단
에서 쫓겨나야만 했다. 그때도 신문에 대문짝만하게 나온 게, 선생
님이 어떻게 노동자냐는 논리였다. 교원노조나 전교조나 그 출발
은 학생들 앞에 부끄럽지 않은 교사가 되겠다는 마음일 것이다. 거
짓이 아닌 진실을 가르쳐야 한다는 건 예나 지금이나 교사들에게
는 가장 중요한 사명이다. 그래서 땀 흘리는 노동이 신성하고 일하
는 노동자가 세상의 근본이라는 것을, 장차 노동자가 될 제자들에

게 말해주고 싶었을 것이다.

　복직하고 두어 달이 지나 겨울방학을 앞두고 아버지는 주덕근 교
장을 찾아갔다. 교원노조 가입을 양해받기 위해서였다.

　─ 저도 이제는 교원노조에 가입해야겠습니다. 너무 언짢게만 생각
　　하시지 말고 교장 선생님과 교원노조 사이에서 통로 역할을 해줄
　　수 있는 사람이라고 생각해 주십시오.
　─ 다들 하는데 자네라고 어째 예외가 되겠나. 대신 나를 너무 궁지
　　에 몰아넣지는 말게.

　당시 영남고에서는 교사들의 80%가 교원노조에 가입해 있었다.
전국적으로도 대구, 경북의 조직률이 높았다. 그러니 주 교장도, 무
조건 안 된다고 하기보다는 차라리 말이 통하는 선생 한 명쯤 가까
이 있는 게 더 낫겠다고 생각했는지도 모른다.

　1961년 3월, 새 학년을 앞두고 교원노조는 설립신고필증을 교부
받기 위해 총력을 기울였다. 하지만 장면 내각은 이 핑계 저 핑계를
대면서 교원노조를 인정하지 않았다. 오히려 데모규제법과 반공법
제정을 시도하고, 민주 진영에 대한 탄압에 나섰다. 한민당의 후예
인 민주당의 본질과 한계가 드러난 것이다. 민주당 정권은 당시 도
시의 심각한 실업 문제와 농촌의 기근, 기득권의 부패·비리 등 민
주개혁 문제를 해결할 의지도, 능력도 없었다. 민중들의 생존권 요

구가 터져 나오고 민주화 시위가 곳곳에서 벌어지자 기껏 생각한 게 데모규제법과 반공법을 제정해 민주화 요구를 틀어막겠다는 것이었다.

2대 악법 반대투쟁이 전국에서 거세게 일어났다. 교원노조도 여기에 앞장섰다. 각 분회마다 교원노조 합법화와 2대 악법 저지를 위한 단식투쟁을 벌였다. 아버지도 단식투쟁에 동참했다. 단식을 시작한 지 1주일쯤 지났을 때였다. 그날도 유도부실에서 가져온 매트리스를 교무실 앞 복도에 깔고 단식투쟁을 이어가는데, 분회장이 누군가를 데리고 아버지를 찾아왔다.

─ 안 선생님, 이분은 민족일보 기자입니다. 우리 분회의 투쟁을 취재하고 싶다고 해서 모셔 왔습니다. 잘 말씀해 주십시오.

아버지는 자리에서 일어나 기자와 인사를 나누었다. 그의 이름은 이재문이었다.

─ 그때 이재문 동지를 처음 만났어. 내 또래였지. 눈빛은 강렬했지만, 인상은 아주 부드러웠어. 초면이었는데도 어디서 만난 적이 있는 것처럼 정이 가는 인상이었지.

첫 만남에서는 기자와 취재원 이상은 아니었다. 주로 교원노조

합법화 투쟁과 영남고 분회 활동에 관해 이야기를 나누었다. 이재문 기자도 아버지에 대한 인상이 좋았는지 다음에 따로 만나 여러 주제로 이야기를 나누고 싶다고 했다. 그렇게 취재를 마친 이재문 기자는 돌아갔다.

그로부터 두 달 뒤인 5월 16일 새벽, 군사쿠데타가 일어났다. 박정희를 비롯한 군인들이 한강 다리를 건너 서울로 진입해 민주당 정권을 뒤엎고 총칼로 권력을 장악한 것이다. 이들은 정권을 탈취하자마자 진보혁신계 인사들에 대한 대대적인 체포에 나섰다. 4.19와 같은 민중들의 반발과 저항을 미리부터 눌러버리려는 조치였다.

5월 17일 아침, 아버지도 봉덕동 집으로 들이닥친 경찰과 군인들에게 잡혀갔다. 당시 청구대학에 다니고 있던 둘째 작은아버지(안용웅, 집안 어른들은 주로 '용아'라고 불렀다)도 함께 잡혀갔다.

— 나는 교원노조 활동 때문이었고, 용아는 학생 민통련(민족통일연맹) 활동 때문이었어. 그날 대구 일대에서 잡혀간 사람만도 100명이 훨씬 넘었어. 민민청(민주민족청년동맹), 통민청(통일민주청년동맹)의 활동가도 있었고, 혁신정당 간부들과 노조 간부들, 피학살자 유족회 간부들도 있었지.

그렇게 끌려간 곳이 남대구경찰서 유치장이었다. 그곳에다 한방에 10여 명씩 집어넣었다. 일제 경찰과 이승만 정권이 자주 했던 일종의 예비검속이었다. 잡혀 온 사람들이 워낙 많다 보니 조사를 받는 데도 한참 걸렸다. 아버지는 교원노조 활동에 대해 추궁받았다. 하지만 나올 만한 게 별로 없었다. 공식 직함을 가진 간부도 아니었고, 복직하고도 두어 달 뒤에 참여했기 때문이다.

그러자 다시 작은아버지를 통해 고등학생 민통련을 배후에서 조종했다는 혐의를 추궁했다. 어려서부터 큰형의 영향을 받은 둘째 작은아버지는 4.19의 시발이 되었던 대구 지역 고등학생의 2.28 투쟁에 주도적으로 참여했다. 1961년 청구대학에 입학해서도 지역의 고등학생 운동에 깊이 관여했다. 당시에는 고등학생 운동이 대학생 운동보다 숫자도 많고 투쟁 동력도 더 컸다. 경찰은 그 배후를 아버지로 본 것이다. 하지만 이 부분도 혐의를 입증할 만한 증거가 없었다. 조사는 처음 몇 차례 진행하다 나중에 흐지부지됐다. 그런데도 아버지와 둘째 작은아버지는 두 달씩이나 붙들려 있다가 석방됐다. 잡혀 온 사람들도 대부분 석방됐고, 간부 몇 사람만 기소돼 대구형무소로 이송됐다. 그 사이에 박정희가 만든 국가재건최고회의는 반공과 구국을 내세워 모든 진보단체와 혁신정당을 강제해산하고 불법화했다. 교원노조 역시 강제해산 당했다.

아버지는 두 달간 구금됐던 경찰서 유치장에서 쟁쟁한 선배들을 만났다. 소년 시절에는 밀양에서 활동하다 구지로 도피했고, 청년기에는 대학에 다니며 1950년대를 보낸 아버지였기에 대구의 혁신계 활동가들을 잘 몰랐다.

― 안중근 의사의 종제(從弟)인 안경근 선생님과 한방에서 지내며 좋은 말씀을 많이 들었지. 일제강점기 때부터 대구에서 노동운동을 하셨던 이일재 선생과 피학살자유족회의 이복녕 선생, 사회대중 당의 간부인 강창덕 선생, 나중에 인혁당 사건으로 사형당하신 서도원 선생도 같은 방이었지. 이분들과 이야기를 나누면서 우리 운동의 과제와 방향에 대해 정리가 많이 됐어.

군사쿠데타를 일으키면서 진보혁신계 인사들을 대거 잡아들인 박정희는 기어이 희생양을 만들었다. 사회당과 민자통(민족자주통일 중앙협의회)에서 중심적인 역할을 했던 최백근 선생과 1961년 2월에 창간된 민족일보의 조용수 사장에게 구속 석 달 만에 사형을 선고하고, 해를 넘기기도 전에 형을 집행했다. 장차 자신의 앞길에 걸림돌이 될 혁신계와 언론계에 재갈을 물리겠다는 의지였다. 또한 남로당 군사조직의 간부로 활동한 전력을 지닌 박정희가, 그동안 자신이 얼마나 투철한 반공주의자로 변신했는지 미국에 보여주려는 만행이기도 했다.

― 남로당 출신 중에는 박정희가 예전에 남로당 간부였다면서 기대하던 사람들도 있었어. 북에서 박정희의 친형이자 김종필의 장인인 박상희 선생과 함께 민족해방투쟁을 벌였던 황태성 선생을 밀사로 내려보낸 것도 마찬가지로 볼 수 있겠지. 하지만 최백근 선생과 조

용수 사장을 죽이는 걸 보고 그런 기대는 사라졌어. 한마디로 '군복입은 이승만'이었던 거야. 특히 어린 시절에 자신을 아껴주었고, 그 인연으로 밀사로 내려온 형의 친구인 황태성 선생을 바로 사형시키는 것만 봐도 박정희가 어떤 인간인지 알 수 있지. 변절자는 자기가 살기 위해서라도 더 악랄해진다는 걸 새삼 확인할 수 있어.

민족일보 조용수 사장이 군인들에게 끌려갈 때 민족일보의 기자와 직원 10여 명도 잡혀갔다. 간신히 연행을 피한 이재문 선생은 오랜 시간 수배자 신분으로 지내야 했다. 5.16 쿠데타로 아버지와 이재문 선생의 재회는 상당 기간 미뤄졌다. 두 사람이 다시 만난 것은 첫 만남으로부터 3년이 지난, 1964년 봄이었다.

03
평생의 '혁명동지'를 만나다

똑똑!

1964년 봄날의 늦은 오후였다. 누군가 아버지의 경북대 연구실
문을 두드렸다.

'이 시간에 누구지?'

연구실에서 강의 준비에 몰두하던 아버지는 자리에서 일어났다.
수업은 벌써 끝났고, 학생들도 강의실을 떠난 지 한참 지난 때였다.

─ 누구십니까?

연구실 문을 여는데, 누군가 활짝 웃으며 서 있었다.

— 안 선생, 저 기억하시겠습니까? 이재문입니다.
— 이재문 기자! 정말 반갑습니다. 안 그래도 어찌 지내는지 궁금했
  는데, 어서 들어오세요.

아버지는 이재문 선생의 손을 잡고 얼싸안다시피 했다. 아버지의
표정과 말투에서 반가움이 그대로 드러났다.

— 이쪽으로 편하게 앉으세요. 이게 얼마 만입니까? 영남고에 교원노
  조 취재하러 오셨을 때 보고 처음이네요.
— 그렇지요. 한 3년 된 거 같습니다.
— 5.16 때 민족일보 기자들이 잡혀가면서 이 기자도 고생이 많았다
  고 들었습니다.
— 그해 말에 수배가 풀렸습니다. 이듬해 국토건설대에 들어가 군대
  도 해결했고요. 매일신문에 다시 들어가 지금은 정치부에 있습니
  다. 안 선생은, 아니지, 이제는 '교수님'이라고 불러야겠네요, 허
  허…. 5.16 때 잡혀갔다는 이야기는 들었는데, 그동안 어찌 지냈습
  니까?
— 저도 별문제 없이 풀려났습니다. 그 때문에 영남고에서는 해직됐
  죠. 다른 고등학교에 강사로 나가다가 1962년에 경북대 수학과에

자리가 나면서 이리로 오게 됐습니다. 올봄에 조교수로 발령받았습니다.

박정희는 군사쿠데타에 대한 대학가의 반발을 누그러뜨리려고 대학 교원의 정원을 늘려주었다고 한다. 덕분에 경북대 수학과에도 자리가 났다. 아버지의 경북대 수학과 발령에는 박정기 교수의 노력이 결정적으로 작용했다. 아버지가 사범대 수학과 출신이라는 점과 5.16 직후에 교원노조 활동으로 잡혀간 걸 시비하며 주위의 반대가 적지 않았다고 한다. 하지만 박정기 교수는 끝까지 밀어붙였다.

- 사범대 수학과든 문리대 수학과든 그게 뭐가 중요하노? 다 경북대 수학교실 멤버 아닌가? 그리고 안 선생이 교원노조 활동한 게 문제라는데, 어차피 대학에 오면 교원노조 하고 싶어도 못 한다. 우리한테는 제대로 연구할 사람, 제대로 학생들 공부시킬 사람이 필요하다. 안 선생만 한 사람 어디에도 없다.

아버지의 이야기를 들으며 이재문 선생은 정말 좋아했다. 대학교수, 그것도 국립대 교수는 아무나 할 수 있는 게 아니라며 앞으로 후대를 위해 큰 역할을 해달라고 당부했다. 두 사람은 연구실을 나와 시내로 자리를 옮겼다. 모처럼 반가운 사람을 만나니 이야기를 더 나누고 싶었다. 함께 식사하면서 반주도 곁들였다. 그런데 술을 받아놓고 잘 마시지 않는 아버지를 보고 이재문 선생이 물었다.

— 안 교수는 원래 약주를 잘 안 합니까?
— 예전에는 저도 술을 많이 마셨습니다. 술을 마시면 끝장을 봐야
  직성이 풀렸죠. 그런데 4.19를 겪으면서 정신이 번쩍 들었습니다.
  그동안 내가 너무 정처 없이 살았구나, 반성을 많이 했습니다. 그
  때부터 술은 절제하기로 마음먹었습니다.
— 저도 취하도록 마시는 건 좋아하지 않습니다. 오늘은 안 교수와
  이야기를 많이 나누고 싶군요.

이날 아버지는 이재문 선생과 밤늦도록 이야기를 나누었다. 어린
시절 고향과 학창 시절 추억도 나누었고, 4.19 혁명과 5.16 쿠데타
에 대한 인식도 공유했다. 주제는 다시 박정희 정권이 밀어붙이는
한일회담의 본질과 미국의 신식민주의 지배 전략으로 이어졌다. 이
때의 만남은 아버지에게 강렬한 기억으로 자리 잡았다. 아버지는
이재문 선생에게서 무릉동의 박철환 지도원 동지와 밀양중학교 손
기용 선생님의 모습을 겹쳐 보았다.

— 이재문 동지는 생각이 깊고, 심지가 곧으며, 학식도 풍부했어. 목소
  리는 신중했고, 자세는 겸손했으며, 언행에는 절제가 배어 있었지.
  나는 이재문 동지를 만나고 너무 기뻤어. 이 사람이라면 변혁운동

의 길에서 평생을 함께할 수 있겠구나, 그런 마음이 절로 들었지.

　이재문 선생은 1934년 7월 9일, 경북 의성군 옥산면 전흥리 716번지에서 5남매 중 넷째로 태어났다. 하지만 여동생이 태어난 지 얼마 안 돼 세상을 떠나 사실상 막내로 자랐다. 이재문 선생의 집안은 퇴계 이황의 후손인 진성 이씨 가문으로 엄격한 유교 집안이었다. 어려서부터 사촌들과 함께 집안의 장손인 큰아버지한테 한학을 배우며 자랐다. 새벽 5시가 되면 큰아버지께 문안 인사를 드리고 옛 선현들의 경전을 읽는 게 일과의 시작이었다. 한학 공부가 끝나야 비로소 밥을 먹고 학교에 갈 수 있었다.

　큰집의 형님은 양조장을 했다. 여덟 살 많은 친형은 면서기로 일하다 해방 후 세무공무원이 됐다고 한다. 항일운동을 한 것은 아니었으나, 의로운 선비정신과 유교적 도리를 강조한 집안 분위기 속에 이재문 선생도 대의를 중시하는 올곧은 성품을 지니며 성장했다. 의성군에서 중학교를 졸업하고 선산군의 고등학교로 진학한 이재문 선생은 1학년 때 바로 3학년으로 월반할 정도로 공부가 특출났다고 한다. 어려서부터 한학 공부로 다져진 학습 능력에다 책을 한 번 읽으면 줄줄 외울 정도의 명석한 머리를 지녀 공부만큼은 누구한테도 뒤지지 않았다. 1954년에 경북대학교 법정대 정치학과에 입학한 이재문 선생은 3학년 때 외무고시 1차 시험에 합격했다. 하지만 2차 시험을 앞두고 장티푸스에 걸리는 바람에 응시를 포기하고 말았다. 외교관 대신 기자의 길을 선택한 그는 1957년에 영남일보 입사 시험에 수석으로 합격했다.

  ─ 이승만 정권 시절에는 의식 있는 사람들이 언론사에 많이 있었어.
   정치단체나 대중조직이 전멸되다시피 한 상황에서 그나마 신문사
   기자들이 높은 정치의식을 지녔고, 이승만 정권에 대해서도 비판
   의 목소리를 냈지. 언론이 거의 유일한 저항 세력이었어.

  영남일보 이순희 사장이 1958년 5월 자유당의 공천을 받아 제4대 국회의원 선거에 출마해 당선되자, 이재문 선생은 사표를 던지고 나와 대구일보로 전직했다. 대구일보에 재직하면서 3.15 부정선거를 규탄하는 마산의 학생시위를 취재했고, 김주열 학생의 주검을 직접 보기도 했다. 4.19 현장에서 거대한 민중의 힘을 확인한 이재문 선생은 평범한 기자로만 살지 않기로 결심했다. 이때부터 이재문 선생은 자신의 삶을 변혁운동과 일치시켰다. 1961년 2월에 진보적 민족언론을 표방하며 민족일보가 창간되자 이재문 선생도 여기에 동참했다. 민족일보의 정치부 기자로 혁신정당을 취재하던 그는 4.19 이후 수면 위로 등장한 당대의 사회운동가들과 취재원 이상의 동지적 관계를 맺어 나갔다. 하지만 5.16 쿠데타와 함께 민족일보에 대한 대대적인 탄압이 들어왔다. 조용수 사장과 직원들이 줄줄이 잡혀가고, 민족일보는 강제 폐간당하고 말았다.

― 이때 대구 대봉동의 형님 집으로 경찰과 군인이 들이닥쳤다고 해. 이 기자가 집에 없자 저놈들은 대신 형님을 잡아갔어. 형님은 동생의 행방을 추궁당하다 1주일 뒤에야 풀려났지.

수배자 신분이 된 이재문 선생은 기약 없는 도피 생활에 돌입했다. 경찰의 추적을 피해 이곳저곳 떠돌면서도 손에서 책을 놓지 않았다고 한다. 4.19를 계기로 본격적인 변혁운동의 길에 들어서기로 결심하자 변혁운동의 이론적 토대를 세우는 일이 절실했다. 이재문 선생은 엄청난 양의 독서를 통해 이 과제를 풀고자 했다.

― 이재문 동지는 학습 투쟁이 운동가의 첫째 의무라고 강조했어. 목적지를 향해 갈 때 길을 잃지 않으려면 나침반이 필요한데, 변혁운동에서는 학습이 곧 나침반이라고 했어. 그 점에서 나하고 뜻이 통했지. 공부하던 주제와 내용이 비슷해 우리는 금방 의기투합이 됐어.

이론학습은 아버지에게도 절실한 과제였다. 본격적으로 변혁운동을 하려면 세상을 제대로 볼 줄 알아야 했다. 그러자면 다양하고 풍부한 독서가 필요했다. 군에서 제대한 뒤 아버지는 읽을 만한 사회과학책을 찾아 대구의 헌책방을 뒤졌다. 그곳에서 일본어로 된 소비에트 철학책과 공산주의 운동사 책을 종종 발견할 수 있었다. 부산의 서점에 일본에서 발행한 최신 사회과학책이 많다는 이야기를 듣고 내려가 책을 구해 오기도 했다. 경북대에 발령받은 뒤에는 학교 도서관도 자주 찾았다. 도서관에는 식민지 시절 전문학교 도서관에 있던 책들이 많았다. 전문학교들이 경북대로 통합되면서 그대로 갖다 둔 마르크스와 레닌의 일본어판 원전도 꽤 있었다. 먼지에 뒤덮인 채 서고 구석에 꽂혀 있던 그 책들을 찾아 읽었다.

아버지의 독서 방법은 남달랐다. 책의 핵심 내용을 대학노트에 꼼꼼하게 정리했다. 마치 수학 공부를 하듯이 노트 정리를 하면서 학습을 해나갔다. 정치, 경제, 사회, 역사 등 분야도 다양했다. 매일 시간을 정해 두고 계획을 세워 읽어나갔다. 아버지는 평양방송도 꾸준히 들었다. 4.19 이후 북에서 내보내는 방송이 확 달라졌다고 한다. 그전에는 일방적인 선전이나 남쪽 사회 비판이 주로 나왔는데, 어느 때부터 강의식 해설 방송을 시작했다는 것이다. 혁명철학, 혁명사 등을 강의하듯이 천천히 읽어주는데, 이게 도움이 많이 됐다고 한다. 특히 소비에트나 외국의 사례가 아닌 우리 민족의 역사 속에서 피지배층이나 농민들의 투쟁 사례를 찾아 변증법과 유물론을 설명하는 것이 퍽 인상적이었다. 이때 방송한 내용들이 나중에 북에서《조선력사》와《조선철학사》,《항일민족해방투쟁》과 같은 책으로 발간됐다.

－전 세계의 방송 청취가 가능했던 단파 라디오는 일제강점기 때나 해방 직후에 지식층에서는 다들 하나씩 갖고 있었지. 해방 전에는

연합국의 방송을 들으며 전황을 파악했고, 해방 후에는 미·소 공동
위원회 소식이나 북의 민주개혁 소식을 북쪽의 방송으로 들었지.

6.25 전쟁이 끝나고부터는 단파 라디오를 구하는 게 까다로워졌
다. 예전에는 '양키시장'에 가면 일제나 미제 중고 단파 라디오를
쉽게 구할 수 있었는데, 이제는 신상 명세를 적어내야만 팔았다. 경
찰도 수시로 전파상을 드나들며 단파 라디오를 사 간 사람을 파악
했다.

아버지가 혼자서 해온 학습 과정을 흥미롭게 듣던 이재문 선생은
책도 빌리고, 정리한 학습 노트도 볼 겸 다시 만나고 싶다고 했다.
다음 약속을 정하고 이재문 선생과 헤어진 아버지는 흥이 났다. 큰
보물을 얻은 기분이었다. 밤하늘의 별빛도 초롱초롱 빛났다. 시간
이 지날수록 더욱 선명해진 그 빛이 집으로 돌아가는 아버지를 밝
게 비추고 있었다.

04
6.3 투쟁과
1차 인혁당 사건

1964년 봄, 대학가는 다시 시위로 끓어오르기 시작했다. 군복을 벗은 박정희는 1963년 10월의 제5대 대통령 선거에서 윤보선 후보를 15만여 표 차이로 간신히 꺾고 당선됐다. 역대 대통령 선거 중 최소 득표 차이였다.

대통령이 된 박정희는 군정 시절부터 추진해 온 한일수교를 서둘러 타결하려고 했다. 박정희는 경제개발에 필요한 자금과 기술을 일본에서 가져오려면 어쩔 수 없다는 평계를 댔다. 이에 야당과 재야 세력은 '대일 굴욕외교 반대 범국민 투쟁위원회'를 결성해 정권에 맞섰다. 학생들도 굴욕적인 한일회담 반대를 외치며 시위에 나섰다.

그 무렵 아버지는 한일회담을 반대하는 교수들의 서명에 앞장서고 있었다. 서명은 경북대에서 시작해 대구대와 청구대(두 학교는 1967년에 영남대로 통합됐다), 계명대와 효성여대(현재 대구가톨릭대)로 확산됐다.

이재문 선생도 매일신문 정치부 기자로 일하면서 대구 지역 대학생들의 투쟁을 지원하고 있었다. 당시 경북대에서는 '맥령(麥嶺, 보릿고개)'이라는 서클이 학생운동의 지도부 역할을 하고 있었다. 맥령은 1960년의 대구 고등학생 2.28 시위와 4.19를 경험한 경북대 학생들이 만든 비밀조직이었다. 맥령을 이끈 인물은 이재형 선생이었다. 경북대 정치학과 58학번으로 이재문 선생의 직계 후배였던 이재형 선생은 4.19 당시 경북대 시위를 주도했다. 그 뒤 군에 갔다가 제대 후 복학해 다시 학생운동에 뛰어들었다. 1964년에 경북대와 대구 지역 대학생들의 한일회담 반대 투쟁을 이끈 이재형 선생은 대학 졸업 후에도 꾸준히 활동했다. 1974년 2차 인혁당 사건 때 구속돼 징역 20년형을 선고받고 옥고를 치르다 1982년에 석방됐다. 출소 후에도 대구에서 후배들의 존경을 받으며 활발하게 활동했다. 하지만 인혁당 사건 당시에 받은 고문의 후유증으로 생긴 병마를 극복하지 못하고 2004년에 65세의 이른 나이로 세상을 떠났다.

이재형 선생을 통해 경북대와 대구 지역 학생운동을 지도했던 사람이 바로 이재문 선생이었다. 이재문 선생은 4.19 이후 열린 공간에서 기자라는 신분을 활용해 민자통과 혁신정당 등 재야운동과 민민청과 통민청의 청년운동, 그리고 대학생과 고등학생 운동에 이르기까지 핵심 운동가들과 폭넓게 교류했다. 그러면서 우리 운동의 전망과 방향을 그들과 함께 논의해 나갔다. 아버지와도 마찬가지였다.

— 1964년 5월과 6월에 연구실에서 몇 차례 만났을 때, 우리 운동이 장차 어떤 방향으로 나아가야 할지 함께 토론했어. 당장은 한일회담 반대 투쟁을 4.19와 같은 민중항쟁으로 발전시켜 나가는 것이 먼저였지만, 민족자주와 민주주의, 통일의 과제를 이루기 위해서는 무엇이 필요한지 이야기를 많이 나누었지.

아버지는 과거 남로당 운동이 왜 실패했는지 제대로 평가하고, 대중투쟁을 통해 검증되고 단련된 핵심을 새롭게 발굴하는 게 가장 중요한 과제라고 생각했다. 특히 해방 이후 밀양에서 아버지가 직접 겪은 남로당의 운동 방식을 이재문 선생에게 설명하면서, 대중들과 괴리된 채 책상머리에 앉아 말로만 하는 운동의 후과가 어떤지 남로당을 보면 똑똑히 알 수 있다고 강조했다.

— 이재문 동지는 대학 졸업 후 기자로 일하면서 본격적으로 변혁운동을 고민했기에 해방 직후의 남로당 운동을 경험한 적이 없었어. 그런데 이재문 동지가 만나는 혁신계 인사 중에는 남로당 출신들이 적지 않았어. 남로당이 오랫동안 탄압만 받아왔기에 다들 객관

적인 평가를 해내기가 어려웠지. 그래서 남로당의 문제점을 이재
문 동지도 제대로 알 필요가 있다고 생각했어.

이재문 선생은 아버지의 문제 제기에 공감했다. 이제는 4.19를
통해 새롭게 등장한 세대 속에서 새로운 방식의 운동이 필요하다
는 점에도 동의했다. 그런 문제의식 속에 이재문 선생은 아버지에
게 특별한 부탁을 했다. 전적으로 믿고 신뢰하는 동지가 아니고서
는 할 수 없는 부탁이었다.

  ― 앞으로 안 교수가 경북대 운동 핵심들의 교양 사업을 좀 맡아 주
    세요.
  ― 내가요? 교수인 내가 그 일을 맡는 게 이상하지 않나요?

이재문 선생은 그렇지 않다며, 세 가지를 근거로 댔다고 한다.
첫째는 아버지의 이론적 수준이었다. 아버지가 혼자 학습하면서
변증법과 유물론 철학, 러시아 혁명과 소비에트 당사, 코민테른 역
사, 중국혁명과 모순론 철학, 일본어판 자본론, 조선민족해방투쟁
사 등을 꼼꼼하게 정리한 노트를 본 이재문 선생은 탄복했다고 한
다. 그 노트만으로도 충분한 학습 교재였다. 실제로 사회과학책을
구하기 어려운 시절이라 아버지의 노트를 비밀리에 돌려 읽으며
학습을 진행한 적도 많았다.

둘째는 대학교수라는 신분이었다. 오래전에 졸업한 이재문 선생이 학교를 드나들며 후배들을 만나면 누가 봐도 이상하겠지만, 아버지는 다르다는 것이다. 문리대 교수로서 연구실에서 학생을 만나는 게 전혀 어색하지 않기 때문이다.

셋째, 같은 이유로 학생운동 지도부에 투쟁 지침을 전달하기도 편하다는 것이다. 정보과 형사나 학교 측의 동향도 파악하기 쉽고, 이에 맞게 현실적인 투쟁 방법을 모색하는 데도 아버지의 존재가 더 유리했다.

─ 그때까지 나는 혼자서 정세를 분석하고 학습해 왔어. 조직적으로 연계된 선이 없었지. 그런 내게 이재문 동지가 과업을 주니 오히려 고마웠어. 그때 내가 이재문 동지에게 했던 말은 하나였어. "이제부터 당신을 나의 조직적 상부라고 생각하겠소." 나는 그 생각을 평생 잊지 않았어. 이재문 동지와 많은 토론을 하고, 간혹 의견 차이도 있었지만, 그가 나의 '상부'라는 생각은 절대 잊지 않았지.

하지만 이재문 선생의 제안은 바로 실현되지 못했다. 그로부터 2~3년이 지나서야 비로소 아버지는 당시에 제안받은 임무를 실행에 옮길 수 있었다.

1964년 봄부터 시작된 대학가의 한일회담 반대 투쟁이 6월 3일을 기해 전국에서 동시에 터져 나왔다. 박정희는 즉각 서울에 계엄령을 선포하고 전국 대학에 휴교령을 내렸다. 대학이 조기방학에 들어가면서 투쟁 동력도 꺾이기 시작했다. 뒤이어 8월에는 김형욱 중앙정보부장이 직접 기자회견을 열고 인혁당 사건 결과를 발표했다. "북한의 지령을 받아 인민혁명당을 결성해 학생 데모를 배후 조종하고 한일회담 반대를 획책하며 국가 전복을 기도했다"라는 게 혐의였다.

이렇듯 1차 인혁당 사건으로 혁신계 인사들과 서울, 대구의 시위 주동 학생 등 40여 명이 줄줄이 구속됐다. 이재문 선생도 함께 구속됐다. 그런데 중앙정보부로부터 사건 기록을 넘겨받은 검사들이 기소를 거부하는 초유의 사태가 벌어졌다. 검사들은, 증거가 충분치 않은 데다가 중앙정보부 조사 과정에서 고문과 가혹행위로 사건의 실체가 과장됐다며 반발했다. 한일회담을 반대하는 학생들의 시위에 북의 지령과 지하당 건설까지 엮어내는 것은 자신들이 보기에도 해도 너무 했다는 것이다. 해방된 지 20년도 채 되지 않은 때였고, 친일파 청산도 제대로 못 한 상황에서 한일수교를 서두르는 박정희 정권에 대한 국민적 반감도 상당했다. 결국 구속된 학생들은 대부분 석방됐다.

　－이재문 동지는 5개월간의 재판을 거쳐 1심에서는 무죄로 석방됐어. 하지만 박정희 정권은 2심까지 끌고 가, 집행유예이기는 해도 기어이 유죄를 선고했지. 석방되고 난 뒤 이재문 동지는 감옥 뒷바

라지를 해준 김재원 선생과 1965년 봄에 결혼했어.

　김재원 선생은 1935년에 원산에서 독실한 가톨릭 집안에서 태어났다. 집안이 모두 서울로 이주한 뒤 1941년에 계성초등학교에 입학했고, 졸업 후에는 경기여중에 입학했다. 중학교 3학년 때 6.25 전쟁이 나면서 대구로 피난한 뒤에는 효성여고를 졸업했다. 효성여대에 입학했다가 다시 서울로 올라와 성균관대 불문학과를 졸업했다. 당시로서는 상당한 엘리트 여성이었다. 대학 졸업 후 1958년부터 가톨릭출판사에서 근무했고, 가톨릭시보(지금의 가톨릭신문)로 옮겨 기자로 활동했다. 이재문 선생이 1961년 2월에 창간된 민족일보에서 정치부 기자로 일할 때, 김재원 선생도 가톨릭시보 정치부 기자로 활동하면서 서로 알게 됐다. 하지만 민족일보 사건으로 이재문 선생이 수배받으면서 두 사람은 오랫동안 만나지 못했다.

　두 사람이 다시 만난 것은 2년도 더 지나서였다. 이재문 선생은 수배 해제 후, 박정희 정권이 고령의 병역미필자 구제와 국토건설 사업의 수행을 위해 만든 '국토건설대'에 들어가 군 문제를 해결했다. 그 뒤 매일신문에서 다시 기자 생활을 이어갔고, 국회와 청와대 출입 기자로 서울에서 일하면서 김재원 선생과 재회했다. 가톨릭계인 매일신문의 서울 사무실이 가톨릭시보와 같은 건물을 사용하면서 자연스럽게 인연이 이어진 것이다. 그러다 1차 인혁당 사건으로 이재문 선생이 구속되자 김재원 선생은 옥바라지를 자청하고 나섰다. 당시만 해도 구속자의 면회는 가족만 가능했다. 옥바라지를 하겠다는 건 곧 결혼을 약속하는 일이었다. 당연히 김재원 선생의 집에서는 난리가 났다. 아버지가 방문을 걸어 잠그고 바깥출입을 금하기도 했지만 끝내 딸의 고집을 꺾지 못했다.

2000년 무렵 내가 〈말〉지 기자 시절에 김재원 선생을 인터뷰한 적이 있다. 그때 이 대목을 물어보았다.

─ 이재문 선생님의 옥바라지를 결심한 계기가 무엇이었나요?
─ 기자로 일할 때 가까이서 지켜본 이재문 선생은, 불의 앞에서는 타협할 줄 모르는 강직한 사람이었지만 주위 사람들에게는 따뜻한 배려가 몸에 밴 성품이었죠. 기자로서 실력도 탁월했어요. 박정희가 대통령에 당선된 뒤 미국 방문 일정이 잡혔을 때, 청와대 출입 기자 중에서 수행 기자로 거론되기도 했죠. 본인이 거절하는 바람에 동아일보 이만섭 기자에게 기회가 넘어갔다고 들었어요. 그 때문에 박정희한테 더 밉보였을 거예요. 그런 사람이 구속됐을 때, 왠지 내가 이 사람을 지켜줘야 한다는 생각이 들더군요.

두 사람은 1965년 봄에 명동성당에서 결혼식을 올렸고, 이듬해 큰딸이 태어났다. 그 뒤 이재문 선생은 신문사를 그만두고 대구로 내려왔다. 이때부터 본격적인 '혁명가'로 살기로 마음먹은 것이다.

살림집은 봉덕동에 구했다. 김재원 선생은 효성여대에서 학교 신문사 일을 하면서 집안 경제를 책임져 나갔다.

대구로 내려온 이재문 선생은 아버지에게 연락했다. 2년여 만에 다시 만난 두 사람에게는 밀린 이야기가 많았다. 토론해야 할 주제가 한두 개가 아니었다. 1960년 4.19 혁명과 1964년 6.3 한일회담 반대 투쟁을 거치면서 남쪽의 변혁운동은 깊은 잠에서 깨어났다. 분단과 전쟁의 상처 속에 숨죽이며 살아가던 운동가들은 민중의 항쟁을 통해 자신감을 회복했다. 그와 동시에 어떻게 하면 남쪽의 변혁운동을 제대로 이끌어 갈지 본격적으로 고민하고 토론했다. 이때 아버지와 이재문 선생이 나눈 이야기는 훗날 남민전 결성의 실마리이자 남민전 활동의 큰 방향이 되었다.

05
이재문을 통해
여정남을 소개받다

1964~65년의 한일협정 반대 투쟁에는 대학생들은 물론 고등학생들까지 대거 참여했다. 민중들의 반일 감정까지 폭발하면서 투쟁은 거세게 진행됐다. 위기에 빠진 박정희 정권은 계엄령과 휴교령을 잇달아 선포하면서 시위 진압에 나섰다. 여기까지는 4.19와 비슷한 양상이었다. 학생시위가 중심이었던 4.19와 달리 각계각층의 참여나 투쟁의 격렬함은 4.19를 능가했다. 하지만 2년에 걸친 투쟁은 '친일 군사정권'을 몰아내려던 소기의 목적을 달성하지 못했다. 한일협정은 체결됐고, 박정희 정권은 건재했으며, 투쟁은 서서히 소멸하고 말았다.

─그 이유가 뭘까. 다들 치열하게 토론했지. 그 결과 '운동의 지도부'

가 제대로 없었기 때문이라고 평가했어. 이제부터라도 지도부를 세우고 통일된 투쟁을 조직해야 한다는 의견들이 여기저기서 나왔지.

남로당의 궤멸 이후 다시 등장한 지도부 문제는 크게 세 가지 의견이 존재했다. 먼저 지도부 문제를 북과 연계해 고민한 이들이 있었다. 다음으로 남쪽의 자체 역량으로 지도부를 세우자는 의견이 있었다. 이 의견은 다시 둘로 나뉘었다. 가능하면 빨리 세우자는 쪽과 시간이 걸리더라도 충분히 준비해서 세워야 한다는 쪽으로 갈렸다.

─ 세 가지 입장이 칼로 무를 자르듯이 확실하게 구분된 건 아니었어. 남쪽에서 자체적으로 지도부를 세워야 한다고 생각한 사람도 북의 존재를 부정하거나 배제하지는 않았지. 남로당에 대한 평가나 박헌영 문제에서는 또 의견이 갈리기도 했어. 북에서 권력투쟁에서 밀려나 정치적으로 숙청을 당한 것이라고 보는 이들도 적지 않았거든.

전쟁이 끝난 지 불과 10년 남짓 지났을 뿐이다. 분단을 고착하려는 세력의 탄압이 갈수록 커졌지만, 남북이 같은 민족이라는 생각은 지울 수 없었다. 물론 탄압 속에서 살아남아야 했고, 당장 먹고 살기도 바빴다. 그렇다고 북이 어떻게 남의 나라, 남의 땅이 될 수 있을까. 삼천리 금수강산, 삼천만 민족이란 말이 입에 붙어 있는데, 어찌 북을 부정하고 지도에서 지워버릴 수 있을까. 4.19 이후 터져 나온 "가자 북으로, 오라 남으로!"라는 구호는 당연할뿐더러 자연스러웠다.

— 동학에서부터 이어져 내려온 반외세 민족해방운동의 역사를, 과연 남북을 갈라놓고 생각한다는 게 가능할까? 당시만 해도 분단이 비정상이었고, 다시 하나가 되어야 한다는 게 상식이었어. 더구나 북은 친일 반민족행위자들을 확실히 청산하고 토지개혁에서도 성과를 보여주었지. 그러니 북을 긍정적으로 바라보고, 그들과 손잡고 통일해야 한다고 생각하는 게 당연했어.

미국의 실체와 우리 운동의 성격을 둘러싼 토론도 본격적으로 진행됐다.

— 이재문 동지와 나는 박정희의 5.16 쿠데타와 대통령 당선이 모두 미국의 작품이라고 봤어. 미국의 동아시아 전략은 일본과 한국을 하나로 묶고, 한국을 대소 전진기지이자 반공의 보루로 만드는 거야. 4.19 때 미국은 더 이상 쓸모가 없어진 이승만을 버렸어. 그래서 정권을 몰아내는 것이 가능했지. 군부가 움직이지 않았으니까.

하지만 6.3 때는 위수령을 선포하고 군대를 투입해 철저히 시위를 막았어. 군대 동원은 미국의 허락 없이는 불가능한 일이야. 한일 수교는 그만큼 미국의 이해가 걸린 핵심사안이었지.

아버지는 이재문 선생과 남쪽 변혁운동의 본질과 성격에 대해 많이 토론했다. 아버지는 남쪽에 진주한 미군이 친일파를 앞세워 인민들의 자주적인 국가 건설을 짓밟고, 전쟁과 분단을 통해 남쪽을 신식민지로 만든 게 우리 민족이 처한 현실이라고 생각했다. 그래서 남쪽에서 자주적이고 민주적인 정권을 세우고, 이 정권이 북쪽과 평화적으로 통일하는 게 우리 운동의 목표라고 보았다. 이 점에서 아버지와 이재문 선생은 의견이 일치했다. 이야기는 지난번 만남에서 나온 제안으로 이어졌다. 이재문 선생이 아버지에게 맡기려고 했던 경북대 핵심 운동가에 대한 교양 사업이었다. 이재문 선생이 먼저 이야기를 꺼냈다.

─ 이재형 동지를 비롯해 6.3 투쟁을 이끌었던 핵심들이 그동안 다 졸업했습니다. 다시 경북대 운동을 이끌 새로운 핵심을 발굴해야 합니다.
─ 정사회 회원 중에 괜찮은 학생들이 있지 않습니까?

경북대 학생운동은 1964년 6.3 투쟁을 거치면서 저변이 확대됐다. 이재문 선생은 맥령을 이끌고 있던 이재형 선생에게 새로운 대중운동의 필요성을 제기했다. 그렇게 해서 1965년에 결성된 서클이 '정사회(正思會)'였다. 맥령과 달리 정사회는 학교에 등록된 공개 서클이었다. 정사회는 1965년 한일협정 반대 투쟁과 1967년 6.8 부정선거 규탄 투쟁, 1969년 삼선개헌 반대 투쟁을 주도하며 경북대 학생운동을 이끌었다.

─ 정사회는 공개된 서클이라 안 교수와 바로 연결돼선 곤란합니다.

이재문 선생은 조심스럽게 이야기를 이어 나갔다.

─ 믿음직하고 괜찮은 후배가 한 명 있기는 합니다. 그동안 실천적으로나 사상이론적으로나 검증된 후배입니다. 언변도 좋고, 배짱도 있고, 게다가 주먹도 셉니다.
─ 그래요? 그 학생이 누구입니까?
─ 지금 군에 있는데, 제대할 때가 다 됐습니다. 그 친구라면 앞으로 경북대는 물론 대구 지역 학생운동 전체를 책임질 수 있을 겁니다. 제대하면 바로 안 교수에게 소개해 주겠습니다.

아버지는 이재문 선생이 저토록 칭찬하는 학생이 누굴까 궁금했다. 신학기가 시작되자 이재문 선생에게서 연락이 왔다. 제대한 그 후배가 조만간 연구실로 찾아갈 거라고 했다.

1968년 봄이었다. 수업이 모두 끝난 늦은 오후에 아버지는 연구실에서 그 학생을 기다리고 있었다. 문리대 건물은 고요했다. 다른 교수들도 모두 퇴근한 후였다. 이윽고 노크 소리가 났다.

— 네, 들어오세요.

문이 열렸다. 장대한 키에 왕방울같이 큰 눈을 한 청년이 만면에 서글서글한 웃음을 띠고 들어섰다.

— 교수님, 이재문 선배의 말씀을 듣고 왔습니다. 법정대 정치학과에
　다니는 여정남입니다.

아버지는 반갑게 손을 내밀어 그의 손을 잡았다. 그리고 맞은편 의자를 가리키면서 말했다.

— 이쪽으로 앉읍시다. 이재문 기자한테 이야기를 많이 들었습니다.

이것이 아버지와 여정남의 역사적인 첫 만남이다. 앞으로 펼쳐질 두 사람의 관계를 보면 역사적이라고 해도 무방하다. 이날 아버지는 교수와 학생이라는 격식을 넘어 여정남과 많은 이야기를 나누

었다.

— 정남이는 아주 영민했고, 책도 많이 읽었어. 서구 철학이나 인문학
지식도 풍부했고, 동양 고전에도 관심이 많았어. 한문도 잘해서 우
리 민족의 역사와 문화에 대해서도 이해가 깊었지. 말투도 정열적
이었고, 성격도 호방하고 거침이 없었어.

아버지는 여정남의 늠름한 태도와 인품에 반했다. 박정희 정권에
대해 거침없이 비판하며 남다른 투쟁심을 보여주는 그의 패기와
열정에 덩달아 아버지의 가슴도 뜨거워졌다. 나중에 이재문 선생을
만났을 때 아버지는 이렇게 말했다.

— 우리 일이 잘되려고 그러는지 정말 좋은 사람을 얻었습니다. 여정
남은 장차 우리 운동의 지도자로 클 사람입니다. 이재문 동지와
제가 한번 멋지게 가꾸어 봅시다.

여정남(呂正男). 정말 이름처럼 '바르게 살다 간 남자'였다. 한 시
대를 호방하게 살다 간 영원한 청년이었다. 1944년에 대구시 중구
전동의 유복한 가정에서 6남매 중 넷째로 태어난 그는 경북중과
경북고를 졸업한 후 1962년에 경북대학교 법정대 정치학과에 입
학했다. 4.19의 도화선이 된 대구 지역 고등학생들의 2.28 시위에

적극적으로 참여하면서 불의한 세상에 맞섰고, 방학 때는 막노동판에서 일하며 노동자들의 힘든 사정을 몸으로 느껴보기도 했다. 고등학생 때부터 정의로운 세상을 위해, 어려운 이웃을 위해 살겠다고 다짐한 것이다. 대학 3학년 때인 1964년, 대학가에서 한일회담 반대 열기가 고조됐을 때 앞장서 참여했다. 이 때문에 학교에서 제적되고 이듬해 입대했다. 그리고 1967년 연말에 제대해 정치학과 선배인 이재문 기자를 통해 아버지를 소개받은 것이다.

첫 만남에서부터 서로의 열정과 신념을 확인한 아버지와 여정남 사이에는 무한한 신뢰가 생겨났다. 아버지는 여정남과 자주 만났다. 함께 사회과학책을 읽고 토론했다. 시대 상황과 정세도 분석했다. 경북대 학생운동의 역할에 대해서도 의견을 나누었다.

— 정남이는 워낙 똑똑하고 박식해서 토론이 잘됐어. 가끔 술도 한잔씩 하면서 세상 돌아가는 이야기도 많이 나누었지. 정남이는 둘이 있을 때는 '형님'이라고 불렀어. 교수님이라는 호칭보다는 그게 더 좋다면서. 나도 그 소리가 듣기에 좋았어.

여정남은 아버지의 둘째 남동생(안용웅)보다 한 해 아래였다. 그러니 동생과 진배없었다. 또 여정남의 큰형이 1930년생으로 아버지보다 세 살 많았다. 대건고 교사여서 아버지와 친분도 있었다. 여정남에게도 아버지는 형과 같은 존재였다.

─정남이는 내게 제자이자, 동지이자, 동생이었어. 그와 함께 있는
　　시간이 나도 그렇게 좋을 수가 없었어.

　이렇게 해서 이재문, 안재구, 여정남, 세 사람은 하나로 연결됐다.
아버지는 이재문 선생과 여정남을 만나면서 본격적인 변혁운동의
길에 들어섰다. 그 길에서 평생을 함께할 동지를 얻은 것이다.

06
통혁당 사건과
이종 매부 이문규

1967년 5월 3일에 거행된 제6대 대통령 선거에서 박정희는 민주당의 윤보선 후보를 꺾고 대통령에 재선됐다. 당시의 권력 구조는 4년 중임의 대통령제였다. 재선의 박정희는 임기를 마치면 더이상 대통령을 할 수 없었다. 1917년생인 박정희의 나이 겨우 50세, 재선 8년만으로는 만족하기 힘들었다. 대통령을 더 하려면 삼선이 가능하게끔 헌법부터 바꿔야 했다. 박정희는 1967년 6월 8일 제7대 국회의원 선거에서 개헌선을 확보하기 위해 총력을 기울였다. 막대한 자금을 동원한 금권선거, 공무원을 동원한 관권선거가 전국적으로 자행됐다. 그 결과 공화당은 175석 중 개헌선인 3분의 2가 훨씬 넘는 129석을 차지했다.

6.8 선거는 4.19를 촉발했던 3.15 선거에 버금가는 부정선거였

다. 야당과 학생들은 다시 거리로 나섰다. 연일 규탄 시위로 정국이 들썩였다. 학생들의 시위에 맞서 정부는 휴교령을 내렸다. 그래도 시위가 가라앉지 않자 중앙정보부는 돌연 '동백림 간첩단 사건'을 발표했다. 1964년 6월에 한일회담 반대 시위가 전국적으로 확산되자 인민혁명당 사건을 터뜨린 것과 비슷한 상황이었다. 7월 8일에 독일의 유학생들이 현지에서 중앙정보부 요원들에게 붙잡혀 서울로 강제 압송됐다. 저명한 화가 이응로 선생과 작곡가 윤이상 선생도 포함됐다. 정국은 일순간에 얼어붙었다. 야당과 학생들의 부정선거 규탄 시위도 주춤할 수밖에 없었다. 박정희는 공안정국을 통해 시위를 틀어막고 가까스로 위기에서 벗어날 수 있었다.

아버지가 여정남을 처음 만난 1968년의 봄은, 이처럼 대선과 총선에서 연달아 승리한 박정희가 장기집권 야욕을 본격적으로 드러내던 때였다. 첫 만남 이후 아버지는 여정남과 자주 만나 시국 상황을 토론했다. 두 사람은 박정희가 개헌을 위해 수단과 방법을 가리지 않을 거라고 봤다. 노골적인 부정선거로 개헌선을 확보한 박정희가 삼선개헌을 밀어붙일 건 당연했다. 박정희의 야욕은 여기에서 그치지 않을 것이다. 삼선을 하고 나면 그다음은 영구집권을 획책할 게 뻔했다. 이를 저지하기 위해서는 삼선개헌부터 막아야 했다.

아버지와 여정남은 다가올 투쟁을 치밀하게 준비했다. 우선은 투쟁 역량을 탄탄하게 조직하는 게 필요했다. 여정남은 경북대 학생운동의 핵심인 정사회 회원들의 학습모임을 이끌었다. 정사회가 주최하는 교양강좌와 학술토론대회를 통해 학생들의 의식 수준도 높여 나갔다. 투쟁을 대중적으로 펼치기 위해서는 총학생회와 같은 대중조직이 중요했다. 여정남은 정사회 회원들을 학생회 선거에 대거 출마시켜 당선되도록 만들었다.

> ─ 여정남은 정말로 뛰어난 운동가였어. 조직사업에 남다른 수완을 발휘했고, 실천에서도 탁월한 능력을 보여주었지. 필요한 일마다 척척 해내는 정남이를 후배들도 잘 따랐어. 그런 정남이를 보면 나도 힘이 나고 든든했지.

이재문 선생도 4.19 당시부터 관계 맺어온 대구와 서울의 혁신계 인사들과 꾸준히 만났다. 4.19 이후 등장한 진보정당을 포함한 진보적인 운동 세력을 '혁신계'라 불렀다. 6.25 전쟁 이후에도 스러지지 않고 버텨낸 민주적 양심 세력이기도 했다. 이재문 선생은 이들과 우리 운동의 방향과 조직 과제에 대해 자주 토론했다.

처음에는 주로 이재문 선생의 봉덕동 집이 만남의 공간이 됐다. 하지만 얼마 못 가 경찰의 감시망에 올랐다. 그럴 만도 했다. 드나드는 사람들이 대부분 요시찰 대상자였기 때문이다. 아버지도 이재문 선생을 만날 때는 조심했다. 이재문 선생도 더 이상 아버지의 연구실로 찾아오지 않았다. 대신 수성못이나 동촌유원지에서 주로 만났다. 아버지는 약속 장소에 나갈 때는 항상 20~30분 일찍 도착했다. 미리 주변을 한 바퀴 돌아보며 이상한 낌새가 있는지 확인했다. 주위를 살펴 이재문 동지의 뒤를 따라온 미행자가 있는지도 확인했다. 그런 다음 찻집이나 식당에 들어가 이재문 선생과 이야기를 나누었다. 이 자리에서 이재문 선생은 혁신계 인사들과 토론한 내용을 설명해주고, 아버지의 의견을 묻곤 했다.

— 당시만 해도 4.19를 예로 들면서, 전국적으로 학생시위를 조직하고 이를 통일적으로 지도할 지도부만 있다면 이승만을 끌어내렸듯이 박정희도 끌어내릴 수 있다고 생각하는 사람들이 적지 않았어. 하지만 대학생들만의 시위로는 세상이 뒤집히지 않아. 변혁은 노동자, 농민을 비롯해 전체 민중들이 모두 떨쳐 나서는 전민항쟁을 통해서만 가능한 일이거든.

변혁은 서두른다고 되는 문제가 아니다. 시간이 걸리더라도 각계각층에서 핵심이 될 만한 사람을 찾아내고 단련시키는 게 필요하다. 그가 대중들 속에서 인정받고 자연스럽게 중심이 되지 않고서는 대중의 힘을 모을 수 없다. 대중으로부터 보호받을 수도 없다. 그런 핵심들을 중심으로 조직을 만들어야 한다. 뿌리가 허약한 조직은 절대 탄압을 이겨낼 수 없다. 아버지는 남로당 밀양군당 소년 연락원 시절의 경험을 통해, 그리고 탄압 아래 속수무책으로 희생당한 선배 동지들을 보며 이를 절감하고 있었다. 그래서 이재문 선생과 여정남에게 더욱 강조했다. 변혁운동에도 양질전화의 법칙은 적용된다, 지금은 준비기다, 하나둘씩 사람을 모으고 핵심을 발굴해야 할 시기다, 역량을 축적할 시기다, 전면전을 벌여 우리 역량을 드러내고 소진해서는 안 된다….

그러던 중 뜻밖의 사건이 발생했다. 1968년 7월 20일, 중앙정보부장 김형욱이 직접 발표한 통혁당 사건이었다. 통혁당은 핵심 지도부가 직접 북에 다녀온 뒤 남쪽에서 지하당을 조직했던 사건이다. 통혁당 사건으로 북과의 연계 문제가 변혁운동 내에도 쟁점으로 떠올랐다. 아버지는 통혁당 사람들과 인연이 깊었다. 통혁당 서울시당 위원장이었던 김종태 선생은 경북 영천 출신이었다. 4.19 이후 열린 정세에서 대구와 경북 지역의 노동운동과 혁신계 활동에 깊숙이 관여했다.

– 김종태 선생과는 교원노조 활동을 하면서 알게 됐어. 사람의 마음을 움직이고 투쟁 대열로 이끄는 능력이 탁월했던 분이야. 열정가이자 열변가였지. 노동문제가 근본적으로 해결되기 위해서는 민족문제가 먼저 해결되어야 한다고 생각했던 민족주의자이기도 했고.

서울에서 학사주점을 운영하고 〈청맥〉 잡지 발간에도 참여했던 이문규 선생과는 더욱 각별한 사이였다. 이문규 선생의 부인이 아버지의 이종 동생이었다. 즉, 이문규 선생이 아버지의 손아래 사촌

매부인 셈이다.

─ 이문규의 장인, 그러니까 내 이모부가 점필재 김종직 선생의 후손
   이었지. 경북 고령군 쌍림면 합가리의 개실마을에 점필재 선생의
   종택과 사당이 있어. 1968년 봄이었을 거야. 이모부가 돌아가셨다
   는 부고를 받고 개실마을로 갔는데, 거기서 이문규를 오랜만에 다
   시 만났어.

이문규 선생은 1935년에 대구의 부유한 집안에서 태어나 서울
대 문리대 정치학과를 졸업했다. 대구에서는 유명한 집안이었고,
본인도 모두가 알아주던 수재였다.
발인 전날 밤 이문규 선생은 아버지에게 "형님, 오늘은 모처럼 저
와 이야기나 나눕시다"라며 미리 준비한 방으로 안내했다.

─ 그때 문규와 둘이서 한방에 앉아 이런저런 이야기를 나누었지. 우
   리 운동의 성격과 방향, 박정희 정권과 미국의 관계 등 여러 주제
   에서 생각이 모두 일치했어. 그런데 딱 한 대목에서 의견이 맞지
   않더라고.

당시 이문규 선생은 "우리가 핵심을 발굴하고 이들을 중심으로
당을 만들어도 우리만의 힘으로는 부족하니 기지의 도움을 받는

게 필요"하다고 주장했다. 여기서 '기지'란 북을 말하는 것이었다. 그렇게 북쪽과 남쪽이 하나로 뭉쳐 전민족적 범위에서 민족해방을 완수해야 한다는 게 이문규 선생의 주장이었다. 하지만 아버지의 생각은 달랐다. '기지'의 역할을 인정하고 그 도움을 받자고 해도 문제는 우리다, 도움을 받더라도 우리가 역량을 제대로 구축해놓은 다음에 받아야 하는데 지금 우리는 그런 준비가 안 돼 있다….아버지는 이렇게 반박했다.

토론은 동이 틀 무렵까지 이어졌다. 그런데 마지막에 이문규 선생이 뭔가 이야기를 꺼내려고 하다가 말문을 닫았다고 한다. 그로부터 몇 달이 지나 통혁당 사건이 터진 것이다.

– 아마도 문규는 나를 조직에 인입하려고 했던 거 같아. 그럴 마음으로 따로 방을 잡고 이야기를 나눴는데, 결정적인 대목에서 의견 차이가 있자 뜻을 거둔 거지.

통혁당 사건으로 이문규 선생의 집안도, 아버지의 이모부 집안도 풍비박산이 났다. 이문규 선생은 김종태 선생과 같이 사형선고를 받고, 1969년 11월 6일 형장에서 생을 마감했다. 그의 아내이자 숙명여대를 졸업한 아버지의 이종 여동생도 불고지죄로 구속됐는데, 출소 후 중앙정보부에 불려 다니며 반공 간증을 하고 있다는 말이 돌더니 소식이 끊겼다.

함께 구속된 김질락은 김종태 선생의 조카이자 이문규 선생의 서울대 정치학과 1년 선배였다. 김질락은 체포된 뒤 전향했고, 중앙정보부의 수사에도 적극 협조했다. 사형을 선고받은 뒤 감옥에서 《주암산》이란 수기를 발간하기도 했다. 물론 이 책을 김질락이 전부 작성했는지는 확인할 길이 없다. 중앙정보부의 의도가 깊이 반영됐을 수 있다. 김질락의 수기는 《어느 지식인의 죽음》이란 제목으로 다시 출간됐다. 학생운동 구속자가 대거 양산되던 1991년이었다. 그 책은 전국 구치소와 교도소에 집중적으로 배포됐다. 나도 1994년에 구속됐을 때 서울구치소 독방에 비치된 그 책을 본 적이 있다. 책에는 북을 비난하고, 삼촌인 김종태를 원망하며, 박정희를 옹호하고, 한일회담을 지지하는 내용이 회한의 문체로 가득했다. 하지만 박정희는 1972년 7월에 김질락도 사형시켜 버렸다. 써먹을 대로 써먹은 뒤에는 매몰차게 버리는 박정희의 스타일은 여기서도 확인된다.

아버지는 팔십이 넘은 연세까지도 이종 매부인 이문규 선생에 대한 기억이 또렷했다.

– 이문규는 명석한 두뇌에 인품도 훌륭했어. 지도자로 손색이 없었던 뛰어난 운동가였지. 참 아까운 사람이야.

서른넷의 젊은 나이로 먼저 세상을 떠난 이문규 선생에 대한 애달픈 기억이 아버지의 마음에서 평생 가시지 않은 듯했다.

07
와룡산 염소농장 아지트

1969년 벽두부터 공화당에서 개헌 문제를 들고나왔다. 조국 근대화와 민족중흥을 추진할 강력한 지도력이 필요하다는 명분을 내세웠다. 하지만 누가 봐도 박정희가 계속 대통령을 할 수 있게 헌법에 규정된 대통령 삼선 금지 조항을 폐지하자는 게 본뜻이었다. 야당과 재야에서는 '삼선개헌 반대 범국민 투쟁위원회'를 결성하고 개헌 반대운동에 나섰다. 경북대에서도 6월에 들면서 본격적으로 시위가 시작됐다. 학생들은 기말고사를 거부하며 6일 연속 격렬한 투쟁을 벌였다. 결국 휴교령이 떨어졌다. 총학생회장과 정사회 회장은 제적됐고, 시위 주동자들에게도 징계가 내려졌다. 시위를 주도한 정사회 역시 서클 등록이 취소됐다. 하지만 학생들은 시위를 멈추지 않았다. 방학 중에도 시위는 계속됐다. 9월 1일 개학 날에도 대규모 시위가 벌어졌다.

야당과 시민, 학생들의 격렬한 반대에도 개헌안은 9월 14일 새벽, 국회에서 날치기 통과됐다. 당시 야당 의원들은 국회 본회의장에서 농성 중이었다. 공화당과 무소속 의원들은 007 작전을 벌이듯 새벽에 몰래 국회 별관 회의실에 모였다. 급박하게 진행하다 보니 미처 의사봉을 준비하지 못했다. 국회의장 이효상(천주교 대구교구 이문희 주교의 아버지)은 주전자 뚜껑을 세 번 두드려 통과시켰다. 역사상 최악의 날치기였다.

이 소식에 경북대 학생들은 개헌안 철회를 요구하며 학생회관을 점거하고 농성에 돌입했다. 농성에 들어간 학생들은 정사회와 학생회의 핵심 간부들이었다. 6월부터 석 달 동안 진행된 경북대의 투쟁은 전국에서 유례를 찾아볼 수 없을 만큼 치열했다. 하지만 시간이 갈수록 동력이 떨어졌고, 투쟁도 축소될 수밖에 없었다. 이제는 조직을 정비할 때였다. 더 밀어붙이다가는 고립될 수 있었다. 그 틈을 타 맹렬한 탄압이 들어올 게 뻔했다.

아버지는 여정남을 따로 만나 농성을 풀 것을 권했다. 하지만 여정남은 받아들이지 않았다.

— 형님, 무슨 말씀을 그렇게 하십니까?
— 이보게 정남이, 계속해서 투쟁하다가는 이쪽도 희생이 많아지네. 핵심들이 위태로워져.

― 이미 우리는 당할 만큼 당했습니다. 총학생회장도 제적되고, 많은
간부가 징계를 받았습니다. 그런데도 여기서 멈춘다면 우리 스스
로 패배를 인정하는 꼴이 됩니다.

여정남의 심정은 충분히 이해됐다. 하지만 문교부는 학교 당국
에 강경한 방침을 전달한 상태였다. 학생들이 농성을 풀지 않으면
경찰을 동원해 강제 해산시키라는 것이었다. 애써 조직한 핵심들
이 잡혀가는 건 막아야 했다. 아버지의 거듭된 설득에 여정남도 고
집을 꺾었다. 아버지는 농성 학생들과 박정기 총장의 면담을 주선
했다. 학생들은 학생회의 조속한 정상화와 징계 백지화를 약속받고
농성을 풀었다.

비록 삼선개헌을 막아내지는 못했지만, 치열한 투쟁 속에서 많은
'핵심'들을 발굴할 수 있었다. 학교 당국은 정사회의 등록을 취소했
지만, 여정남은 삼선개헌 반대 투쟁에 참여한 후배들을 중심으로
새로운 서클인 '정진회(正進會)'를 창립했다. 당시 경북대 학생운동
에서는 1, 2학년에서 투쟁의 중심 역할을 하는 핵심들이 샘물처럼
솟아 나오고 있었다. 여정남은 정진회를 통해 다시 경북대 학생운
동을 지도했다. 정기적인 세미나와 학술발표회를 열어 회원들의 이
론 수준을 높여 나갔다. 당시에는 여러 대학의 서클이 참여하는 학
술토론대회가 자주 열렸다. 여정남은 박정희 정권에 맞선 전국 대
학의 연대투쟁을 위해 서울 지역 대학들과도 적극 교류했다.

여정남의 폭넓은 활동은 공안당국과 정보기관의 눈에 띌 수밖에 없었다. 그들은 경북대 학생운동의 배후로 여정남을 지목했다. 언제든 여정남을 잡아들일 준비를 하고 있었다. 1971년 4월 7일 경북대에서 열린 '4월혁명 11주년 기념 학술토론대회' 때 발표한 '반독재구국선언'이 구실이 됐다. 당시 학술토론대회에는 경북대 정진회를 비롯해 서울대, 고려대, 연세대, 부산대, 계명대 등 전국 10개 대학의 학술서클이 참여했다. 특히 선언문 내용 중에 "개 값도 안되는 헐값으로 귀중한 우리 젊은이들의 생명을 용병이란 오욕에 찬 이름을 들어가며 월남에 보내어"라는 구절을 보고 박정희가 노발대발했다는 말도 나왔다. 박정희의 아픈 곳을 정확히 찔렀기 때문이다.

공안당국은 여정남과 정진회 회원들을 영장도 없이 체포했다. 잔혹한 고문으로 선언문 작성자와 그 배후를 추궁했다. 이들은 경북대 학생운동을 움직이는 세력이 있다고 확신했다. 이 때문에 여정남은 더 혹독하게 당했다. 구속된 이들은 반공법 위반으로 재판에 넘겨졌다. 그 여파로 정진회도 문교부의 특별 지시에 따라 강제 해산되고 말았다.

공안당국은 이재문 선생 역시 주목하고 있었다. 이재문 선생은 당시 민주수호경북협의회의 대변인을 맡고 있었다. 민주수호국민협의회는 1971년 4월 27일에 있을 제7대 대통령 선거를 앞두고 공명선거 감시를 위해 지식인과 종교인들이 결성한 재야의 연합단체였다. '삼선개헌 반대 범국민 투쟁위원회' 의장이었던 김재준 목사가 공동의장을 맡았다.

경찰의 감시가 심해지자 이재문 선생은 봉덕동 집을 나와 새로운 아지트를 마련했다. 달성군 다사읍 방천리 서재라는 곳으로, 와룡산 기슭에 자리 잡은 한적한 농가였다. 4.19 직후에 민민청에서 활동했고 5.16 쿠데타 당시 반공법 위반으로 구속돼 3년의 징역을 살고 나온 류근삼 선생의 고향집이었다. 류근삼 선생도 이재문 선생과 함께 민주수호경북협의회에서 활동하고 있었다.

— 그 집에는 류근삼 동지의 어머니 혼자 살고 계셨어. 가까이 민가도 없었고, 외부에서 누가 찾아오기도 어려웠어. 아지트로 쓰기에는 최적의 조건이었지.

그곳을 가려면 성서 버스 종점에서 내린 뒤 산길을 1시간가량 걸어 와룡산을 넘어가야 했다. 아니면 대구역에서 완행기차를 타고 다음 역인 지천역에 내린 뒤, 철길을 따라 되돌아와 나룻배를 타고 금호강을 건넌 다음, 다시 산길을 올라가야 했다.

이재문 선생은 아래채를 쓰면서 염소농장을 차렸다. 1971년 말이었다. 와룡산 염소농장에 들어앉은 이재문 선생은 가급적 바깥 외출을 삼갔다. 외부 연락은 함께 들어온 큰형의 아들인 이진일이 주로 담당했다. 부식이나 생필품도 이진일과 류근삼 선생의 동생이

날라다 주었다. 대구의 운동가들은 와룡산 염소농장을 아지트 삼아 자주 모였다. 훗날 인혁당 재건위 사건으로 사형당한 도예종, 서도원, 하재완, 송상진 선생 등을 비롯해 4.19와 6.3 당시 투쟁을 이끌었던 대구의 혁신계 인사들이 주로 드나들었다.

- 당시 중앙정보부와 경찰은 대구의 혁신계 인사들을 주목하고 있었어. 탄탄한 역량을 갖춘 경북대 학생운동의 배후에 이들이 있다고 여겼거든. 그래서 뭐든 꼬투리를 잡으려고 눈에 불을 켜고 있었지. 그런 상황이라 다들 아지트가 노출되지 않도록 최대한 조심했어.

삼선개헌으로 거행된 대선에서 박정희는 신민당의 40대 젊은 후보 김대중에게 고전을 면치 못했다. 박정희가 8% 앞섰지만, 돈과 공무원 조직을 동원한 부정선거였음을 고려한다면 사실상 진 거나 다름없었다. 박정희는 선거 결과에 충격을 받았다. 이참에 대통령 선거 자체를 없애 버리려고 마음먹었다. 재야와 학생운동을 뿌리째 뽑아버릴 대책도 강구했다.

1972년 10월 17일 오후 7시에 박정희는 특별선언을 발표하고, 국회해산, 정당 및 정치활동 중지, 비상계엄령 등을 전격 단행했다. '유신'이란 이름의 헌정 중단 사태, 박정희 스스로 벌인 친위쿠데타였다. 박정희는 10월 27일에 유신헌법 개정안을 공고하고, 11월 21일에 국민투표를 실시해 유신헌법을 통과시켰다. 이로써 국민이 직접 투표로 대통령을 뽑는 선거는 없어졌다. 대신 통일주체국민회의 대의원들이 체육관에 모여 대통령을 뽑았다. 국회의원의 3분의 1은 '유정회'라고 해서 대통령이 직접 추천했고, 형식적인 찬반 절차를 거쳐 임명했다. 유신체제는 행정·입법·사법의 3권을 모두 손에 쥔 대통령이 종신 집권할 수 있도록 설계된 유례없는 1인 영구 독재체제였다.

유신헌법이 공포된 뒤 와룡산 아지트에서는 앞으로 어떻게 투쟁해야 할지 토론이 벌어졌다. 토론은 운동의 전국 지도부, 즉 전위조직 건설 문제로 확대됐다. 유신독재에 맞서 제대로 투쟁을 벌이기 위해서라도 전국적인 지도부를 빨리 세워야 한다는 주장이 내부에서 커졌다.

— 서도원, 도예종 선생을 중심으로 훗날 인혁당 사건 때 구속된 동지들은 이제까지 검증된 사람을 중심으로 중앙의 지도부를 빨리 세우자고 주장했어. 지도부가 있어야 지역과 부문의 반유신 투쟁도 통일적으로 지도할 수 있다고 했지.

하지만 아버지와 이재문 선생은 동의하지 않았다. 아직은 시기상조라고 봤다. 지도부 결성을 서둘러서는 안 된다, 대중투쟁 속에서 새롭게 발굴된 핵심들을 중심으로 단계적으로 아래에서 위로 세워나가야 한다, 지도부는 상층의 몇몇 사람이 선언한다고 저절로 만들어지는 게 아니다…. 아버지와 이재문 선생은 이렇게 주장했다.

지도부, 전위조직, 지하당…. 요즘 사람들은 이런 말을 들으면 다소 생경하고 뜨악한 기분이 들지도 모르겠다. '전위(前衛)'는 혁명 투쟁의 선두에 서서 지도하는 사람이나 집단을 뜻한다. 엄혹한 차르 전제 통치의 러시아에서 비밀리에 혁명을 준비한 레닌이 자주 썼던 말이다. 그 뒤 다른 나라에서도 혁명 투쟁의 과정에서 널리 써 왔다.

우리 역사에서 일제강점기 때는 물론이고 해방 공간과 전쟁 전후에는 조금만 저항해도 잡혀갔다. '예비검속'이란 말도 있듯이 저항할 수 있다는 의심만으로도 미리 끌고 갔다. 혹독한 고문 속에 목숨을 잃는 일도 비일비재했다. 이승만 때도, 박정희 때도 마찬가지였다. 말 한마디 잘못해도, 유인물 한 장만 뿌려도 끌려가 죽도록 맞고 구속됐다. 이처럼 절체절명의 상황에서, 반딧불 같은 작은 빛에 불과하더라도, 맨 앞에서 목숨을 걸고 투쟁에 뛰어든 사람들을 일러 20세기 역사는 '전위'라 불렀다.

1987년 6월항쟁으로 새로운 대중운동의 시대가 열렸다. 이때부터 공개된 대중단체의 간부가 투쟁을 이끌기 시작했다. 2000년대 촛불투쟁에서는 대중운동이 더욱 보편화됐다. 시민사회단체의 대표가 자연스럽게 운동의 지도부가 되는 오늘의 현실에서 본다면 비공개 전위조직이 왜 필요한지 의아스럽기만 하다. 하지만 오늘날처럼 열린 광장에서 민주주의를 외칠 수 있게 만든 힘이 과연 어디에서 나왔을까. 흉포한 식민지 권력과 독재정권에 맞서 목숨 바쳐 싸운 '전위'들이 있었기에 가능했던 일이다.

다시 1972년 겨울의 와룡산 염소농장 아지트로 돌아가 보자. 전위조직 문제는 6.3 한일회담 반대 투쟁 이후 남쪽 운동진영 내에 본격적으로 등장했다. 전국적인 지도부가 없다 보니 폭발적인 대중투쟁을 제대로 이끌지 못했다는 6.3 투쟁에 대한 평가는 전위조직의 필요성으로 이어졌다. 당시에도 빨리 결성해야 한다는 의견과 시기상조론이 맞섰다. 그때의 의견 차이가 유신이란 괴물의 등장으로 다시 부상한 것이다. 전위조직 문제는 와룡산 아지트를 드나들던 대구의 핵심 운동가들 내에 갈등 요인으로 작용했다. 몇 차례의 토론에서도 이견은 좁혀지지 않았다. 시간이 흐를수록 갈등은 커졌다. 이때의 갈등은 이듬해 아버지와 이재문, 그리고 여정남 사이에 큰 상처와 회한을 남겼다.

08
'후퇴'인가,
'전진'인가

와룡산 아지트에서는 전위조직 논쟁 외에 한 가지 논쟁이 더 있었다. 바로 여정남의 거취 문제였다.

아버지와 이재문 선생은 학생운동 출신 활동가들이 노동운동이나 농민운동 등 각계각층으로 들어가 대중운동을 새롭게 키워내는 게 중요하다고 봤다. 경북대만 해도 정사회와 정진회가 정권의 탄압에 해체됐지만, 1971년 11월에 '한풍회(한국풍토연구회)'가 다시 조직돼 선배들의 뒤를 이어 투쟁을 이끌었다. 경북대는 특히 67학번부터 71학번까지 핵심 활동가층이 두터웠다. 1974년의 민청학련과 인혁당 재건위 사건, 1979년의 남민전 사건에는 다수의 경북대 출신이 연루됐다. 그만큼 경북대에서는 매년 적지 않은 수의 활동가들이 배출되고 있었다.

아버지와 이재문 선생은, 여정남이 이들을 사회운동으로 연계하는 일을 맡아 주기를 원했다. 이재문 선생이 이를 여정남에게 제안했지만, 여정남은 받아들이지 않았다. 오히려 두 사람 사이에 갈등만 생겨버렸다. 아버지가 다시 여정남을 만나 이야기했지만 마찬가지였다.

　— 자네가 지금처럼 학생운동에 계속 남아 있으면, 또 잡혀가고 더　　큰 탄압을 초래할 걸세.
　— 형님, 잡혀갈 걱정부터 하면서 어떻게 저놈들과 싸울 수 있겠습니　　까?
　— 다시 잡혀가면 자네만 다치는 게 아니야. 경북대 운동 전체가 타　　격을 받을 수 있어.
　— 지금은 유신독재에 맞서 대학생들의 전국적인 연대투쟁을 일으키　　는 게 중요합니다. 그게 제가 해야 할 일입니다.

당시 '인혁당 그룹'은 지역별로 흩어져 있던 핵심들을 물밑에서 만나고 있었다. 당장 전위조직을 결성하자는 건 아니었다. 전국적으로 핵심들을 연결하는 과정에 있었다. 하지만 장차 전국적인 지도부를 세워야 한다는 방향과 목표는 분명히 가지고 있었다.

그 무렵 대구에서 핵심 활동가들은 많지 않았다. 다들 인간관계가 겹쳤다. 여정남도 마찬가지였다. 제대 후 이재문 선생을 통해 아버지를 소개받아 만남을 유지한 것처럼, 여정남은 인혁당 그룹의 선배들과도 긴밀한 관계를 맺고 있었다. 인혁당 그룹은 여정남을 전국적 범위에서 학생운동을 지도할 핵심 중의 핵심으로 보았다. 하지만 아버지와 이재문 선생은 이미 노출된 여정남이 학생운동을 정리하는 게 옳다고 보았다. 여정남의 역할에 대한 서로 다른 생각 속에는 정세를 바라보는 견해 차이가 존재했다.

10월 유신으로 박정희는 영구집권의 길을 열었다. 그리고 이에 저항하는 세력을 강력하게 탄압했다. 특히 자신의 기반인 대구에서 반정부 투쟁을 해온 혁신계 인사들을 눈엣가시처럼 여겼다. 1973년 8월 8일에는, 1971년 대선에서 박정희와 맞섰던 야당 지도자 김대중이 도쿄에서 중앙정보부 요원들에게 납치되는 사건도 벌어졌다. 김대중은 유신체제가 선포된 뒤 미국과 일본에서 활발하게 반유신 활동을 벌였다. 그런 김대중을 박정희는 납치해 죽여버리려고 한 것이다.

— 이재문 동지와 나는 갈수록 악랄해지는 탄압 국면에서 역량을 잘 보존하는 것이 중요하다고 판단했어. 투쟁을 남발하면 취약한 역량은 금방 바닥을 드러내는 법이야. 치고 빠지는 효율적인 투쟁으로 역량 손실을 최대한 줄여야 한다고 생각했지.

하지만 인혁당 그룹과 여정남은 생각이 달랐다. 투쟁을 통해 탄압 국면을 뚫고 나가야 한다고 생각했다. 그 돌파구를 학생운동에서 찾았고, 그 중심에 여정남을 두었다.

양측의 의견 차이는 1973년 11월 5일, 경북대에서 벌어진 유신 반대 시위 이후 확연히 드러났다. 당시 경북대 시위는 한 달 전인 10월 2일, 유신체제 등장 이후 최초의 반유신 투쟁이었던 서울대 문리대의 시위를 잇는 투쟁이었다. 시위는 여정남이 실질적으로 조직했고, 인혁당 그룹과 이재문 선생, 그리고 아버지까지 모두 힘을 모았다. 투쟁은 대성공이었다. 학내에서 시위를 시작한 학생들의 대열은 1,000여 명으로 불어났다. 학생들은 교문을 뚫고 거리로 나와 도청과 경찰청 앞까지 진출했다. 경찰은 기습 시위에 놀라 갈팡질팡했다. 박정희로서는 고향이나 마찬가지인 대구에서 뼈아픈 일격을 맞은 셈이었다.

투쟁 이후 이재문 선생과 아버지는 바람처럼 일어났으니 바람처럼 사라지자고 주장했다. 아직은 박정희 정권과 전면적으로 싸울 때가 아니라고 본 것이다. 소모적인 투쟁보다는 역량 보존을 우선 생각했다. 하지만 인혁당 그룹과 여정남은 바로 다음 투쟁을 준비해야 한다고 주장했다. 유신독재에 일정한 타격을 준 만큼 전국적인 연대 시위로 계속 투쟁을 이어 나갈 때라고 판단한 것이다. '후퇴'인가, '전진'인가. 의견 차이는 쉽게 좁혀지지 않았다. 그 차이가 4.19 이후 10여 년간 대구에서 함께 활동해온 두 그룹이 갈라서는 계기가 되고 말았다.

1973년 11월 말에 아버지는 급히 여정남을 집으로 불렀다. 11월 5일의 경북대 투쟁 이후 진로를 놓고 여정남과 이재문 선생 사이에 다툼이 벌어졌다는 소식을 들은 직후였다. 아버지가 여정남을 만난 것은 이재문 선생과 다툰 것을 꾸짖기 위해서만은 아니었다. 그간에 누적된 의견 차이를 좁혀보려는 마음이 더 컸다. 하지만 이견은 해소되지 않았다. 아버지의 목소리는 점점 높아졌다.

　─ 정남이, 이런 식으로 밀어붙여서는 안 돼. 지금은 전면 투쟁을 할 때가 아니야. 희생이 너무 커.
　─ 희생 없는 투쟁이 어찌 있을 수 있겠습니까? 그런 것 때문에 위축되면 어떻게 투쟁합니까?
　─ 박정희란 놈이 뭔 짓을 할지 몰라. 자칫하면 죽을 수도 있어.
　─ 투쟁하다 죽으면 오히려 영광이죠. 죽을 각오도 없이 어떻게 저놈들과 맞서 싸울 수 있겠습니까?
　─ 여정남! 자네가 우리한테 어떤 사람인가! 어떤 어려움이 따른다 해도 자네만은 절대 희생되어선 안 돼!

　끝내 아버지의 눈에는 눈물이 어렸다. 여정남은 말없이 고개를 숙이고 방에서 나갔다. 현관문을 열고 나가는 여정남을 보며 어머니가 뒤따라 나갔다. 어머니는 평소와 달리 여정남에게 언성을 높이는 아버지를 보면서 무척 놀랐다고 한다.

- 정남이 학생의 뒷모습이 애처로워 나가봤지. 그랬더니 문밖에서 울고 있었어. 그 모습이 너무 안쓰럽더라.

어머니는 여정남에게 다가가 말했다.

- 교수님이 정남이 학생을 친동생처럼 여기는 거 잘 알죠? 오늘은 무슨 일로 화가 났는지 모르겠는데, 곧 풀릴 겁니다. 성격이 불같 기는 해도 뒤끝은 없는 분이니 너무 속상해 말아요.

이날이 아버지가 여정남을 마지막으로 만난 날이 되고 말았다. 여정남을 그렇게 떠나보낸 뒤 아버지는 밤새도록 서재에서 생각에 잠겼다. 그 어떤 수학적 난제보다도 더 막막했다. 어디서부터 해결 의 실마리를 찾아야 할지 떠오르지 않았다. 생각할수록 답답했다. 상심도 컸다.

며칠 뒤 서도원 선생이 아버지에게 연락을 해왔다. 서도원 선생 은 오래전부터 대구 혁신계에서 중심적인 역할을 하고 있었다. 여 정남에게도 상당한 영향력을 지니고 있었다. 아버지는 서도원 선생 을 만나 밤늦게까지 이야기를 나누었다.

- 서도원 선생은 정남이를 만났다면서, 그간의 오해도 풀고, 앞으로 어떻게 하면 힘을 합칠 수 있을지 허심탄회하게 이야기를 나누고

싶다고 하셨지. 나도 좋다고 했어. 서도원 선생하고는 5.16 쿠데타로 잡혀 왔을 때, 남대구경찰서 유치장에서 한방에 같이 있었어. 그때부터 인연을 맺어왔지.

서도원 선생은 아버지에게, 현재 구상하고 있는 투쟁과 앞으로 어떻게 운동의 지도부를 구성해 나갈지 구체적으로 설명했다. 또 여정남이 선배들의 의견 차이로 중간에서 많이 힘들어한다는 말도 꺼냈다. 같이 힘을 합치자고 아버지를 간곡히 설득했다. 묵묵히 이야기를 듣고 있던 아버지는 말했다.

— 미안합니다. 저는 함께할 수 없습니다. 앞으로는 정남이도 만나지 않겠습니다. 정남이가 선배들 틈에서 눈치를 보느라 투쟁의 동력이 떨어져서는 안 되겠지요. 선생님하고 인연도 여기까지인가 봅니다.

서도원 선생과 헤어진 뒤 아버지는 오래도록 밤길을 걸었다. 박정희 유신정권의 움직임을 보면 앞으로 큰 탄압이 닥칠 게 뻔했다. 어디서부터 어떻게 대처해야 할지 막막했다.

여정남은 1973년 연말에 서울로 올라갔다. 서도원 선생의 구상대로 대구와 서울을 연결해 대규모 학생시위를 조직하기 위해서였다. 여정남은 서울의 혁신계 인사들의 도움을 받아 서울대를 비롯한 주요 대학의 핵심 활동가들을 만났다. 이들과 함께 다가오는 봄, 유신독재의 심장을 겨눌 대대적인 투쟁을 준비해 나갔다.

이재문 선생도 급하게 와룡산 염소농장을 정리했다. 경찰의 동향이 심상치 않았기 때문이다. 이재문 선생이 떠나고 며칠 뒤 무장한 경찰과 군인들이 염소농장으로 들이닥쳤다. 그들은 홀로 남아 있던 이재문 선생의 조카를 두들겨 패며 이재문 선생의 행방을 캐물었다. 하지만 이재문 선생은 이미 서울로 올라가 있었다.

1973년 겨울의 상황을 아버지에게 전해 들으면서 나는 여정남 선배의 심경을 떠올렸다. 나라면 어떻게 했을까. 1980~90년대 전대협 시절, 우리는 수만 명이 모여 군사독재 타도를 외쳤다. 조금만 더 밀어붙이면 정권을 무너뜨릴 수 있을 것만 같았다. 그 상황에서 투쟁을 접고 한발 물러서자고 한다면 나 역시 받아들이기 쉽지 않았을 것이다. 수많은 동지가 끌려가고 열사들이 숱한 죽음으로 항거하고 있는데, 무엇을 고민하고 무엇을 주저하겠는가. 20대의 나는 아마도 여정남 선배와 같은 판단을 내렸을 것이다. 하지만 50대인 지금은 아버지의 판단이 현실적이라고 생각한다. 이미 그 뒤의 결과를 알고 있기에 더 그런지도 모르겠다.

09

민청학련과
인혁당 재건위 사건

1973년 11월에 터져 나온 경북대 학생들의 반유신 투쟁에 고무된 재야와 종교계를 중심으로 12월부터 '개헌 청원 100만인 서명운동'이 시작됐다. 연일 지지 성명이 이어졌다. 그러자 박정희는 1974년 1월 8일, 유신헌법에 반대하는 모든 행위에 대해 15년간 징역에 처할 수 있다는 내용을 담은 '긴급조치 1호'를 발표했다. 긴급조치 1호에는 유신에 반대하면 법원의 영장 없이도 체포, 구속할 수 있다고 명시돼 있었다. 긴급조치 2호는, 1호를 어겼을 경우 민간인도 군법회의에 회부한다는 내용이었다. 계엄 선포와 다를 게 없었다.

긴급조치 위반으로 종교계 인사와 문인, 지식인 등 재야인사들이 줄줄이 잡혀갔다. 양성우 시인의 시처럼 온 나라가 '겨울공화국'

이 되었다. 하지만 여정남과 학생들은 흔들리지 않았다. 경북대와 서울대를 중심으로 각 지역의 대학에서는 3월 개학과 동시에 벌일 투쟁을 차질 없이 준비해 나갔다. 경북대가 3월 21일에 먼저 투쟁의 봉화를 올리고, 4월 3일에는 전국에서 동시다발로 시위를 벌이기로 했다. 하지만 공안당국은 오래전부터 학생운동의 동향을 파악하고 있었다. 전국적 규모의 연대투쟁이 벌어지기 전에 선제적으로 시위 주동자들을 검거했다. 경북대에서는 시위가 예정된 3월 21일 아침부터 대대적인 검거가 시작됐다. 약속한 대로 4월 3일에는 서울에서 민청학련(전국민주청년학생총연맹) 명의의 선언문이 발표됐다. 그러자 박정희는 이날 밤 10시에 '긴급조치 4호'를 선포했다. 민청학련과 관련된 일체의 활동을 금지한다는 내용이었다. 또 민청학련을, 불순 세력의 배후 조종 아래 '인민혁명'을 수행하기 위해 사회 각계각층에 침투한 지하조직이라고 규정했다. 대학생들의 선언문 끝에 나온 명칭만 가지고 몇 시간 만에 민청학련을 체제 전복을 노리는 공산주의 혁명단체로 만들어버린 것이다.

정국은 단숨에 얼어붙었다. 학생들의 시위는 꺾였고, 곳곳에서 연행자들이 속출했다. 거리에는 여정남의 수배 전단이 붙었다. 결국 여정남은 4월 16일에 검거됐다. 여정남을 체포한 중앙정보부는 곧바로 혁신계 인사들의 검거에 나섰다. 도예종, 서도원, 하재완, 송상진, 김용원, 우홍선, 이수병 등 혁신계 인사들이 서울과 대구에서 대거 연행됐다.

4월 25일에 중앙정보부장 신직수는 민청학련 사건의 중간수사 결과를 발표하면서 민청학련의 배후에 인민혁명당이 있다고 했다. 신직수는 1964년 1차 인혁당 사건의 수사를 진두지휘한 자였다. 5월 27일에는 비상군법회의 검찰부가 추가로 수사 결과를 발표했다. 그 내용은 1964년의 인민혁명당 사건 관련자들이 대구를 중심으로 인민혁명당을 재건하고, 여정남을 서울로 보내 전국 대학의 학생시위를 배후 조종했다는 것이다. 혹독한 고문으로 받아낸 조서 외에는 구체적인 증거가 하나도 없었다.

'인민혁명당 재건위원회'라는 명칭은 중앙정보부에서 갖다 붙인 것이다. 조직이라면 있어야 할 강령도, 규약도 없었다. 그 어디에서도 실체를 찾아볼 수 없었다. 1964년에도 만들어지지 않은 조직이니 '재건'할 것도 없었다. 명백한 조작 사건이었다. 영구집권에 가장 큰 걸림돌인 서울과 대구의 혁신계와 학생운동을 동시에 뿌리뽑기 위해 무리해서 지하당 사건으로 엮은 것이다. 그리고 여정남을 혁신계와 학생운동을 연결하는 고리로 내세웠다. 물론 이들은 4.19와 같은 전국적인 대규모 시위로 박정희 유신독재를 타도하려고 했다. 이러한 투쟁을 준비하기 위해 사람을 모으고 장차 조직을 결성하고자 했다. 포악무도한 독재정권에 맞서 싸우기 위해 준비하고 투쟁한 것이 무슨 잘못이라 할 수 있을까.

─ 이분들이 몇 년 전에 '경락연구회'라는 모임을 결성한 적이 있었

어. 나도 이재문 동지를 통해 그 이름을 들은 적이 있었지. 이재문 동지도 초창기에는 이 모임에 참여했다고 했어.

경락연구회는 새로운 운동의 지도부가 결성되기 전까지 지역별로 핵심 활동가를 연계하는 성격을 지녔다고 한다. 또 당국의 탄압이 일상이 된 상황에서 비공개로 모임을 유지해 왔다고 한다.

처음 '경락연구회'라는 명칭을 들었을 때, 나는 우리 몸의 '경락'을 떠올렸다. 경락은 인체의 기와 혈이 흐르는 통로를 말한다. 해부학적으로는 눈에 보이지 않지만, 인체의 구석구석까지 다 연결돼 있다. 탄압이 일상화된 조건에서 변혁운동의 조직도 이런 형태가 아닐까. 독재정권과 그 하수인들의 눈에는 보이지 않지만, 대중들 속에 구석구석 연결돼 움직이는 조직. 나도 학생운동을 할 때 경락 같은 조직을 꿈꾼 적이 있었다. 있어도 없고, 보이지 않아도 실재하는 그런 조직을….

민청학련 사건이 터지고, 여정남이 체포됐다는 소식을 듣고 아버지는 참담한 심정이었다. 또 한편으로 신변을 어찌할지 고민이 됐다. 공안당국이 여정남과 아버지의 관계를 파악했다면 아버지도 수사 대상에 오를 수밖에 없었다. 일단 학교에 출장계를 내고, 며칠 대구를 떠나 있었다.

— 그런데 곰곰이 생각하니 지금 도망친다면 '나도 관계있소'라고 인

정하는 꼴이 됐어. 일단 자리를 지키며 상황을 보자, 이렇게 마음 먹었지.

잡혀가도 할 수 없다고 마음을 정리한 뒤 다시 학교로 돌아왔다. 하지만 마음에 걸리는 게 하나 있었다. 아버지가 만든 학습 노트를 여정남이 갖고 있었기 때문이다. 만약 그 학습 노트가 발각됐다면, 그래서 누가 만든 거냐고 캐묻는다면, 과연 혹독한 고문 앞에 버틸 수 있을까….

─ 수사가 진행되는 동안 정남이는 나와 관계된 부분은 일절 언급하지 않았어. 나를 잘 알고 있던 서도원 선생도, 도예종 선생도 마찬가지였지.

덕분에 아버지는 위기 상황을 피해 갈 수 있었다. 살 떨리고 숨막히던 이때를 기억하며 어머니도 "정남이가 아버지를 지켜준 셈"이라고 말했다. 그런데 이재문 선생은 달랐다. 1차 인혁당 관련자이자 대구 혁신계를 대표하는 사람 중 한 명이었던 이재문 선생은 즉각 지명수배가 떨어졌다. 인혁당으로 구속된 사람들과 오래도록 각별한 관계를 맺어왔기에 잡히면 마찬가지의 혐의를 받을 게 뻔했다. 이재문 선생은 중앙정보부의 추적을 피해 완전히 지하로 숨어들었다.

충격적인 일은 그다음에 벌어졌다. 비상군법재판에서 인혁당 관련자와 민청학련 핵심들에게 마구잡이로 사형, 무기를 선고했다. 이때까지만 해도 다들 겁주기로 여겼다. 설마 싶었다. 아무리 잔혹한 박정희라지만, 아무려면 했다. 하지만 1975년 4월 8일 대법원에서 사형이 확정된 지 불과 하루도 안 돼, 4월 9일 새벽에 사형이 집행됐다. 도예종, 서도원, 하재완, 송상진, 김용원, 우홍선, 이수병, 그리고 여정남…. 모두 여덟 분이 희생당했다. 전날의 대법원판결로 실망했을 이들을 위로하기 위해 아침부터 서둘러 구치소를 찾은 가족들은 새벽에 형이 집행됐다는 청천벽력 같은 소식을 들었다. 가족들은 통곡하며 울부짖다 결국 혼절했다. 뒤늦게 소식을 듣고 쫓아와 항의하던 종교인들도 모두 경찰에게 끌려 나갔다. 여덟 분의 사형집행 명령서는 대법원판결이 나오기도 전에 이미 검찰에게 전달됐다고 한다. 판결은 요식행위에 불과했다. 모든 게 짜인 각본대로 흘러갔다. 애초부터 박정희는 이들을 죽일 작정이었다. 그래서 자신한테 저항하면 이렇게 된다는 걸 본보기로 보여주려 했던 것이다.

소식을 듣고 아버지는 온몸이 부들부들 떨렸다. 믿을 수 없었다. 있을 수도 없고, 있어서도 안 되는 참담한 일이 벌어진 것이다. 독재정권을 타도하고 분단을 극복하는 변혁운동의 길에서 의견 차이가 있기는 했지만 한 사람 한 사람 소중한 동지들이었다. 폭압적인 탄압 속에서도 살아남아 견결히 지조를 지키며 싸워온 귀한 사람

들이었다. 아버지의 눈에서는 하염없이 눈물이 쏟아져 내렸다. 박
정희에 대한 분노의 피눈물이었다.

　나도 그 눈물의 절절함을 실감한 때가 있었다. 아버지가 기억을
서서히 잃어가던 2019년 어느 날이었다. 식사를 챙겨드리려고 아
침 일찍 아버지 집으로 갔다. 현관문을 열고 들어서니 인기척을 듣
고 아버지가 안방에서 나왔다. 그런데 평소와 달리 왠지 불안한 표
정이었다. 나를 보면서도 안절부절못했다. 조용히 손짓해 나를 불
렀다.

　― 영민아, 지금 옆방에 정남이가 와 있다.
　― 네? 누구라고요?
　― 여정남. 근데 지금 정남이를 잡으려고 밖에 경찰이 깔려 있다. 정
　　남이는 절대 잡히면 안 된다. 정남이를 꼭 지켜야 해.

아버지는 거의 울상이었다. 나는 상황을 눈치챘다. 일단 아버지
부터 안심시켰다.

　― 아버지, 제가 여정남 선배를 잘 피신시키도록 할게요. 걱정하지
　　마시고 일단 방에 들어가 계세요.

아버지는 걱정스러운 표정으로 방으로 들어갔다. 나는 조용히 현

관문을 열고 나갔다. 밖에서 잠시 시간을 보낸 뒤 다시 들어왔다. 그리고 안방으로 들어가 아버지에게 말했다.

　― 아버지, 이제 안심하세요. 여정남 선배는 무사히 잘 피했습니다.
　― 그래, 정말 다행이구나. 정남이가 무사하다니 이제 안심이다.

아버지는 밤새 그렇게 보낸 듯했다. 긴장이 풀렸는지 한숨 자야겠다며 뒤늦게 잠자리에 들었다. 그런 아버지의 모습을 보면서 나는 마음이 무척 아팠다. 기억이 사라져가고 정신이 혼미해지는 순간에도 끝까지 지키려고 했던 여정남은 아버지에게 어떤 존재였을까. 그런 여정남이 박정희에게 죽임을 당했을 때 아버지는 어떤 심정이었을까. 아버지는 정신이 온전할 때 한 번씩 여정남 이야기를 꺼내기도 했다.

　― 정남이하고 마지막에 그렇게 언성을 높이고 헤어진 게 너무 마음이 아팠어. 왜 정남이를 좀 더 따뜻한 말로 대하지 못했을까. 이제까지 살면서 그만한 열정을 지닌 운동가를 본 적이 없었어. 그런 친구를 선배들이 지켜내지 못하고 너무 일찍 떠나보냈어.

어머니도 생전에 두고두고 이야기했다.

─ 그날을 잊을 수 없어. 침통한 얼굴로 귀가한 너희 아버지는 식사도
거르고 밤새 서재에서 나오지 않았지. 그렇게 소리를 내며 우는 것
도 처음 봤어. 차마 방문을 열지 못하고 나도 밖에서 같이 울었지.
서글서글한 눈매에 활짝 웃는 얼굴이 아직도 눈에 선해. 그런 청년
을 박정희는 어찌….

오랜 세월이 흘러도 어머니는 말을 다 맺지 못했다.

잔인한 4월이 지나고 여름이 되어서야 아버지는 대구 수성못 근
처에 있던 여정남의 본가를 조심스레 찾아갔다. 당시 파동에 있던
우리 집에서 그리 멀지 않았다. 여정남의 부친인 여이섭 선생이 주
지로 있는 통인사란 사찰이었다. 여정남은 대처승의 아들이었다.
아버지는 부친의 손을 잡고 한참을 울었다. 당시만 해도 우는 것 말
고는 할 수 있는 게 없었다. 눈물 외에는 서로를 위로해 줄 수 있는
게 아무것도 없던 참혹한 시절이었다.

10

남민전의
닻을 올리다

민청학련과 인혁당 사건이 터졌을 때, 아버지는 고립무원에 빠진 느낌이었다. 대구의 운동진영에는 폭탄이 떨어진 것과 같았다. 혁신계 선배들과 경북대 후배들이 한꺼번에 잡혀갔다. 남은 이들도 다급히 몸을 피했다. 이재문 선생도 일급 수배자 신세가 됐다. 이제 아버지 곁에는 아무도 없었다. 여정남이 지켜준 덕분에 체포의 위험에서 벗어났지만 혼자서는 할 수 있는 게 없었다. 아버지에게는 산악반 제자들과 산에 오르는 게 유일한 위로가 됐다.

그러던 어느 날이었다. 이재문 선생으로부터 연락이 왔다. 무사히 잘 있다고 했다. 지금은 칼바람을 피하는 게 우선이니 마음 단단히 먹고 이겨내자고 했다. 아버지도 고민을 전했다. 마침 영국에서 교환교수 제안이 왔는데, 어떻게 해야 할지 물어봤다. 이재문 선생은 정말 잘됐다고 했다. 지금 같은 때에는 차라리 몇 년 외국에 나갔다 오는 게 더 나을 거라고 했다. 아버지는 그 말대로 준비했다. 하지만 도저히 그럴 수 없는 상황이 벌어졌다. 1975년 4월 9일 새벽, 인혁당 관련으로 여덟 명의 동지가 형장에서 생을 마친 것이다. 박정희가 저지른 잔혹한 살인을 보고 아버지는 마음을 바꾸었다. 학교와 가족들에게도 어렵게 이유를 둘러댔다. 이재문 선생에게도 연통을 넣었다. 이곳에 있어야겠다고.

인혁당에 대한 사법 살인 후 박정희는 미친 운전수처럼 폭주했다. 1975년 4월 30일에 남베트남이 패망하자 박정희는 연일 북의 남침 위협을 말하며 민주화운동을 탄압했다. 5월 13일에는 긴급조치의 완결판이라 할 9호를 공포하면서 유신헌법을 비판하는 모든 시위를 금지했다. 8월 17일에는 유신독재 반대 투쟁을 이끌어온 재야의 지도자 장준하 선생이 경기도 포천의 국사봉에서 주검으로 발견됐다. 박정희 정권에 의한 타살로 볼 수밖에 없는 의혹투성이 죽음이었다.

1976년 2월, 아버지는 18년간 청춘을 바쳤던 경북대 수학과에서 쫓겨났다. 국가관 미확립, 학생운동에 동정적이라는 이유로 교수 재임용에서 탈락한 것이다. 그 소식에 분노가 치밀기보다는 오히려 담담했다. 이제 박정희와 싸울 일만 남았구나, 미친 운전수를 끌어내려야만 하겠구나, 그런 마음이 먼저 들었다고 했다.

아버지의 재임용 탈락 소식을 듣고 이재문 선생이 직접 사람을 보냈다. 1976년 3월 중순이었다.

　─ 이문희라고, 이재문 동지와는 일가인 젊은 여성이 집으로 찾아왔
　어. 당시 문희는 이재문 동지의 연락원 역할을 하고 있었지. 누가
　봐도 집에 제자가 찾아왔구나, 했을 거야. 문희가 전해준 편지에
　는, 상의할 일이 있으니 한번 만났으면 한다는 내용이 있었지.

　4월 15일, 아버지는 대구에서 고속버스를 타고 서울로 올라왔다.
오후 2시에 서울역 앞 동양고속 터미널에서 이문희를 만났다. 이문
희는 아버지를 영등포구 당산동의 다방으로 안내했다. 아버지는 혼
자 들어가 구석 자리에 앉았다. 잠시 후 저쪽에서 백발의 노신사가
조용히 다가왔다. 아버지는 여전히 출입구 쪽만 바라보고 있었다.
그가 앞에 와 낮은 목소리로 말했다.

　─ 안 교수, 접니다.

　아버지는 고개를 들어 노신사를 쳐다보았다. 깜짝 놀랐다. 다름
아닌 이재문 선생이었다.

　─그동안 얼마나 고생했던지 머리가 하얗게 다 셌더라고. 이재문 동
　지를 보니 나도 모르게 눈물이 핑 돌았어. 이렇게 살아서 다시 만나

는구나…

　햇수로는 4년 만이었다. 중간에 잘 있다는 소식은 주고받았지만
이렇게 만나니 감회가 새로웠다. 40대 초반의 나이에 백발이 되어
버린 모습을 보니 그간의 고통스러운 세월을 짐작할 수 있었다. 한
해 전에 박정희에게 죽임을 당한 여정남과 인혁당 동지들이 떠올
랐다. 혁명가의 일생은 한순간에 생사가 오가는 일상의 연속이라지
만, 동지들의 죽음이 남긴 상처는 쉽게 가라앉지 않았다.
　이날 이재문 선생은 아버지에게 '조직'을 말했다. 박정희와 맞서
목숨 걸고 싸울 수 있는 조직을 말했다. 유신독재를 타도하고 참다
운 민주주의와 민족해방을 이룰 수 있는 조직을 말했다. 그런 조직
을 만들어야 하지 않겠냐고 했다. 아버지가 물었다.

　─ 사람이 있겠습니까?

　인혁당 동지들의 사형집행 후 박정희가 그랬다던가. 이제 빨갱이
들을 싹쓸이했으니 더는 걱정할 게 없다고. 박정희의 말도 틀린 게
아니었다. 인혁당 사건으로 많은 이들이 끌려가 죽임을 당하고 감
옥에 갇혔다. 그전에는 통혁당 사건으로 많은 이들이 끌려가 죽임
을 당하고 감옥에 갇혔다. 이제 남쪽에는 변혁운동에 나설 핵심이
씨가 마르다시피 했다. 이재문 선생이 답했다.

― 우리가 찾아야죠.

아버지는 이재문 선생이 제안한 '조직'의 필요성에 공감했다. 더
이상 좌고우면할 때가 아니었다. 박정희 정권을 거꾸러뜨리지 못한
다면 되려 모두가 당할 판이었다. 이대로 가면 또 누가 끌려가 죽을
지 몰랐다.

― 안 교수, 실은 그런 조직을 얼마 전에 결성했습니다.

이날은 여기까지만 이야기했다. 조직이 필요하다, 이미 조직을
만들었다⋯. 아버지의 가입 문제는 신중하게 생각하기로 했다. 전
에도 그랬다. 이재문 선생은 항상 대학교수인 아버지를 배려했다.
공안기관에 노출되지 않게 최대한 신경을 썼다.

이재문 선생을 만나고 대구에 내려온 아버지는 며칠 뒤 밀양으로
갔다. 혼자 천황산에 올랐다. 이제는 흔적조차 남지 않은 무릉동을
찾았다. 사자평에 올라 박철환 지도원 동지에게 산악 훈련을 받던
때를 생각했다. 재약산 정상 아래에 있는 고사리분교에서 하루를
묵었다. 다음날 가지산, 운문산 일대를 종주하며 생각을 정리했다.
목숨을 거는 건 두렵지 않았다. 이미 생사의 경계를 넘어온 적도 몇
번이나 있었다. 잘할 수 있을까. 이게 고민이었다. 조직을 책임지는
사람은 자신에게 그런 권한을 준 동지들을 끝까지 책임질 수 있어

야 한다. 일이 틀어지면 자기만 죽는 게 아니기에 더욱 그랬다. 그
러자면 최대한 신중해야 했다. 밖으로는 은밀하고, 안으로는 엄격
해야 했다.

　─과연 우리가 제대로 해낼 수 있을까. 천황산에 올라 나 자신과 이
　　재문 동지부터 냉정히 평가해봤지.

　결론을 내렸다. 조직에 가입하기로 했다. 대신 이재문 동지를 다
시 만났을 때, 예전에 함께 세웠던 원칙을 상기했다. 위에서 내려
먹이는 게 아니라 아래에서부터 올라가야 한다, 새로운 청년세대를
중심으로 조직을 확장해야 한다, 전위정당 결성 이전에 각계각층
통일전선 조직부터 광범위하게 구축해야 한다….

　이보다 앞서 1976년 2월 29일 오후, 서울 중구 청계천3가에 있
는 중국집 태화장의 2층 방에 세 사람이 모였다. 긴장되면서도 결
연한 표정의 이재문, 김병권, 신향식 선생이었다. 세 사람은 식탁에
놓인 단도 위에 함께 손을 포갰다. 나지막한 목소리로 목숨을 바쳐
투쟁할 것을 맹세하고, '남조선민족해방전선 준비위원회(약칭 남민
전)'의 결성을 선포했다.

　1921년 대구에서 태어난 김병권 선생은 해방 직후 대중일보의
기자로 일했다. 4.19 이후 사회당 경북도당의 상임위원으로 활동
하다가 5.16 쿠데타로 체포돼 고초를 겪었다. 1968년에는 남조선

해방전략당 사건으로 구속돼 징역 5년을 선고받았다. 1973년 만기 출소한 뒤 서울에서 지내고 있었다.

이재문 선생은 1973년 연말에 와룡산 염소농장을 정리하고 서울로 올라왔을 때, 김병권 선생의 도움을 받아 수배 생활을 이어 나갔다. 경찰은 두 사람이 대구에서부터 친분이 두터웠던 걸 알고, 김병권 선생을 앞장세워 이재문 선생을 뒤쫓았다. 김병권 선생은 낮에는 경찰과 함께 이재문 선생이 갈 만한 곳을 찾아다니는 척하고, 밤에는 이재문 선생을 따로 만나 경찰의 움직임을 알려주곤 했다. 그 덕분에 이재문 선생은 무사히 도피 생활을 이어 나갈 수 있었다.

신향식 선생은 1934년 전남 고흥에서 한학자 집안의 장남으로 태어났다. 해방 후와 전쟁통의 혼란으로 1955년에야 고흥중학교를 졸업했고, 서울로 올라와 고학하면서 경복고를 졸업했다. 1958년 서울대 문리대 철학과에 입학했고, 졸업 후에는 노동청 산재보험과 서기로 근무했다. 동아출판사 제작부에 취업해 노조 결성에 나서기도 했다. 신향식 선생은 대학 선배인 통혁당의 이문규 선생과 각별한 사이였다. 1968년 이문규 선생의 권유로 학사주점의 총무부장으로 활동하다가 통혁당 사건 때 함께 구속돼 3년 6개월을 복역했다. 출소 후에는 얼음 장사, 연탄 장사, 월부책 장사, 복덕방 등을 하며 유신독재에 맞선 투쟁을 암중모색해 왔다.

김병권 선생은 서울구치소에서 같은 대구 출신인 이문규 선생한테 신향식 선생을 소개받았고, 두 사람은 출소 이후에도 동지적 관계로 지내왔다. 김병권 선생과 신향식 선생은 긴급조치 9호 선포에 이어 1975년 7월 16일에 사회안전법이 제정되면서 졸지에 도피 생활을 시작해야 했다. 박정희 정권은 사상범들의 재범을 막는다는 이유로 이미 출소한 사람들에게도 전향서 날인을 강요했다. 이를 거부하면 보호감호 처분을 내렸다. 형기를 마치고 출소하는 사람도 전향서를 쓰지 않으면 풀어주지 않았다. 교도소에서 바로 청주의 보안감호소로 보내버렸다. 재판도 없이 법무부의 심사만으로 다시 가둔 것이다. 일제강점기 때 조선의 독립운동가들을 미리 잡아 가 두던 예비검속보다 더 악랄한 조치였다.

유신독재의 철저한 감시와 악랄한 탄압 속에 공개적으로 투쟁을 벌이는 건 불가능했다. 남민전을 결성한 세 사람 역시 경찰에 쫓기는 처지였다. 비밀리에 비공개로 조직을 만들 수밖에 없었다. 비합법조직, 지하운동은 스스로 선택한 길이 아니었다. 정권에 의해 강요된 길이었다. 그것밖에는 다른 길이 없었다. 그것이 유신독재의 광포한 현실이었다.

아버지는 1976년 9월에 남민전에 가입했다. 경북대 교수 재임용 탈락 이후 대구 생활을 정리하고, 서울의 대학에 강사 자리를 얻어 올라온 직후였다. 아버지는 불심검문에 걸려 체포된 김병권 선생의 후임으로 중앙위원에 선임됐다. 교양선전선동부책으로 조직원의 사상교육과 조직의 선전선동사업을 책임지는 역할도 맡았다.

남민전은 조직 결성에서 침탈까지 약 44개월간 존속했다. 짧지 않은 기간이다. 남민전은 어떤 활동을 했을까. 우리 사회와 변혁운동에 무엇을 남겼을까. 반세기가 다 돼가는 지금까지도 남민전은 제 모습을 전부 드러내지 못하고 있다. 84명이나 구속된, 남로당 이후 최대 지하조직이라는 남민전. 과연 그들은 유신독재에 맞서 어떻게 투쟁했을까. 이제부터 남민전의 이야기를 본격적으로 해보려고 한다.

11
왜 '당'이 아닌
'전선'이었나?

　남민전 결성의 결정적 계기는 박정희가 인혁당 재건위 사건 관련자 8명을 처형한 일이다. 그들의 죽음 이후 이재문 선생은 박정희 정권을 타도할 조직을 본격적으로 준비했다. 그때 이재문 선생은 어떤 심정이었을까. 이를 가장 잘 보여주는 것이 남민전을 상징하는 '전선기'다. 전선기를 도안하고 제작한 사람은 아버지였다. 남민전에 가입하던 날, 아버지는 이재문 선생으로부터 전선기 제작의 임무를 부여받았다. 아버지는 중앙위원회의 결의에 따라 인혁당 재건위 사건으로 사형당한 '8열사'의 내의를 가족들에게 비밀리에 연락해 모았다. 이문희 등 여성 조직원들과 함께 바느질하고 염색해 조직의 깃발을 만들었다.

　남민전의 많은 일화 중에서 전선기에 담긴 사연이 내게는 가장 가슴 찡한 대목이다. 인혁당 사건을 겪으면서 앞으로 박정희 유신 독재와 맞서 싸운다는 것은 목숨을 내놓아야 하는 일이 됐다. 남민전에 가입한 사람들도 이를 잘 알고 있었다. 8열사의 내의를 모아 만든 전선기 앞에서 그들은 맹세했다. 우리는 당신들과 하나다, 당신들의 죽음을 절대 잊지 않겠다, 목숨 걸고 당신들의 몫까지 투쟁하겠다…. 이보다 더 진한 동지애가 있을까.

정세 인식과 전위조직 건설에 관한 의견 차이로 인혁당 그룹과 갈라섰던 이재문 선생과 아버지는, 이렇게 해서 다시 그들과 하나가 됐다. 이 대목을 언급하면서 아버지는 다음과 같이 회고했다.

— 인혁당 동지들과의 의견 차이는 충분히 토론으로 풀 수 있었어. 하지만 그때는 다들 미숙했지. 자기 고집만 앞세우다 보니 작은 차이가 점점 확대됐고, 결국 염소농장 모임도 깨지고 말았지.

이재문 선생이 아버지에게 부여한 또 다른 임무는 조직원이 생활에서 원칙으로 삼을 '전사 생활규범'을 작성하는 일이었다.

— 이재문 동지는 사람에는 '머슴형'과 '도련님형'이 있다고 하면서, 혁명가는 남한테 대접만 받으려는 도련님이 돼선 안 되고 민중을 위해 일하는 머슴 같은 사람이 돼야 한다고 강조했지. 우리는 과거 일제강점기의 지식층 공산주의 운동가나 해방 직후의 일부 남로

당 간부들처럼 스스로 대중과 차별 짓고, 대중 위에 군림하거나 행세하는 것을 철저히 경계했어.

전사 생활규범은 이런 생각을 반영한 것이다. 변혁운동에 필요한 자세와 품성, 생활 태도를 정리한 전사 생활규범은 모두 10조로 구성됐다.

1. 민족주체사상을 확립하자.
2. 근면하고 성실하자.
3. 사생활을 공생활에 종속시키자.
4. 민중을 신뢰하고 민중에 봉사하며, 대중으로부터 배우고 대중을 가르치자.
5. 조직을 수호하고 강화하자.
6. 마음을 다하여 규율에 복종하자.
7. 동지를 제 몸같이 아끼고 사랑하자.
8. 비판과 자기비판을 통일시키자.
9. 끊임없이 학습하고 이론과 실천을 일치시키자.
10. 험난에 대비하여 심신을 단련하자.

공안당국은 1조에 나오는 '민족주체사상'이 북의 주체사상을 의미한다며 남민전을 북의 노선을 추종하는 조직으로 몰아붙였다. 전사 생활규범이 중앙위원회에 통과된 시점은 1976년 10월경이었다. 이때는 북에서 주체사상이 명문화되기 이전이다. 아버지는 '운동의 주체', '내 삶의 주체'라는 말처럼 주인의식을 가지고 적극적으로 일을 주도해 나가자는 취지에서 '주체'라는 말을 사용했다. 또 민족해방운동의 집단적 담지자로서 '민족'을 앞세우고, 민족이 우리 운동의 주체임을 강조한 것이다. 공안당국은 또한 남민전이 "사회주의 국가 건설을 위해 폭력적인 방법으로 적화통일을 기도한 대규모 반국가단체이자 자생적 공산혁명 세력"이라고 주장했다. 언론도 공안당국의 일방적인 주장을 중계하듯이 대대적으로 보도했다. 과연 그럴까.

미·일을 비롯한 국제 제국주의의 일체의 신식민지 체제와 그들의 앞잡이인 박정희 유신독재정권을 타도하고 민족자주적이고 민주적인 연합정권을 수립한다.

남민전의 강령 제1조다. 강령은 조직이나 단체의 기본 입장이나 핵심 전략을 정리한 것이다. 조직의 성격은 그들이 내세운 강령을 보면 잘 알 수 있다. 하지만 남민전의 강령 그 어디에도 공안당국이 주장하는 사회주의 국가 건설이나 적화통일이라는 대목은 나오지 않는다. 2조부터 10조까지의 내용도 마찬가지다.

2. 폭넓은 진보적인 민주정치를 실현한다.

3. 민족자주적이고 자립적인 경제를 건설하고 인민의 생활조건을 개선한다.

4. 경자유전의 원칙에 따라 토지개혁을 단행한다.

5. 남녀평등을 실현하고 지방색을 타파한다.

6. 민족자주적이고 민주적인 교육을 실현하고 민족문화를 계승 발전시킨다.

7. 국가와 인민을 보위하는 군대를 건설한다.

8. 평화와 중립의 자주외교를 실현한다.

9. 7.4 남북공동성명의 원칙과 토대 위에 남북관계를 조속히 개선하고 조국의 평화적 재통일을 촉진한다.

10. 일체의 침략전쟁을 반대하고 세계평화를 적극 옹호한다.

반독재민주화운동의 틀 안에 머물렀던 1970년대 당시로는 남민전의 강령이 다소 급진적으로 보일 수 있다. 하지만 반제, 반미, 민족자주, 민족해방과 같은 주장이 운동진영 내에서 일반화되기 시작한 1980년대의 시각에서 본다면 오히려 평범하고 온건한 내용이다. 이재문 선생도 1심 최후진술에서 다음과 같이 강조했다.

— 구한말의 양대 양요 투쟁에서 시작된 반외세 투쟁이 동학농민전쟁, 의병운동, 일제하의 독립운동, 분단하의 통일운동, 군사독재하

의 민주화운동으로 이어져 왔다. 남민전의 뿌리와 정신도 여기에
있다.

남민전은 강령에서 보듯 박정희 정권을 타도하고 각계각층의 민
주세력이 참여하는 연합정권 수립을 당면과제로 내세웠다. 또 신식
민지 체제 타파와 민족자주 실현을 목표로 삼았다. 이를 위해 정견
과 신앙, 성별과 나이, 직업과 계층의 차이를 초월해 민족세력을 총
망라하는 '민족해방전선'의 결성을 조직적 과제로 삼았다.

그런데 왜 '당'이 아니고 '전선'일까. 이제까지 전위조직을 고민했
던 이들은 조직의 형태나 명칭으로 조선공산당, 남조선로동당, 통
일혁명당처럼 대부분 '당'을 내세웠다. 중앙정보부가 조작 수사로
만들어낸 조직 역시 인민혁명당, 남조선해방전략당, 인혁당 재건,
통혁당 재건처럼 무슨 무슨 '당'이었다. 그런데 남민전은 이와 달랐
다. 처음부터 통일전선 조직을 지향했다.

여기에는 1960년대 후반부터 이재문 선생과 아버지가 함께 나
누었던 고민이 반영돼 있다. 이재문 선생은 경찰에 쫓기는 동안에
도 손에서 책을 놓지 않았다. 특히 우리 민족의 항일해방운동과 제
3세계의 민족해방운동에 관심을 두고 집중적으로 공부했다고 한
다. 아버지도 이재문 선생이 부탁하는 자료와 책을 구해주고, 토론
도 자주 했다.

이재문 선생은 민족주의 계열과 사회주의 계열의 독립운동가들

이 반일의 기치 아래 하나가 됐던 신간회와, 동북항일연군의 지도자들이 만주와 한반도 북부에서 조직한 조국광복회에 관심이 많았다. 또 프랑스와 미국이라는 거대 제국주의의 연이은 침탈에 맞서 치열하게 투쟁한 베트남의 민족해방전선과 프랑스의 잔혹한 식민지 지배에 맞서 독립전쟁을 일으켜 승리한 알제리의 민족해방전선에 대해서도 많이 연구했다. 또 미국이 수십 년간 지원해온 소모사 친미독재정권에 맞서 투쟁하던 니카라과의 산디니스타에도 주목했다. 모두 '반제해방'을 목표로 결성된 통일전선 조직이었다.

─ 남민전의 1차 목표는 박정희 유신독재 타도였어. 유신독재 아래에서는 누구도 자유롭지 않았어. 노동자와 농민뿐만 아니라 지식인, 문화예술인, 종교인, 자영업자, 중소자본가들도 고통을 겪고 있었지. 유신독재 타도는 이들에게도 절박한 요구였어. 유신독재에 반대하는 모든 세력을 하나로 모아내자, 이것이 이재문 동지가 '당'이 아닌 '전선'을 고민하게 된 계기였지.

1972년에 발표된 7.4 공동성명도 남민전의 성격과 방향을 정립하는 데 영향을 주었다.

─ 이재문 동지는 민족해방과 자주통일이 하나라고 봤어. 자주, 평화, 민족대단결이라는 통일의 3대 원칙을 박정희는 어떤 의미로 받아

들였는지 모르겠지만, 우리는 외세의 간섭에서 벗어나 남북이 자주적으로 통일하는 것이 민족해방의 완성이라고 생각했지.

분단을 막기 위해 많은 사람이 목숨을 바쳤다. 그들은 해방된 조국이 미국에 의해 남북으로 분단되는 현실을 인정할 수 없었다. 이에 맞서 통일국가를 건설하려다 결국 떼죽음을 당했다. 남민전의 출발도 여기서부터였다. 민족자주 통일국가를 세워 그들의 희생이 헛되지 않도록 하자, 이것이 남민전의 기본 정신이었다.

─ 박정희 유신독재를 타도한 뒤 들어설 민주연합정권은 자주적이고 민주적인 정권이라고 할 수 있어. 이 정권이 북쪽과 협상을 통해 통일정부를 세우는 게 그다음 목표였지. 나중에 북에서 연방제 통일방안을 제안하는 걸 보면서 우리의 고민이 틀리지 않았구나 싶더라.

그래서 더욱 통일전선 조직이 중요했다. 남민전은 계급해방과 사회주의혁명을 추구하는 조직이 아니었다. 강령에서 보듯이 자주, 민주, 통일을 지향하는 민족해방운동이 남민전의 노선이었다.
그렇다면 남민전은 전위조직인가. 4.19와 6.3을 거치면서 남쪽의 변혁운동 내에서 본격적으로 논의됐던 전위조직에 대해 남민전의 입장은 무엇이었나.

－우리는 각계각층의 대중운동 속에서 핵심을 키워내고, 이들을 중
  심으로 단일한 통일전선 조직을 만드는 게 우선이라고 생각했어.
  그다음에 조직 내에서 검증된 핵심들로 전위조직을 만들자는 생
  각이었지. 그래야 제대로 된 전위조직이 설 수 있다고 판단했어.

이재문 선생과 아버지는 상층에서 결성을 '선포'하는 방식으로는
전위조직을 제대로 세울 수 없다고 생각했다. 전위조직은 자처한다
고 되는 게 아니었다. 오랜 시간을 두고 한 단계 한 단계 경험과 역
량을 축적하며 올라가는 게 올바른 방식이라고 여겼다. 그래서 남
민전도 결성 당시의 명칭은 '준비위원회'였다. 아직은 본 조직을 세
울 만한 수준이 아니라고 판단한 것이다. 그만큼 신중했다. 절대 서
두르지 않았다. 이제까지 남쪽의 변혁운동에서 나타난 전위조직 건
설의 한계를 극복하려고 노력했다.

남민전 결성 이후 중앙위원인 이재문, 신향식 선생과 아버지는
유신의 폭압 아래 곳곳에 흩어져 분노와 저항의 칼을 벼리던 사람
들을 찾아 나섰다. 4.19와 6.3 투쟁을 주도한 30대들도 있었고, 삼
선개헌 반대와 유신반대 투쟁을 이끈 20대들도 있었다. 그들을 볼
때마다 아버지는 여정남이 생각났다. 여정남이 몹시도 그리웠다.

'정남이가 살아 있었다면 지금 유신독재 타도 투쟁을 맨 앞에서
이끌었을 텐데….'

유신독재에 맞서 싸우다 긴급조치로 구속됐던 학생들만도 전국에 수백 명이었다. 이들을 중심으로 전국적인 투쟁 지도부를 세워 낼 사람으로는 여정남만 한 적임자가 없었다. 그만큼 여정남의 빈 자리는 컸다. 박정희가 여정남을 죽인 이유도 바로 이 때문이었다.

12
짧았던 전성기,
뒤이어 닥친 위기

1970년대에 반독재민주화운동은 독재정권에 맞서 도덕적 우위에 있었다. 광포한 탄압 속에서도 대중의 지지를 받았다. 하지만 여전히 반제, 반미, 민족해방은 드러내놓고 주장할 수 없는 금기의 영역이었다. 해방 직후와 전쟁 전후의 남로당에 대한 끔찍한 탄압의 기억과 '빨갱이' 논란은 오래도록 사람들의 마음을 얼어붙게 했다. 이승만과 박정희를 거치며 오직 '반공'만이 유일한 기준, 유일한 가치가 됐다.

이러한 현실을 고려해 남민전은 산하에 한국민주투쟁국민위원회(민투)를 결성했다. 민투는 유신독재 타도라는 시급한 과제를 해결하기 위한 조직이었다. 남민전은 민투를 내세워 반독재민주화운동을 진행했다. 남민전은 '야간사령부'란 별칭을 갖고 철저히 지하에서 비공개로 움직였다. 대신 '주간사령부'란 별칭을 가진 민투가 반유신 투쟁의 선봉을 맡았다. 남민전의 조직원은 '전사'로 호칭했고, 민투의 조직원은 '투사'로 불렀다. 투사 중에서 검증된 이들을 전사로 받아들였다. 민투의 조직원들은 남민전이란 상부 조직을 전혀 알지 못했다. 다들 남민전이 침탈당한 뒤에야 그 이름을 처음 들어봤다. 남민전의 존재에 대해서는 철저한 보안이 유지됐다. 남민전은 이처럼 이원화된 조직을 유지하며 44개월 동안 반유신 투쟁을 공세적으로 진행했다.

─ 남민전과 민투로 이원화해 조직을 운영한 건 이재문 동지의 치밀한 판단이었어. 반유신 투쟁에는 적극적으로 참여해도 민족해방이라는 우리 운동의 전략과 목표를 정확히 이해하지 못하는 사람들도 많았거든. 뿌리 깊은 반공 반북 이데올로기의 영향 때문이기도 했고, 체계적인 학습이 부족하기도 했어. 그래서 내가 맡은 교양선전선동부의 중요한 역할이 민투 조직원들을 제대로 학습시킬 교양자료를 만드는 일이었지.

남민전이 활동하던 시기는 유신독재가 가장 악랄했던 때였다. 야간 통행금지와 정보경찰의 촘촘한 감시망이 온 사회에 그물처럼 드리워져 있었다. 유신정권은 일제강점기 전시체제에서 전 조선인의 생활을 감시·통제하기 위해 만든 '애국반'과 같은 '반상회'를 통해 전 국민을 관리했다. 조금이라도 동향이 이상한 사람은 즉시 신고하도록 했다. 거리에는 불심검문이 일상이었다. 전투경찰이나 사복경찰이 길 가는 사람들을 붙잡아 세우고 가방이나 소지품을 뒤지는 모습은 어디서든 흔히 볼 수 있었다. 유신독재에 저항하는 세력은 어디에도 발붙일 수 없었다. 그런데도 남민전은 여러 차례나 서울 도심에서 대규모 유인물 살포 투쟁을 전개해 정권을 발칵 뒤집어 놓았다. 과연 그 비결은 무엇이었을까.

─ 이재문 동지는, 투쟁을 쉽게 하려다 조직원이 희생되는 일은 절대 없어야 한다고 강조했어. '일은 크게 터뜨리되 적이 알았을 때는 이미 우리 사람이 그곳에 없어야 한다'라는 걸 철칙으로 여겼지.

이를 위해 남민전은 새롭고 독창적인 방법을 연구하고 개발했다. 대표적인 것이 '파라슈트(parachute, 낙하산) 작전'이다. 이 작전은 애드벌룬을 이용해 유인물을 공중에서 대량으로 살포하는 방식이다. 원리는 간단하다. 건물 옥상에서 애드벌룬 줄에 유인물 뭉치를 노끈으로 매단다. 그리고 쑥으로 만든 담배에 불을 붙여 노끈에 끼운 다음, 애드벌룬을 공중으로 띄워 보낸다. 일정 시간이 지난 뒤 쑥담배가 다 타고 노끈이 끊어지면 공중으로 올라간 애드벌룬에서 유인물이 광범하게 살포되는 것이다.

여러 차례의 실험을 거쳐 일반 담배보다는 쑥으로 만든 담배가 공중으로 올라갔을 때 쉽게 꺼지지 않고 잘 탄다는 걸 알아냈다. 이 방법을 사용하면 한 번에 1~2만 장씩 대량으로 뿌릴 수도 있었다. 그사이 투쟁에 참여한 조직원들은 흔적도 없이 사라졌다. 파라슈트 작전은 유인물 대량 살포에 안전하고 효과적인 방법이라 자주 활용됐다. 창의적인 방법은 또 있다. 시내버스에 탄 뒤 목적지로 정한 정류장에 서면, 버스 지붕의 환기구 밖으로 유인물 뭉치를 올려놓고 내렸다. 뒤이어 버스가 출발하면 유인물이 바람에 날리며 거리에 한가득 뿌려졌다. 이때도 조직원은 안전하게 피신한 뒤였다.

남민전의 유인물 살포는 서울 시내 중심가에서 인파가 몰리는 점심때나 퇴근 시간을 활용해 진행됐다. 요즘 같으면 유인물 한 장이 뭐 그리 대수냐 싶지만, 당시로서는 엄청난 투쟁이었다. '낮말은 새가 듣고 밤말은 쥐가 듣는다'라는 속담처럼 주위에는 온통 정보원들이 득실거렸다. 언론은 통제됐고, 사람들끼리 말 한마디 편하게 할 수 없었다. 술자리에서 박정희를 욕하다가 잡혀가던, '막걸리 보안법' 세상이었다. 택시에서 정부를 비판하면 기사가 바로 택시를 파출소로 몰고 가 신고했다. 그래서 유인물 한 장의 힘이 컸다. 모두가 숨을 죽이고 체념하던 시절에 박정희를 규탄하고 애국적 양심을 일깨우는 글은 민중의 가슴을 후련하게 했다. 이렇게 싸우는 사람들이 있다는 것만으로도 힘이 됐다. 독재정권은 '유언비어 날조와 유포'를 들이대며 겁박했지만, 발 없는 말이 천 리 가듯 진실의 내용은 금세 사방으로 퍼져나갔다.

남민전의 유인물 대량 살포가 수시로 벌어지자 정권은 당황했다. 공안당국은 시내 건물 옥상마다 사복경찰을 배치하고 감시에 나섰다. 버스정류장에도 사복경찰이 배치됐다. 하지만 남민전의 조직원들은 감시망을 피해 가며 투쟁을 이어 나갔다. 투쟁을 통해 남민전은 빠르게 성장했다. 학생들뿐 아니라 교사와 노동자, 농민들 속에서 많은 핵심이 발굴됐다. 이들을 중심으로 민투 산하에 교사·노동자·농민·학생 조직을 결성했다. 대구와 광주 등 지역에도 조직을 확대했다. 민중의소리라는 지하신문도 발행했다.

조직이 확대되면서 조직원의 교육도 체계적으로 진행됐다. 아버지는 교양선전선동부 책임을 맡아 교양자료 노트를 정리했다. 1960년대에 이재문 선생과 동지적 관계를 맺은 뒤로 노트 정리는 늘 아버지의 역할이었다. 통일전선론, 항일무장투쟁사, 정치경제학, 조직론 등을 기본으로 하고, 김일성방송대학의 철학, 역사 강좌 내용도 활용했다. 아버지는 조직원들의 사상 수준을 높이고 통일단결을 이루는 역할에 최선을 다했다. 치밀한 조직 관리와 운영, 치열한 토론과 학습, 그리고 거침없는 투쟁…. 남민전은 유신독재 타도와 민족해방의 신념과 낙관으로 똘똘 뭉쳤다. 이때가 남민전의 전성기였다.

하지만 그 전성기는 오래가지 못했다. 남민전에도 위기가 닥쳤다. 위기는 주체의 결의만으로는 극복할 수 없는 객관적 조건에서 비롯됐다. 조직이 처한 근본적 한계였다. 그 한계를 넘어서기 위한 나름의 노력도 있었지만, 그 노력이 도리어 조직을 더 위기에 빠뜨렸다.

남민전에 찾아온 위기의 본질은 '재정'이었다. 조직이 확대되면서 재정 문제가 점점 어려워졌다. 남민전은 조직원들이 각자 수입의 10%를 납부하며 재정 문제를 해결해 왔다. 하지만 곧 한계에 부닥쳤다. 투쟁을 거듭하면서 하나둘씩 수배자가 생겼다. 이들이 머무를 안가(安家)도 필요했다. 조직원들의 헌신으로 풀어나갔지만, 시간이 흐를수록 마른 수건을 짜는 방식일 뿐이었다. 그렇다고 활동을 중단하고 숨어지낼 수는 없었다.

이재문 선생은 고심 끝에 형님에게 연락했다. 당시 이재문 선생의 형님은 서울 중구 쌍림동에 살고 있었다. 형님의 집 앞에는 늘 경찰이 진을 치고 있었다. 건너편 건물 옥상에도 무장병력이 배치돼 24시간 감시했다. 그런 상황임에도 이재문 선생은 형님에게 연락해 집 한 채를 구할 만한 거금을 지원받았다. 형님에게도 무리한 액수였지만, 인혁당 관련자들의 가혹한 마지막을 보았기에 쫓기는 동생에 대한 걱정과 비통함이 컸을 것이다. 아버지 역시 주위의 인맥을 최대한 동원해 목돈을 만들어 보냈다.

남민전의 중앙위원인 이재문, 신향식 선생과 아버지는 자금 문제를 해결할 방도를 찾기 위해 머리를 맞댔다. 세 사람은 자력갱생의 방안을 생각했다. 재벌이나 고위공직자 집을 털어 자금을 마련하기로 했다. 민중을 착취하고 부정부패로 재물을 축적해 온 것에 대한 경고와 응징이기도 했다. 하지만 '작전'은 큰 성과를 거두지 못했다. 치밀하게 준비했다고는 하나 한 번도 해보지 않은 일이었다. 당연히 어설플 수밖에 없었다. 즉시 신고가 들어갔고, 경찰의 수사망이 좁혀오기 시작했다. 작전에 나선 조직원들은 경찰의 추적을 피해 이재문 선생의 안가로 들어올 수밖에 없었다. 이때가 1979년 봄이었다.

— 이런저런 이유로 쫓기던 조직원들이 이재문 동지의 잠실 안가에 하나둘씩 들어와 살게 됐지. 이재문 동지와 조직의 안전을 위해서는 제2, 제3의 안가가 필요했어. 어떻게 해서든 이 문제를 풀어보려고 했지만 쉽지 않았어.

1979년 4월에는 핵심 조직원인 임동규 선생이 붙잡혔다. 임동규 선생은 수사기관이 의심하는 대로 통혁당 재건을 위해 활동했다고 진술했다. 그 덕분에 남민전 조직은 드러나지 않았다. 이 사건 역시 시발점은 자금 문제였다.

남민전은 자금 마련을 위해 해외로 눈을 돌렸다. 이때 접촉한 사람이 일본에 있는 임동규 선생의 숙부였다. 당시 임 선생의 숙부는 총련(재일본조선인총연합회)의 상공위원회 부회장으로, 사업을 크게 했다. 아버지는 처음부터 임 선생 숙부와의 접촉을 반대했다. 총련의 간부라면 이미 외부로 드러난 인물이었다. 당연히 주위에서 보는 눈이 많을 것이다. 그래서 만나는 게 위험하다고 판단했다. 하지만 재정난을 해결할 뾰족한 수가 없었다. 결국 이재문 선생은 일본으로 사람을 보내 임동규 선생의 숙부를 만나보게 했다. 그때 일본으로 간 사람이 아버지의 동생이자 내게는 둘째 작은아버지인 안용웅이었다.

— 나중에 이 사실을 알고 나는 이재문 동지를 크게 비판했어. 만나서는 안 될 사람을 만나면 꼭 탈이 나는 법이거든. 용아(둘째 작은아버지는 어릴 때부터 '용아'라고 불렸다)는 이해경 동지가 추천해 남민전에 가입했고, 임동규 동지는 용아가 추천해 남민전에 가입했어. 세 사람 모두 4.19 세대로 친분이 두터웠지. 용아는 무역회사 일로 월남에도 여러 차례 다녀와 해외를 드나드는 데 어려움이 없었어. 그래서 이재문 동지가 일본에 보냈던 거야.

이때가 1977년 11월이었다. 하지만 1978년 2월에 두 번째로 일본에 간 작은아버지는, 한국으로 못 돌아간다는 연락을 끝으로 소식이 끊겼다. 그 뒤 작은아버지의 행방은 어디에서도 확인되지 않았다.

중앙정보부는 임동규 선생이 숙부로부터 자금을 지원받고 통혁당 재건을 기도했다고 발표했다. 또 일본에서 임 선생의 숙부를 만난 작은아버지가 월북했다고 주장했다. 이 사건으로 임동규 선생은 무기징역형을 선고받았다. 그 선고 직후 남민전 사건이 터졌다. 임동규 선생은 남민전 사건으로도 무기징역형을 추가로 받아 '쌍무기수'가 됐다.

1994년 구국전위 사건 당시 나를 조사한 수사관은, 북에 가서 삼촌을 만나 지령을 받고 온 걸 다 알고 있다며 허무맹랑하게 나를 몰아붙이기도 했다. 하지만 작은아버지의 월북은 확인된 게 하나도 없다. 2000년대 들어 남북관계가 풀리고 교류·협력이 활발하던 시절에도 작은아버지의 생사는 알 수 없었다. 반세기가 지난 지금까지도 어떠한 단서나 소식도 없다.

13

목숨 건 투쟁의
마지막 순간

아버지는 세상을 떠날 때까지 동생에 대한 그리움과 미안함을 안고 살았다. 둘째 작은아버지는 기질과 풍모, 성격과 생각까지 큰형인 아버지를 쏙 빼닮았다.

— 용아가 어려서부터 정의감이 남달랐고 배짱이 있었지. 4.19에 참여하고, 학생 민통련 활동을 할 때 보면 지도력도 있었어. 또래 중에서 항상 리더 역할을 했지. 그런 점은 정남이하고 참 비슷했어.

아버지는 남민전 조직에 대해 동생에게 말하지 않았지만, 작은아버지는 형도 모르게 조직에 참여했다. 어느 날 중앙위원회에 동생의 조직 가입이 안건으로 올라오자 아버지는 기분이 묘했다고 한다. 든든하고 뿌듯하면서도, 걱정되는 마음이 엇갈렸다. 그런 동생이었음에도 아버지는 세상을 떠날 때까지 수십 년 동안 작은아버지의 행방을 알지 못했다. 그저 어디서든 살아있겠거니 여겼다. 그런 아버지의 안타까운 심경이 드러난 일이 있었다. 그 일은 내게도 잊히지 않는 기억으로 남아 있다.

　2018년 어느 날 오전이었다. 아침 식사를 챙겨드리고 잠시 우리 집에 다녀왔는데, 아버지가 보이지 않았다. 아버지는 아침에 내게 광화문에서 열리는 집회에 가겠다고 했다. 하지만 이날은 내가 모셔다드릴 수 없는 형편이었다. 오늘은 안 된다고 했더니 아버지 혼자서 나가신 모양이었다. 그때만 해도 병세가 심하지 않을 때였다. 나는 집회를 준비하는 후배에게 연락해 아버지를 잘 챙겨달라고 부탁했다. 그런데 시간이 꽤 흘렀는데도 아버지가 귀가하지 않았다. 후배에게 연락하니 집회는 벌써 끝났고, 모두 인사를 나누고 헤어졌다고 한다.

　아버지의 행방을 알 수 없던 것은 그때가 처음이었다. 아버지에게 전화를 걸었지만, 휴대전화는 꺼져 있었다. 그러다 카드 사용 내역이 나의 휴대전화에 떴다. 카드가 사용된 곳은 코레일이었다. 서울역에서 기차표를 끊은 것이다. 요금을 확인하니 서울역에서 동대구역으로 가는 KTX였다. 두어 시간쯤 뒤에는 택시비 결제와 음식점 결제가 이어졌다. 아버지에게 계속 전화를 걸었지만, 여전히 휴대전화는 꺼져 있었다. 갑자기 대구에 가실 일이 생겼는지, 그렇다면 왜 말씀을 안 하셨는지 혼란스러웠다.

밤늦게 내 휴대전화가 울렸다. 발신자는 아버지였다. 급히 전화를 받았다. 아버지의 휴대전화로 내게 전화를 건 사람은 경찰이었다. 대구 대명동에 있는 파출소라 했다. 그는, 주택가에서 배회하는 할아버지를 파출소로 모셔 왔는데 휴대전화가 꺼져 있어서 새로 충전한 뒤 저장된 아들 번호로 연락했다고 했다. 아버지의 목소리를 확인하고 비로소 안도했다. 대구의 후배에게 급히 연락해 파출소로 좀 가달라고 부탁했다. 그 후배가 아버지를 집으로 모시고 와 일단 하룻밤을 묵게 한 뒤, 다음날 동대구역에서 서울행 KTX 기차에 태워 드렸다.

나는 도착 시간에 맞춰 서울역으로 마중을 나갔다. 기차가 천천히 플랫폼으로 들어왔다. 아버지 좌석의 객차 앞에서 초조하게 기다렸다. 이윽고 아버지가 기차에서 내렸다. 한눈에 봐도 지친 모습이었다. 아버지를 부축해 대합실로 올라가며 물었다.

─ 갑자기 대구는 왜 가셨어요?
─ 용아를 만나러 갔지. 근데 예전에 용아랑 같이 살던 대명동 집을 도저히 못 찾겠더라. 용아가 나를 많이 기다릴 텐데…. 용아한테 통 연락이 안 돼서 걱정이다.

아버지를 모시고 집으로 오면서 나는 아무런 말도 하지 못했다. 아버지의 병세가 한층 깊어진 걸 인정할 수밖에 없어 착잡했다. 그 보다 더 마음 아팠던 건 오랫동안 아버지의 가슴 속에 담아둔 그리움을 확인해서였다. 작은아버지로부터 소식이 끊어진 지 40년이 지났지만, 아버지는 사라지는 기억 속에서도 동생에 대한 걱정이 회한처럼 남아 있었다.

임동규 선생 사건이 터지고 작은아버지가 월북했다는 발표가 나면서 아버지에게도 위기감이 몰려왔다. 다행히 통혁당 재건 사건으로 종결되면서 남민전의 실체는 드러나지 않았다. 하지만 아버지는 이재문 선생과 상의해 중앙위원을 사임했다. 언제든 수사가 아버지에게 들이닥쳐 조직이 위험에 빠질 수 있었기 때문이다.

신향식 선생도 비슷한 시기에 중앙위원을 사임했다. 1979년 4월에 '땅벌작전' 중 조직원 한 사람이 현장에서 체포되는 일이 벌어졌다. 땅벌작전은 당시 '칠공자'라고 불릴 만큼 개차반인 행동거지로 민중들로부터 욕을 먹고 있던 동아그룹 최원석 회장의 집을 터는 작전이었다. 그런데 경찰이 보기에 단순 강도라고 하기에는 석연치 않은 게 많았다. 경비원은 경찰에, 강도들이 '혁명자금' 운운했다고 진술했다. 경찰은 대공 혐의를 두고 본격적으로 수사를 진행했다. 작전에 가담한 조직원들은 이재문 선생의 안가로 피신할 수밖에 없었다. 이 작전을 총괄했던 신향식 선생이 결과에 책임을 지고 중앙위원을 사임한 것이다.

이처럼 조직에 서서히 위기가 닥쳐왔다. 하지만 투쟁은 한시도 멈출 수 없었다. 8월에는 '꽃불작전'을 실행했다. 당시 가발업체인 YH무역의 부당한 폐업 조치에 맞서 8월 9일부터 여성 노동자 180여 명이 야당인 신민당사에 들어와 농성을 벌이고 있었다. 경찰은 8월 11일 새벽에 1,200여 명의 병력을 동원해 강제 진압에 나섰다. 농성 중인 노동자들은 물론 야당 의원과 취재 기자까지 마구잡이로 폭행했다. 이 과정에서 노동자 김경숙이 진압하는 경찰에 떠밀려 추락사하는 일이 벌어졌다. 하지만 박정희 유신독재는 강력한 언론 통제로 이 사건을 일절 보도하지 못하게 막았다. 꽃불작전은 김경숙의 억울한 죽음과 박정희 유신독재의 폭력성을 세상에 알리기 위한 것이었다. 작전은 민투의 산하 조직인 민학련(민주구국학생연맹)에서 수행했다. 민학련의 조직원들은 유인물을 제작해 청량리역 부근과 무교동, 서울역 일대에 파라슈트 방식으로 대량 살포했다.

유신정권에서 난리가 난 건 당연했다. 치안본부 대공분실에서는 이번의 '불온전단' 살포 사건만큼은 반드시 범인을 잡겠다며 작정하고 덤볐다. 철필로 써서 등사기로 찍어낸 유인물의 필체를 분석하는 과정에서 한 조직원이 수사망에 걸려들었다. 단서를 잡은 경찰의 추적은 집요했다. 가족과 주변인, 친구들까지 모조리 미행했다.

결국 운명의 날은 오고야 말았다. 1979년 10월 4일 새벽 2시, 권총으로 무장한 경찰들이 서울 잠실 시영아파트 11동을 에워쌌다. 이들은 아파트 경비원을 가장하고 408호의 문을 두드렸다. 이곳은 이재문 선생의 안가였다. 문이 열리는 순간 무장경찰이 일제히 아파트 안으로 들이닥쳤다. 순식간에 벌어진 일이었다. 안가에 있던 네 명의 조직원들과 경찰이 격투를 벌였다. 그새 이재문 선생은 서류 보따리를 창밖으로 던지고, 칼로 자신의 양쪽 가슴을 찔러 절명을 시도했다. 조직원들은 모두 체포됐다. 이재문 선생은 깊은 자상을 입고 병원으로 실려 갔다.

'불온전단' 살포의 주동자 검거 작전에 나섰던 치안본부 대공분실 수사관들은 이재문 선생이 창밖으로 던진 서류 보따리를 찾아내고 깜짝 놀랐다. 당시 이재문 선생은 조직의 중요한 내용을 안가에 종이 문서로 보관하고 있었다. 디스켓도, USB도 없던 시절이었다. 뜻하지 않게 남민전이라는 대규모 조직을 적발한 경찰이 당황할 정도였다. 그로부터 닷새 뒤인 10월 9일, 내무부 장관인 구자춘은 흥분된 표정으로 기자회견을 열고 남민전 사건을 발표했다.

치안본부 대공분실이 남민전을 적발하고, 치안본부를 책임지는 내무부 장관이 사건의 진상을 발표하면서 중앙정보부가 발칵 뒤집혔다. 중앙정보부는 남민전에 대해 전혀 알지 못했다. 실은 대공분실도 마찬가지였다. '불온전단' 살포 사건을 추적하다 우연히도 이재문 선생의 안가를 찾아낸 것이다. 이 때문에 박정희 앞에서 경호실장 차지철이 중앙정보부장 김재규에게, 도대체 중정은 뭘 하고 있었기에 경찰이 적발할 때까지 간첩 조직의 실체도 파악하지 못했냐고 힐난했다는 이야기가 있다. 남민전 사건 발표 후 보름여 만에 터진 김재규의 박정희 저격에는 자신을 힐난한 차지철에 대한 악감정도 크게 작용했다고 한다. 결국 차지철은 김재규의 총에 맞아 죽었다.

이재문 선생의 안가가 급습받았다는 소식은 아버지에게도 전해졌다. 아버지는 다음날인 10월 5일, 추석 차례를 지내자마자 급히 집을 나왔다. 아버지가 몸을 피하고 난 뒤 경찰들이 우리 집을 덮쳤다. 이재문 선생의 체포와 함께 조직의 실체가 모두 드러나고 말았다. 아직 검거되지 않은 조직원들도 하나둘씩 체포됐다. 아버지 역시 10월 27일, 경찰에 체포됐다.

─조직을 지켜낸다는 건 지도부를 지켜내는 일이야. 새로운 아지트를 확보해서 이재문 동지와 다른 조직원들을 완전히 분리해야 했지만, 그렇게 하지 못했어. 그 부분이 너무도 안타깝고 속상해. 어떤 상황에서라도 지하조직의 보위 원칙을 지켜내야 했는데… 그게 우리의 한계였어.

그것은 남민전의 한계이면서 이재문 선생의 한계이기도 했다. 이재문 선생은 자신보다 남을 먼저 챙기는 게 몸에 배어 있었다. 어렵게 형님한테서 받아온 목돈도 안가를 구하는 데 쓰지 않았다. 어려운 처지에 놓인 동지들의 생활비와 활동비를 챙기는 데 먼저 썼다. 아버지는 그런 이재문 선생을 "인정이 너무 많았던 게 운동가로서 장점이자 단점"이었다고 평가했다.

이재문 선생의 체포와 함께 남민전은 무너졌다. 44개월간 목숨을 건 남민전의 투쟁도 이렇게 끝이 나고 말았다. 그리고 남민전이 침탈당하고 얼마 뒤인 10월 26일, 박정희도 김재규의 총탄을 맞고 18년의 독재를 마감했다.

14

조국의 대지 위에
떨어진 별

이재문 선생의 안가가 침탈당하면서 체포된 조직원들은 처음부터 혹독하게 고문을 당했다. 치안본부 대공분실에서는 '고문기술자'로 유명한 이근안을 수사에 투입했다. 당시 이근안은 경기도경 대공분실 소속이었다. '불곰'이란 별명처럼 건장한 체격의 이근안은 국가보안법 사건마다 고문 장비를 챙겨 출장을 다니던 특급 고문기술자였다.

이근안은 특히 이재문 선생을 잔인하게 다루었다. 경찰이 급습할 때 창밖으로 던진 이재문 선생의 서류 보따리를 압수했기에 남민전 조직의 윤곽은 거의 드러난 상태였다. 그런데도 체포 당시 자상으로 몸 상태가 정상이 아닌 이재문 선생에게 이근안은 무자비한 고문을 자행했다. 당시 체포된 남민전 조직원들의 증언을 보면 이근안은 고문을 즐겼다고 한다. 고문으로 상대를 짓밟으면서 쾌감을 느끼는 사이코패스였다. 일제강점기와 해방 이후에 독립운동가들을 악랄하게 고문했던 노덕술과, 빨치산들을 잔인하게 죽였던 김종원의 후계자인 셈이다. 이근안은 유도의 업어치기로 상대를 바닥에 집어 던지고, 수시로 팔다리의 관절을 꺾어 극심한 고통을 주었다. 손을 뒤로 꽁꽁 묶고 상체를 활처럼 거꾸로 휘게 해 철봉에 매달아 놓는 '통닭구이' 고문도 자주 사용했다. 이근안의 전매특허는 물고문과 전기고문이었다. 그놈은 죽지 않을 정도에서 고통을 극대화하는 방법을 자신이 행한 숱한 경험을 통해 터득하고 있었다.

2차, 3차로 뒤늦게 체포된 사람들은 그나마 덜 당했다. 10.26이 터진 뒤에는 대공분실도 뒤숭숭한 분위기였다. 원래대로라면 수사가 마무리된 뒤 청와대로 불려가 특진에 대통령 표창을 받기로 돼 있었다. 그런데 박정희가 죽으면서 흐지부지되는 바람에 사기가 떨어졌다고 한다.

1994년 6월에 구국전위로 구속됐을 때, 나를 수사하던 경찰청 대공분실에는 팀장 격인 '홍반장'이란 자가 있었다. 이 자가 남민전 사건 당시 수사관이었다. 그때 일을 이야기하며 표창을 받지 못한 걸 아쉬워했다. 또 "이재문은 우리가 심하게 다뤘는데, 안재구는 늦게 잡혀 운이 좋았다"라며 독사눈으로 내게 이야기했다. "나중에 더 크게 돼서 또 잡혀 와라"라며 비아냥거리는 것도 잊지 않았다.

이근안은 1980년대 전민노련(전국민주노동자연맹), 민청련(민주화운동청년연합), 반제동맹 등의 국가보안법 사건을 수사할 때, 잡혀 온 사람들에게 이렇게 떠벌였다고 한다.

─ 남민전의 이재문이 왜 죽었는지 알아? 나한테 당하면 너도 이재 문처럼 돼.

이근안의 고문 행각은 민청련 사건 당시 이근안에게 고문받은 김근태 의장의 폭로로 만천하에 드러났다. 6.29 선언 후 곳곳에서 이근안의 잔인한 고문 행태가 폭로됐다. 이근안을 당장 구속하라는 여론이 일자 이근안은 돌연 경찰직을 사퇴하고 도망쳤다. 10년 만에 잡혀 법의 심판을 받았지만 "고문은 예술"이라고 지껄이며 전혀 뉘우치지 않았다. 출소한 뒤에는 책을 내고 목사 안수까지 받았다던가.

이재문 선생은 오랜 수배 생활로 건강이 좋지 않았던 데다가 혹독한 고문 수사를 받으면서 급속도로 몸이 망가졌다. 대법원에서 사형이 확정된 뒤에는 식사를 제대로 하지 못할 만큼 건강이 나빠졌다. 의무과에서는 외부 진료가 시급하다고 판단했지만, 안기부를 비롯한 관계당국은 이를 묵살했다. 어차피 죽을 사형수라며 무시했다. 설사 사형수라도 치료받을 권리가 있음에도 끝끝내 가족의 요청을 불허했다. 이재문 선생이 세상을 떠날 때까지 저들은 아무런 조치 없이 그대로 방치했다. 이재문 선생의 병명은 '위 유문부 협착

증'이었다. 적절한 치료와 수술을 받으면 충분히 나을 수 있는 병이었다. 그랬다면 삶의 마지막 순간까지 음식을 삼키지 못하고 구토를 일삼는 처참한 고통은 겪지 않아도 됐다. 부당하고 억울한 죽음은 40여 년이 지나서야 풀렸다. 2024년 9월에 법원은 이재문 선생에 대해 외부 진료를 불허한 국가기관의 잘못을 인정하고, 가족에게 배상하라는 판결을 내렸다.

남민전 사건이 터진 뒤 아버지가 이재문 선생과 처음으로 이야기를 나눈 것은 1980년 9월의 2심 선고 직후였다. 아버지는 이때 세계 수학자들의 탄원 덕분에 무기형으로 감형됐다. 재판이 끝나고 이재문 선생은 제지하는 교도관들을 물리치며 환한 표정으로 아버지에게 다가왔다.

— 안 교수, 정말 잘됐습니다. 우린 서로가 신념을 온전히 간직한 채 헤어지니 이별이라고 할 수 없겠죠. 동지는 일심동체이니 이별은 없는 것입니다. 안 교수가 살아남아서 '우리 동네'가 '남의 동네'로 변하지 않도록 끝까지 애써주세요.

아버지는 '우리 동네'가 '남의 동네'로 변하지 않도록 해달라는 이재문 선생의 말을 가슴에 새겼다. 그 말은 남민전이 세웠던 목표와 과제를 꼭 이루어 달라는 당부였다.

1981년 1월의 대법원판결 후 아버지는 사형이 확정된 두 동지를 남겨두고 이감을 가야 했다. 서울구치소에 있을 때는 담벼락 안의 차가운 독방이기는 하지만 한곳에 있다는 게 위로가 됐다. 하지만 이제는 영원히 헤어져야 했다. 아버지는 밤잠을 이룰 수가 없었다. 그때 이재문 선생이 인편에 마지막 인사를 전해왔다.

 ─ 어떤 독재정권도 민중의 힘을 이길 수 없습니다. 그날이 멀지 않
    습니다. 이제부터는 안 교수가 우리 조직을 책임져야 합니다. 부디
    건강을 챙기세요. 그리고 우리의 이야기를 꼭 세상에 전해주세요.

아버지는 이재문 선생의 유훈을 감옥에 있을 때도, 출소한 뒤에도 잊지 않았다. 목숨이 다하는 순간까지 지키려고 애썼다. 아버지에게 이재문 선생은 동지이자 상부의 책임자이면서 지도자였다. 소년 시절에 자신을 투쟁의 길로 이끌어 준 밀양중학교의 벗 강성호이면서, 무릉동에서 자신을 '산사람'으로 교육해준 박철환 지도원 같기도 했다.

죽음이 임박해 왔음을 느낀 이재문 선생은 전봉준 장군의 옥중시를 즐겨 읊었다고 한다. 운명이 다한 자신은 더는 민족의 해방을 도모할 수 없지만, 지극한 그 마음을 이어갈 이들이 계속 나오리라 믿었을 것이다.

時來天地皆同力

때가 오니 하늘과 땅이 모두 힘을 합치는데

運去英雄不自謀

운명이 다한 영웅은 스스로 도모할 수가 없네.

愛民正義我無失

백성을 사랑하고 의를 바로 세우는 데서 내가 잃을 게 없으니

爲國丹心誰有知

나라를 위하는 지극한 이 마음을 그 누가 알까.

이재문 선생은 1981년 11월 22일, 극심한 고통 속에 세상을 떠났다. 서울구치소로부터 시신을 인수해 가라는 통보를 받고 장조카인 이진일이 달려갔다. 눈을 뜬 채로 숨을 거둔 이재문 선생은 그동안 얼마나 고생했는지 뼈밖에 안 남은 모습이었다. 이진일은 작은아버지의 눈을 감겨 주고, 마포구 창전동에 있던 자신의 아버지 집으로 모시고 왔다. 이미 경찰이 골목 입구부터 깔려 드나드는 사람들을 검문하고 있었다. 감시의 사슬은 죽어서도 풀리지 않았다. 이재문 선생의 영결식은 인천의 한 성당에서 거행됐다. 성당 안팎에는 사복경찰은 물론 전경들까지 배치됐다. 이들은 영결미사가 진행되는 내내 주변을 살폈다. 운구행렬은 이재문 선생의 마지막 안식처인 인천의 천주교 공원묘지로 향했다. 경찰은 이곳까지 쫓아왔다.

이재문 선생의 별세 소식은 감옥의 동지들에게도 전해졌다. 아버

지는 이재문 선생의 마지막 당부를 애통한 가슴속에 오래도록 되새겼다. 광주교도소에 있던 남민전 전사 김남주 시인은 '전사 1'이란 시로 이재문 선생을 기렸다. 김남주 시인은 안가가 발각될 때 이재문 선생과 함께 있다 붙잡혔다. 이재문 선생과 마지막까지 같이 생활하며 가까이서 챙겼던 김남주 시인은 징역 15년을 선고받았다.

전사1

일상생활에서 그는
조용한 사람이었다.
이름 빛내지 않았고 모양 꾸며
얼굴 내밀지도 않았다.

무엇보다도 그는
시간엄수가 규율엄수의 초보임을 알고
일 분 일 초를 어기지 않았다.
그리고 동지 위하기를 제 몸처럼 하면서도
비판과 자기비판에 철두철미했으며
결코 비판의 무기를 동지 공격의 수단으로 삼지 않았다.
조직생활에서 그는 사생활을 희생시켰다.
조직의 이익을 위해서라면 모든 일을 기꺼이 해냈다.

큰일이건 작은 일이건 좋은 일이건 궂은일이건 가리지 않고

그리고 아무리 하찮은 일이라도

먼저 질서와 체계를 세워

침착 기민하게 처리해 나갔으며

꿈속에서도 모두의 미래를 위해

투사적 검토로 전략과 전술을 걱정했다.

이윽고 공격의 때는 와

진격의 나팔소리 드높아지고

그가 무장하고 일어서면

바위로 험한 산과 같았다.

적을 향한 증오의 화살은

독수리의 발톱과 사자의 이빨을 닮았다.

그리고 하나의 전투가 끝나면

또 다른 전투의 준비에 착수했으며

그때마다 그는 혁명가로서 자기 자신을 잊은 적이 없었다.

1980~90년대 대학의 학생회실에는 어디를 가든 김남주 시인의 '전사 1'이 벽에 걸려 있었다. 그때는 이런 전사의 삶을 살자는 다짐으로만 여겼다. 이 시가, 김남주 시인이 자신의 지도자였던 이재문 선생을 추모하며 감옥에서 쓴 시라는 건 다들 잘 몰랐다.

또 다른 중앙위원으로 사형선고를 받았던 신향식 선생은 1982
년 10월 8일 정오에 서울구치소에서 형이 집행됐다. 신향식 선생
은 남민전에서 '혜성대' 대장을 맡았다. 혜성대는 다양한 응징 투쟁
을 기획하고 집행하는 남민전의 특별기구였다. 아버지가 교양선전
선동부를 맡아 주로 조직원들의 사상교육을 책임졌다면, 신향식 선
생은 남민전의 투쟁을 책임지는 위치에 있었다.

신향식 선생은 고문 수사관들조차 나중에는 존경을 표할 정도로
가혹한 상황에서도 당당한 모습을 잃지 않았다. 통혁당과 남민전을
거치며 한순간도 지조와 신념을 잃지 않았던 낙천적인 혁명가였다.
사형을 앞두고는, 죽으면 무덤가에 잣나무나 한 그루 심어 달라는
말을 남겼다고 한다. 신향식 선생의 사형집행 소식을 들은 김남주
시인은 그의 불꽃 같은 삶과 죽음을 담은 추모시 '전사 2'를 감옥에
서 썼다.

전사 2

해방을 위한 투쟁의 길에서
많은 사람이 죽어갔다.
많은 사람이
실로 많은 사람이 죽어갔다.

수천 명이 죽어갔다.
수만 명이 죽어갔다.
수십만 명이 다시 죽어갈지도 모른다.

지금도 지금도 죽어가고 있다.
나라 곳곳에서 거리에서 공장에서 감옥에서
압제와 착취가 있는 곳 바로 그곳에서

어떤 사람은 투쟁의
초기 단계에서 죽어갔다.
경험의 부족과 스스로의 잘못으로

어떤 사람은
승리의 막바지 단계에서 죽어갔다.
이름도 없이 얼굴도 없이
살을 도려내고 뼈를 깎아내는 지하의 고문실에서
쥐도 모르게 새도 모르게 죽어갔다.

감옥의 문턱에서
잡을 손도 없이 부를 이름도 없이 죽어갔다.

그러나 보아다오 동지여!
피와 땀과 눈물의 양분 없이
자유의 나무는 자라지 않는다 했으니
보아다오 이 나무를
민족의 나무 해방의 나무 투쟁의 나무를

이 나무를 키운 것은
이 나무를 이만큼이라도 키워 낸 것은
가신 님들이 흘리고 간 피가 아니었던가.

자기 시대를 열정적으로 노래하고
자기 시대와 격정적으로 싸우고
자기 시대와 더불어 사라지는 데
기꺼이 동의했던 사람들
바로 그 사람들이 아니었던가.

오늘 밤 또 하나의 별이
인간의 대지 위에 떨어졌다.
그는 알고 있었다.
투쟁의 길에서
자기 또한 죽어갈 것이라는 것을

그 죽음이 결코
헛되이 끝나지는 않을 것이라는 것을

그렇다 그가 흘린 피 한 방울 한 방울은
어머니인 조국의 대지에 스며들어
언젠가 어느 날엔가는
자유의 나무는 열매를 맺게 될 것이며
해방된 미래의 자식들은
그 열매를 따먹으면서
그가 흘린 피에 대해서 눈물에 대해서
이야기할 것이다.

어떤 사람은 자랑스럽게 이야기할 것이고
어떤 사람은 쑥스럽게 부끄럽게
이야기할 것이다.

유신독재에 맞서 격정적으로 싸우다 조국의 대지 위에 떨어진
별, 이재문과 신향식…. 별이 된 두 사람은 오늘도 조국의 하늘에서
영원히 빛나고 있다.

역사에서 위대한 것은 승리만이 아니다
패배 또한 위대한 것이다
이 땅에서 아름다운 것 그것은 싸우는 일이니
그것을 다른 데서 찾지 말아라

- 김남주의 시 '잣나무나 한 그루' 중에서

살아남은 남민전의 전사들은 두 사람의 뜻을 잊지 않았다. 마음속에 깊이 간직했다. 전사들은 감옥에서도 싸움을 멈추지 않았다. 그들에게 감옥은 또 다른 투쟁의 공간이었다. 위대한 패배를 딛고 다시 일어서는….

15
남민전의 길이
현실이 되다

1981년 1월에 대법원에서 형이 확정된 남민전 동지들은 전국의 교도소로 흩어졌다. 대부분 특별사동(특사)이 있는 교도소였다. 소위 '좌익사범'을 수용하는 특사는 대전, 전주, 광주, 대구, 이렇게 네 군데 교도소에 있었다. 모두 엄중한 시설로 재소자에 대한 비인간적 처우와 폭력이 일상이었다.

아버지는 전주교도소로 이감됐다. 전주교도소에 오자마자 직면한 것은 '전향공작'이었다. 박정희는 유신헌법이 통과된 직후부터 전국 교도소의 '좌익사범'들에게 대대적으로 전향공작을 벌였다. 체제 경쟁에서 북쪽보다 우위에 있다는 걸 보여주기 위해서였다. 잔인하고 폭력적인 만행이 곳곳에서 벌어졌다. 많은 이들이 '강제로' 전향을 당했다. 전향을 거부하다 교도소 측에서 고용한 깡패

재소자들과 교도관들에게 맞아 죽거나 스스로 목숨을 끊은 이들도 적지 않았다. 끔찍한 정신적·육체적 폭력에도 끝까지 버틴 이들은 모두 특사에 수용됐다. 이곳에서 외부와 차단된 채 특별 감시를 받았다.

전향공작은 1980년대에도 여전히 기승을 부리고 있었다. 기결수가 돼 교도소로 넘어온 양심수들에게는 '교회사'라는 직함을 가진 교무과 직원들이 달라붙어 전향서를 받아내려고 기를 썼다. 온갖 회유와 협박이 자행됐다. 거부하는 이들에게는 징역살이에 큰 불이익을 주었다.

— 전주교도소에는 남민전에서 청년조직을 책임진 최석진 동지가 함께 있었어. 그는 치안본부 대공분실에서 혹독하게 고문당하다 감시가 소홀한 틈을 타 죽을 각오로 3층 수사실의 창문을 깨고 뛰어내렸어. 이때 골반이 부러지고 크게 다쳤지. 재판 때도 내내 들것에 실려 나와 심문을 받을 정도였어.

20대의 나이에 무기수로 전주교도소에 온 최석진은 투신의 충격으로 다친 신장이 다시 탈이 났다. 급성 신우염이 발병해 온몸이 퉁퉁 부었다. 피오줌을 쏟으며 고열에 시달렸다. 외부 병원의 치료가 시급했다. 하지만 교도소 측은 목숨이 경각에 달린 사람을 놓고 전향해야 치료해 준다고 했다. 이에 분노한 아버지와 양심수들은 무기한 단식투쟁에 들어갔다. 단식이 길어지자 당황한 교도소장은 요구사항을 모두 들어주겠다고 했다. 최석진의 외부 진료를 허용하고, 간병할 소지(교도관을 도와 잡일을 하는 재소자)를 배치하는 것도 수용했다. 운동시간 연장과 부식 개선도 약속했다. 하지만 속임수였다. 단식을 푼 지 1주일 뒤에 교도소 측은 아버지를 광주교도소로, 최석진을 대구교도소로 이감해 버렸다.

비인간적인 처우는 광주교도소도 마찬가지였다. 특히 부식이 엉망이었다. 채소는 오래돼 흐물거렸고, 생선에서는 구더기가 나왔다. 담배꽁초가 섞인 국과 썩어가는 김치가 사람이 먹는 음식으로 나왔다. 아버지와 양심수들은 단식투쟁으로 맞섰고, 교도소 측은 잔인한 폭력으로 탄압했다.

─ 수갑 채운 팔을 뒤로 젖히고, 두 팔과 목덜미 사이에 곤봉을 끼워 누르는 '비녀꽂이'가 저놈들의 전매특허였지. 이 때문에 많은 동지들이 다쳤고, 차갑고 습기 찬 징벌방에 갇혀야만 했어.

교도소 측의 폭력은 여기에 그치지 않았다. 파렴치한 잡범들 방에 집어넣어 몰매를 맞게 하거나, 사형수 방에서 그들의 노리개가 되게 했다. 하지만 2~3일이 지나면 그들도 양심수들을 지지했다. 부식 개선과 운동, 세면, 세탁 시간 연장 등 싸움의 성과가 일반 재소자들에게도 큰 혜택으로 돌아갔기 때문이다.

광주교도소에서 잊을 수 없는 일은 1982년 10월에 일어난 박관현 열사의 죽음이었다. 1980년 5월 당시 전남대 총학생회장이었던 박관현은 경찰에 쫓겨 다니다 1982년 4월에 체포됐다. 광주교도소에 수감된 박관현은 광주학살 책임자 처벌과 부당한 처우 개선을 요구하며 세 차례에 걸쳐 50일간 단식투쟁을 벌였다. 하지만 당시 소장인 최건식이란 자는 박관현을 밀폐된 징벌방에 가두며 탄압했다. 거듭된 단식으로 박관현의 건강은 급격히 나빠졌다. 박관현은 단식투쟁 도중에 가슴 통증을 호소하며 쓰러졌다. 응급조치도 제대로 못 받고 전남대병원에 이송된 박관현은 끝내 세상을 떠나고 말았다. 박관현의 죽음은 교도소 측의 명백한 타살이었다. 소식을 들은 양심수들은 전원 무기한 단식에 들어갔다. 박관현을 탄압했던 최건식은 결국 다른 교도소로 쫓겨났다. 새로 온 소장은 양심수들의 요구를 상당 부분 들어줄 수밖에 없었다.

이렇듯 징역살이는 한시도 긴장을 늦출 수 없었다. 끊임없는 탄압과 회유, 폭력에 맞서 싸워야만 했다. 몸은 갇혔어도 정신만큼은 네놈들에게 내주지 않겠다는 결기와 각오 없이는 한순간도 살아낼 수 없는 곳이 감옥이었다. 투쟁 없이는 결코 자유를 쟁취할 수 없는 그곳에서 아버지는 동지들과 함께 줄기차게 투쟁을 이어 나갔다. 투쟁의 끝은 항상 이감이었다. 저들은 감당할 수 없을 지경이 되면 양심수들을 뿔뿔이 흩어놓았다. 하지만 양심수들은 투쟁을 멈추지 않았다. 이감된 교도소에서도 부당한 처우에 맞서 투쟁을 벌였다.

교도소 내 처우 개선 투쟁에서 남민전 사람들의 역할은 컸다. 대개 같은 사건 관련자는 한 교도소에 두지 않았다. 분리 수감이 원칙이었다. 그러나 남민전은 워낙 많은 사람이 구속되다 보니 한곳에 여러 명이 모일 수밖에 없었다. 어느 교도소든 투쟁의 중심에는 남민전이 있었다. 남민전의 조직적인 투쟁은 다른 양심수들도 결속시켰다. 교도소 측은 골머리를 싸맸지만, 투쟁은 큰 성과를 얻었다. 일반 재소자들까지 남민전 사람들이 들어오기 전과 후로 감옥살이가 달라졌다며 고마워할 정도였다.

  1986년 5월 3일, 인천에서 벌어진 대규모 시위로 시국은 급격히 얼어붙었다. 전두환 정권은 경찰의 폭력 진압에 맞선 시위대의 저항을 빌미로 민주화운동을 대대적으로 탄압했다. 감옥에도 칼바람이 불었다. 법무부는 각 교도소의 비전향장기수들을 대전교도소로 보내기 시작했다. 한곳에 모아 엄격하게 관리하겠다는 의도였다. 그해 9월에 저들은 아버지도 대전교도소로 보냈다. 동양 최대의 감옥이라는 대전교도소는 밀폐된 통로와 전자식 철문, 인터폰과 이중 아크릴로 폐쇄된 감방이었다. 관리자는 편했지만, 수감자는 관짝 같은 현대식 감방에서 철저히 격리됐다. 그중에서도 비전향장기수들만 따로 수용한 특사는 이중으로 외벽을 쌓아 외부와 철저히 차단했다. 저들의 표현처럼 엄중 구금시설이었다.

  이곳에서도 아버지는 비인간적인 처우의 개선을 요구했다. 받아들여지지 않자 단식투쟁에 돌입했다. 투쟁은 특사 전체로 확산됐다.

골치 아파진 저들은 석 달 만에 아버지를 다시 대구교도소로 이감해 버렸다. 1986년 12월, 아버지는 대구를 떠난 지 10년 만에 수인이 되어 대구로 돌아왔다. 젊은 시절의 추억이 가득한 곳, 경북대 수학과 시절의 기억이 어제 일처럼 생생한 대구는 고향과 진배없었다. 하지만 대구교도소는 고향처럼 푸근한 곳이 절대 아니었다. 소장을 비롯한 교도관 대부분은 독재정권의 하수인이었다. 그들은 양심수들을 가혹하게 대하고 괴롭혔다. 아버지는 부당한 처우 개선을 위해 감옥살이 중 가장 긴 11일간의 단식투쟁을 해야만 했다.

대구교도소는 1990년 4월에 내가 구속됐을 때도 양심수 탄압 1번지의 악명을 지키고 있었다. 당시 내가 있던 미결 사동에서 처우 개선을 내걸고 투쟁이 붙었다. 나를 비롯한 주동자들은 보안과로 끌려가 두들겨 맞고 꽁꽁 묶인 채 징벌방에 갇혔다. 밥도 개처럼 엎드려 입으로 먹어야만 했다. 우리는 즉각 단식투쟁에 돌입했다. 며칠 뒤 나는 결심 공판에서 최후진술을 통해 대구교도소의 야만적인 처사를 폭로했다. 법정에 온 사람들은 대구교도소로 몰려와 항의했다. 결국 교도소 측은 우리를 징벌방에서 풀어주고 물러날 수밖에 없었다. 그때 나를 면회 온 아버지는 "이놈들이 예나 지금이나 하는 짓이 바뀐 게 하나도 없다"라며 분노했다.

감옥에서 아버지는 참으로 소중한 분들을 만났다. '간첩 혐의'로 20~30년씩 징역을 살고 있던 특사의 무기수들이었다. '통일사업'을 위해 북에서 내려온 사람들도 있었고, 고기잡이를 나갔다가 조류에 밀려 북으로 넘어갔다 돌아온 뒤 간첩으로 체포된 '납북어부'들도 있었다. 조국으로 유학을 왔다가 간첩으로 몰린 '재일동포 유학생 간첩단 사건' 관련자들도 있었다. 심지어 6.25 때 붙잡혀 여태껏 갇혀 있는 사람들도 있었다. 이들은 특사에서 외부와 차단된 채 끝도 모를 징역살이에 시달리고 있었다.

이들에 비하면 남민전은 나았다. 바깥에는 가족들의 지원도 있었고, 함께 감옥살이하는 '공범'도 많았다. 널리 알려진 사건이라 기억하는 이들도 적지 않았다. 비전향장기수처럼 잊힌 존재는 아니었다. 남민전 사람들은 '간첩'이란 이름으로 감옥 안에서도 외면받아온 그들과 연대했다. 비인간적인 대우를 뿌리 뽑기 위해 함께 투쟁했다. 그 과정에서 비전향장기수의 존재도 점차 세상 밖으로 알려졌다.

─ 장기수 선생님들은 민족해방운동의 산증인이라고 할 수 있어. 분단을 극복하고 자주통일을 실현하기 위해 모든 걸 바친 선배 투사들이지. 우리한테 남민전 이야기를 듣고는 다들 깜짝 놀랐어. 자기들은 한두 사람씩 점으로 선을 겨우 이어왔는데, 남민전은 제대로 투쟁을 벌였다며 칭찬하셨지. 감옥 안에서 우리를 참 많이 아끼고 동지애로 대해주셨어.

아버지도 똑같은 경험을 했다. 통혁당과 인혁당 사건 이후 남아 있던 핵심들과 새로운 청년들을 결집해 조직한 것이 남민전이었다. 남민전이 침탈당하면서 민족해방운동의 마지막 남은 구심이 허물어졌다고 여겼다. 하지만 기우였다. 남민전은 깨졌어도 새로운 핵심들이 다시 나와 뒤를 이은 것이다. 탄압이 있으면 저항이 있고, 모순이 있으면 투쟁이 있다는 건 사회과학의 진리다. 혁명은 대를 이어 나아가는 법이다. 앞선 자의 희생을 바탕으로 끊임없이 전진하는 게 혁명의 본성이다.

남민전이 감옥에 갇혀 있는 동안 바깥세상은 갈수록 달라지고 있었다. 전두환 독재의 폭압을 뚫고 학생들은 치열하게 투쟁했다. 감옥은 끌려온 학생들로 넘쳐났다. 학생들은 감옥 안에서도 투쟁을 멈추지 않았다. 자연스럽게 남민전 사람들과도 어울렸다. 그 학생들이 출소하면서 베일에 가려져 있었던 남민전의 모습도 하나둘씩 세상에 드러날 수 있었다.

1987년 6월항쟁과 6.29 선언, 그리고 그해 말의 대선까지 격동의 시간이 흘러갔다. 대선에서는 김영삼, 김대중의 분열로 노태우가 당선돼 군사독재를 이어갔지만, 민중들의 투쟁은 멈추지 않았다. 1988년 4월 총선에서 여소야대를 만들었고 전두환 · 이순자 구속과 양심수 석방을 요구했다. 그 투쟁 덕분에 남민전도 자유의 몸이 됐다. 불가능하다고 여겼던 일이 10년 만에 이루어진 것이다. 1988년 12월, 민주화 투쟁의 성과로 감옥에서 풀려난 아버지는 당시 재야와 민주단체, 청년학생운동 안에서 '민족해방'의 구호가 널리 퍼져 있는 것을 보고 감격했다.

— 남민전은 민족해방의 과제를 비밀리에 토론하고 투쟁도 은밀히
진행했지. 그런데 나와서 보니 다들 민족해방에 대해 공개적으로
토론하고 미국에 대해서도 거침없이 비판하는 거야. 깜짝 놀랐어.

1982년의 부산 미문화원 방화와 1985년의 서울 미문화원 점거
농성은 광주학살의 배후이자 군사독재를 지원해 온 미국의 민낯을
드러내는 투쟁이었다. 1987년 6월항쟁은 본격적인 대중운동의 신
호탄이 됐다. 변혁운동도 더 이상 '지하'에 머물러 있지 않았다. 다
양한 민주단체들을 결성하면서 공개적인 활동에 나섰다. 국가보안
법의 탄압은 여전했지만, 이를 뚫고 '민족해방운동'은 빠르게 성장
해 나갔다.

전대협(전국대학생대표자협의회, 1987년 8월 결성), 전청대협(전국청
년단체대표자협의회, 1989년 1월 결성), 전교조(전국교직원노동조합, 1989
년 5월 결성), 전노협(전국노동조합협의회, 1990년 1월 결성), 전농(전국농
민회총연맹, 1990년 4월 결성) 등 각계각층의 대중조직이 깃발을 올렸
다. 남민전이 비밀리에 추진했던 통일전선 운동도 대중운동의 성장
과 함께 공개적으로 펼쳐졌다. 민통련(민주통일민중운동연합, 1985년
3월 결성)을 거쳐 전민련(전국민족민주운동연합, 1989년 1월 결성), 전국
연합(민주주의민족통일전국연합, 1991년 12월 결성)으로 전선운동은 발

전했다. 남민전 준비위원회가 지하조직으로 결성된 지 10여 년이 지난 때였다.

하지만 남민전은 여전히 금기의 영역으로 남아 있었다. 어마어마한 간첩단 사건으로 발표되면서 민주화운동 안에서도 남민전과는 거리를 두었다. 1988년 12월 양심수 석방 때도 마지막까지 석방 여부가 논란이 된 게 남민전이었다. 김대중, 노무현 정부에서 1970~80년대 공안사건에 대한 재평가와 민주화운동 관련 심사에서도 남민전은 배제되었다. 2006년에는 남민전 사건의 29명이 민주화운동 관련자로 인정됐지만, 대부분 남민전의 외곽조직인 민투의 조직원들이었다. 유신독재에 맞서 가장 치열하게 투쟁했지만, 남민전은 조직 명칭이나 혜성대 활동, 북과의 연계 논란 등으로 외면받았다. 하지만 1980년대 이후 한국의 사회운동은 남민전이 목숨 걸고 개척한 길을 따라 걸었다. 남민전이 주장한 민족해방과 자주통일은 보편적인 시대 과제가 되었다. 그렇다면 이제는 남민전에 대해서도 역사적 의미와 역할을 정당하게 평가해 주어야 하지 않을까.

경북대학교 사회대 앞 교정에는 여정남공원이 조성돼 있다. 2007년 1월 23일, 인혁당 8열사가 32년 만에 무죄판결을 받은 뒤 경북대 후배들은 힘을 모아 2010년에 여정남 열사를 기리는 조형물을 세웠다. 2022년에는 이재문 선생의 흉상도 이곳에 함께 세웠다. 매년 4월이면 여정남공원에서 여정남과 인혁당 열사들의 추모식이 열린다. 또 매년 10월이면 경기도 마석 모란공원의 민족민주 열사 묘역에서 남민전 통일열사 합동 추모식이 열린다. 아버지는 살아생전에 추모행사에 빠지지 않았다. 2020년 7월에 아버지가 세상을 떠난 뒤로는 내가 아버지의 뒤를 이어 추모제에 참석하고 있다.

여정남, 이재문, 안재구…. 세 사람에 대한 기록은 여기까지다. 가장 먼저 반독재 민주의 제단에 목숨을 바친 여정남은 마지막 순간까지 안재구를 지켜냈다. 이재문은 죽음이 몰려오는 처절한 고통 속에서도 안재구를 믿으며 기꺼이 별이 됐다. 살아남은 안재구는 그들과의 약속을 평생 가슴에 새겼다. 안재구는 그 약속을 지키기 위해 남은 인생을 오롯이 민족해방의 길에 바쳤다.

5장

아버지와 나

01
'대를 이은
빨갱이 부자'

중환자실에서 일반병실로 옮긴 뒤 아버지는 서서히 기력을 회복했다. 하지만 여전히 음식은 콧줄로 공급받았다. 주무시는 때보다 깨어 있는 시간이 점점 늘었다. 깨어 있을 때는 말 없이 천장을 응시하는 경우가 많았다. 나는 아버지의 기억을 되살리기 위해 자주 말을 걸었다.

─ 아버지, 저 영민이에요.
─ 아버지가 몸이 편찮으셔서 병원에 입원했어요. 의사 선생님 이야기로는 금방 좋아지실 거래요. 불편하시더라도 조금만 참으세요.

하지만 아버지는 나를 힐끔 쳐다보더니 이내 고개를 돌렸다.

— 아버지, 이 사진 기억나세요. 작년에 아버지 생신 잔치 때 오신 분
들과 찍은 사진이에요.

나는 조금이라도 아버지의 기분을 좋게 해드리려고 휴대전화에
저장된 사진을 보여드렸다. 8개월 전인 2019년 10월에 천도교 수
운회관에서 열린 아버지 생신 모임 때 찍은 사진이었다. 그때 아버
지는 사람들도 잘 알아보았다. 모처럼 기분이 좋았다. 즐겁게 웃으
며 이야기도 많이 나누었다.

사진을 보여주면서 이야기를 이어가는데 아버지가 내 손을 확 밀
쳐냈다. 그러고는 나를 무서운 눈으로 노려봤다. 아버지의 그런 눈
빛은 처음 보았다. 눈빛에는 적개심이 서려 있었다. 나는 당황했다.
급히 휴대전화를 치웠다. 아버지는 고개를 돌린 채 나를 외면했다.
그 모습은 마치 수사관 앞에서 진술을 거부하고 묵비하는 모습 같
았다. 아버지는 지금 상황을 수사기관에 강제로 잡혀 온 것이라 여
기는 듯했다. 내가 사진을 보여주는 것도 누구누구를 아느냐며 취
조받는 상황으로 느낀 것이다.

나는 더 이상 아버지에게 말을 걸 수 없었다. 복도로 나와 의자에
털썩 주저앉았다. 눈물이 주르륵 흘렀다. 나를 알아보지 못하는 아
버지의 모습에 마음이 아팠다. 서럽기도 했다. 아버지의 기억이 이
대로 영원히 돌아오지 못하면 어쩌나 걱정도 됐다.

다시 병실로 조용히 들어왔다. 아버지는 주무시는 듯했다. 눈을

감은 채 미동도 하지 않았다. 그런 아버지의 모습을 보고 있으니 지난 세월 아버지와 함께했던 순간들이 떠올랐다.

대를 이은 빨갱이 부자

1994년 구국전위 사건 때 함께 구속된 아버지와 나를 언론에서는 이렇게 보도했다. 2011년 〈민족21〉 사건으로 아버지와 내가 동시에 압수수색을 받았을 때도 마찬가지였다. 세상은 그렇게 우리 부자를 규정했다.

내 인생에서 가장 큰 행복은 남다른 아버지를 만난 것이다. 아버지는 내게 푸르른 산맥 같은 존재였다. 언제나 변함없이 늘 그 자리에 당당히 서 있는…. 하지만 돌이켜보면 아버지와 내가 함께 산 날은 얼마 되지 않는다. 우리는 함께 지낸 시간보다 헤어져 지낸 시간이 훨씬 더 많았다. 만남보다는 헤어짐이 더 익숙했다. 부자간의 사랑은 늘 그리움으로만 남아 있었다.

남민전 사건으로 아버지가 구속됐을 때, 나는 초등학교 5학년이었다. 10년의 징역살이를 마치고 아버지가 집으로 돌아왔을 때, 나는 가족과 떨어져 혼자 대구로 내려가 대학에 다니고 있었다. 그 뒤 경북대 총학생회장과 전대협 중앙위원으로 수배 생활을 3년간 했다. 그리고 구국전위 사건 때는 아버지와 함께 구속됐다. 아버지는 영등포교도소에, 나는 서울구치소에 갇혔다.

1996년에 출소한 나는 10년 만에 집으로 돌아왔지만, 아버지는 여전히 무기수로 감옥에 있었다. 우리가 다시 만난 것은 1999년 8월에 아버지가 가석방된 뒤였다. 나는 아버지가 감옥에 있을 때 결혼했고, 아버지가 석방됐을 때는 분가해 따로 살고 있었다. 그러니 아버지와 함께 산 것은 어린 시절의 어렴풋한 시간이 전부라 할 수 있다.

내가 아버지와 일상을 공유한 것은 2017년 무렵부터다. 눈에 띄게 건강이 나빠진 아버지를 우리 집 근처로 모시고 왔다. 아버지의 수발을 들면서 나는 처음으로 아버지가 살아온 이야기를 세세하게 들을 수 있었다.

사춘기 소년 시절에 내 기억 속의 아버지는 푸른 수의를 입은 유리 벽 너머의 존재였다. 그 모습을 바라보는 게 너무 힘겨웠다. 아버지가 두 어깨에 짊어진 역사의 무게는 어린 내가 가늠할 수 있는 영역이 아니었다. 대학교수의 똘똘한 막내아들에서 '간첩 자식'이라 손가락질받는 처지가 된 것도 내가 감당하기에는 버거웠다. 육성회비와 수업 준비물 걱정에 학교 가기가 싫었던 가난 역시 내 마음을 짓눌렀다.

아버지와 나의 관계가 단지 한 가정의 울타리 안에 갇힌 관계였다면 아버지의 존재가 내게는 뛰어넘을 수 없는 벽으로만 남았을 것이다. 회한과 원망으로 평생 아버지를 대했을지도 모른다. 감당할 수 없는 현실로부터 하루빨리 벗어나고 싶은 마음뿐이었을 것

이다. 그 벽을 부수고 내게 다가온 것은 아버지를 묶고 있는 역사
였다. 1980년 5월의 광주가 그랬고, 1987년 6월의 거리가 그랬다.
나는 자연스럽게 학생운동에 뛰어들었다. 그 역사의 무게를 나도
함께 감당하겠다고 결심한 순간, 비로소 나는 아버지의 삶 속으로
한발 한발 다가설 수 있었다.

그런 아버지를 생각하면 잊을 수 없는 기억이 세 가지가 있다.

1990년 4월이었다. 거리 시위에 나섰다가 붙잡힌 나는 구속돼
대구교도소에 갇혔다. 남민전으로 구속된 아버지가 출소하기 전 마
지막으로 있었던 곳이 대구교도소였다. 2~3년 전만 해도 아버지를
면회하느라 여러 차례 찾아왔던 그곳에 내가 수인이 되어 들어온
것이다. 아버지를 아는 교도관들도 나를 보며 안타까워했다. 구속
되고 한 달쯤 지났을 때 아버지가 면회를 왔다. 어머니는 지긋지긋
한 교도소 문턱은 다시 넘고 싶지 않다며 몸져누웠고, 아버지 혼자
걸음을 하신 거다. 접견실 문을 열고 들어오는 아버지를 보는데, 예
전에 내가 아버지 면회를 왔을 때 푸른 옷을 입고 접견실로 들어서
던 아버지 모습이 떠올랐다. 나도 어색하고 아버지도 어색한 순간
이었다. 그때 아버지가 맨 처음 꺼낸 말이 아직도 기억에 또렷하다.

— 전에는 내가 그 안에 있고 네가 밖에서 면회하더니만, 오늘은 정
   반대가 되었구나.

아버지의 그 한마디에 나는 우리 민족이 처한 현실의 무게를 느낄 수 있었다. 아버지가 갇혔던 바로 그곳에 똑같은 이유로 다시 아들이 갇혀야 하는 현실이야말로 우리가 살아가는 시대의 본질이었다. 면회실의 아크릴 유리창을 사이에 두고 아버지와 나의 위치가 바뀐 그 장면이 내게는 강렬한 기억으로 남았다. 출소 후 내가 총학생회장에 출마하기로 결심한 것도, 그때의 기억이 내게 역사의 무게와 시대의 본질을 감당해야만 한다고 요구했기 때문이다.

두 번째 기억은 1996년 10월이다. 1994년 6월에 아버지와 함께 구속된 뒤, 나는 2년 4개월의 징역살이를 마치고 순천교도소에서 석방됐다. 석방되자마자 대전교도소에 있는 아버지를 찾아갔다. 순천에서 대전으로 가는 내내 마음이 착잡했다. 젊은 내가 감옥에 있고 늙은 아버지가 석방되는 게 도리였지만 현실은 그렇지 않았다. 유리 벽을 사이에 두고 푸른 옷의 아버지를 만나자 북받치는 슬픔에 말을 제대로 잇지 못했다. 다시 또 아버지가 그 안에 있고 내가 밖에서 면회하게 된 것이다. 짧은 면회 시간이 침묵 속에 금방 지나갔다. 아버지는 내게 "엄마가 기다리니 어서 올라가 봐라"라는 말을 마치고 돌아섰다. 아버지가 내게 하고 싶었던 말은 며칠 뒤 도착한 편지 속에 오롯이 담겨 있었다.

사람은 모름지기 덕이 있어야 한다. 어떤 이론이나 주장보다도 더 호흡이 긴 것은 그 사람이 가진 성품이요, 덕망이다. 덕이 있을 때 사람들은 마음으로부터 그를 믿고 따른다. 이렇게 뭉쳐진 인간관계는 어느 것으로도 무너뜨릴 수 없는 큰 힘을 가진다. 나는 네가 그런 사람이 되기를 바란다.

나는 아버지의 당부를 마음속에 새겼다. 목청만 높이고 분주하게 뛰어다니기만 했던 20대를 지나 30대로 들어서는 당시의 우리 모두에게 하는 당부였을 것이다.

세 번째 기억은 2011년 7월이다. 나는 작은애를 유치원에 데려다주려고 아파트 복도에서 엘리베이터를 기다리고 있었다. 그런데 엘리베이터 문이 열리더니 7~8명의 남자가 다급하게 내렸다. '뭔일이야'라고 생각할 겨를도 없이 그들은 내 앞에 섰다. 국정원 수사관들이었다. 그들은 내게 압수수색 영장을 내밀었다. 같은 시각, 가까이 있는 아버지 집에도 경찰청 대공분실 수사관들이 압수수색 영장을 들고 들이닥쳤다. 나는 한나절 만에 압수수색이 끝났지만, 아버지는 밤을 꼬박 새우고 다음 날 저녁까지 압수수색을 받았다. 당시 공안기관은 "일본의 공작원을 통해 지령을 수수하고, 간첩 활동을 했다"라며 우리 부자에게 혐의를 덧씌웠다. 예전과 다른 게 있다면 바로 체포해 구속하는 게 아니고, 먼저 압수수색부터 하고 조사는 나중에 받는 것이다. 마구잡이로 불법 연행, 체포를 못 하게됐으니 그만큼 사회가 좋아진 건가.

〈민족21〉 편집주간으로 현직 언론인이었던 나는 국정원에 출두해 조사받았다. 하지만 아버지는 거부했다. 그냥 구속하라고 했다.

경찰청 대공분실로 가던 날 아침, 아버지는 내게 이렇게 말했다.

— 저놈들이 우리를 또다시 걸고넘어지는데, 이참에 내가 다시 감옥
에 들어가야겠다. 그곳에서 내가 죽어야 저놈들이 쳐놓은 지긋지
긋한 굴레에서 벗어나지 않겠나. 그게 내가 역사와 민족 앞에 떳
떳한 일이다.

아버지는 저들이 뭐라고 조작하더라도 예전처럼 부자를 모두 구
속하지는 못할 테니, 당해야 한다면 차라리 당신이 끌려가겠다고
결심한 것이다. 그 전날 평소와 달리 소고기를 잔뜩 사 들고 우리
집에 와서 손자들에게 배불리 먹인 것도 그런 연유였다. 잡혀가기
전에 할아버지로서 마지막 도리를 하자고 생각한 것이다. 맛있게
먹는 어린 손자들을 보며 활짝 웃었지만, 아버지의 눈빛은 몹시 착
잡해 보였다.

대공분실에서 줄곧 묵비하며 "차라리 나를 구속하라"라며 '농성'
하는 아버지를 변호사와 함께 모셔 나오는데, 눈물이 왈칵 나왔다.
참으로 지긋지긋하다는 생각이 먼저 들었다. 1979년과 1994년에
이어 2011년까지, 32년의 세월이 흘렀어도 변한 건 하나도 없었
다. 우리 부자에게 세상은 왜 이리도 모질게 굴까.

사람들은 내게 묻곤 한다. 아버지가 걸어간 고난의 길을 어떻게
아들도 뒤따를 수 있었나. 어려서부터 아버지 때문에 겪어야 했던

고통이 적지 않았을 텐데도 아버지와 같은 길을 가겠다고 결심한 건 어떤 연유인가. 이제부터 그 물음에 답해보려고 한다. 대를 이어 역사의 길을 외면하지 않았던 아버지와 아들의 이야기를, 부자 관계를 넘어 동지 관계로 승화된 우리 두 사람의 이야기를….

02
수학이냐,
학생운동이냐

1986년 겨울, 대학 입학원서 제출을 앞두고 친구들은 '눈치작전'에 정신없었다. 우리는 학력고사 점수로 대학에 지원하던 학력고사 세대였다. 눈치작전이 얼마나 심했던지 지망학과를 빈칸으로 둔 원서를 들고 대학에 간 다음, 막판에 경쟁률이 낮은 학과를 찾아 즉석에서 적어 제출할 정도였다. 적성이고 뭐고 없었다. 합격이 우선이었다. 하지만 나는 초지일관 소신이 있었다. 중학교 때부터 대학은 무조건 수학과로 가겠다고 마음먹고 있었다. 나는 어려서부터 수학을 참 좋아했다. 또 곧잘 했다. 초등학교 때는 학교 대표로 수학 경시대회에 나가 입상도 했다. 중고등학교 시절에 수학만큼은 거의 만점이었다. 시험 기간에는 친구들이 모르는 문제를 풀어주는 게 일과였다.

학력고사 성적이 발표되고 지망대학을 고민하는데 어머니가 경북대 수학과를 추천했다. 아버지의 모교이고, 교수들도 모두 아버지의 후배와 제자이니 공부하는 데 큰 도움이 될 거라고 했다. 물론 어머니의 속마음에는 데모가 심한 서울의 대학보다는 대구로 내려보내는 게 낫겠다는 판단도 있었다. 4남매 중 성격이나 기질이 제일 아버지를 닮은 내가 걱정되기도 했을 것이다.

나는 어머니의 권유를 따라 경북대 수학과에 지원했다. 초등학교 3학년 때 대구에서 서울로 올라와 중고등학교를 모두 서울에서 다닌 내가, 가족들을 떠나 혼자 대구에 내려가기로 결심한 것은 아버지 때문이었다. 당시 아버지는 대구교도소에 있었고, 경북대 수학과 역시 아버지가 18년간 몸담았던 곳이었다. 나는 대구에서 아버지의 체취를 느끼고 싶었다. 감옥 담장을 사이에 두고서라도 아버지 가까이에 있고 싶었다. 그리고 아버지처럼 뛰어난 수학자가 돼 아버지의 뒤를 잇고 싶었다. 대구에 내려간다고 생각하니 그간 묻어둔 그리움이 격랑처럼 밀려오는 듯했다.

1987년 1월에 원서를 내고 면접 날이 됐다. 당시에는 학력고사 점수가 중요했다. 면접은 큰 비중이 없었다. 분위기도 다들 느긋했다. 내 순서가 돼 면접장에 들어갔다. 교수님 한 분이 원서를 들추다가 놀란 표정으로 나를 쳐다보았다.

— 여기에 적힌 자네 아버님의 성함이 '안재구'인데, 맞나?

- 맞습니다.

- 네가 영민이구나. 코흘리개 영민이가 이만큼 컸구나.

- 영민아. 이게 얼마 만이냐? 그래, 어머님도 잘 지내시고?

면접장이란 것도 잊고 교수님들이 한마디씩 했다. 나중에 면접을
모두 마친 뒤 교수님은 나를 따로 불렀다.

- 성적이 좋아 합격은 문제없다. 장학금도 가능하니 어머님께 걱정
  하지 마시라고 말씀드려라.

그렇게 해서 1987년 3월에 나는 경북대 수학과의 신입생이 됐
다. 나는 교수님들의 배려로 4년 전액 장학생으로 선발됐다. 기숙
사 입사 혜택도 받았다. 그 덕분에 나를 혼자 대구에 내려보내면서
노심초사했던 어머니도 큰 짐을 덜었다. 교수님들은 감옥에 있는
선배와 스승에 대한 뒤늦은 보답을 아들인 내게 해야겠다고 생각
했다. 뒤에 어머니에게 들은 이야기이지만, 교수님들은 엄혹한 시
절에 아버지의 구명운동에 참여하지 못해 마음의 빚이 컸다고 한
다. 그래서 "영민이만큼은 우리가 제대로 챙겨 교수님과 사모님께
힘이 되어주자"라고 마음을 모았다는 것이다. 다른 동기들한테는
표나지 않게 나를 챙겨주던 교수님들의 배려와 사랑은 지금 생각
해도 코가 시큰하다.

그런 교수님들께 배우는 수학이란 학문은 참 매력적이었다. 개념과 원리에 따라 사고를 펼치다 보면 어느새 새로운 논리의 세계가 내 앞에 펼쳐졌다. 나는 수학이란 학문이 가져다주는 사고의 즐거움을 만끽했다. 교수님들의 기대에 보답하기 위해 열심히 공부하기로 마음먹었다. 아버지가 못다 한 학문의 길을 이어가기로 결심했다. 당시만 해도 그것이 내 인생의 목표이자 대학 생활의 전부였다.

그러나 그 시간은 오래가지 못했다. 그해 6월, 대학은 끓어오르는 민주화 열기로 뜨거웠다. 교정은 연일 시위로 들썩였다. "호헌 철폐! 독재 타도!"를 외치는 시위대는 예전처럼 소수가 아니었다. 도서관에서 공부에 몰두하던 평범한 학생들까지 수업을 거부하고 거리로 뛰쳐나갔다. 한국 현대사에 큰 획을 그었던 '1987년 6월항쟁'의 거대한 물결이 전국을 뒤덮었다. 수학과 학생들도 예외가 될 수 없었다. 나는 그 물결 속으로 서서히 빨려 들어갔다. 동료들과 거리로 나섰다. 백골단과 최루탄에 맞서 '짱돌'도 던졌다. 뒤늦게 스승의 아들이 최루탄 속을 비집고 다닌다는 사실을 안 교수님들이 나를 불렀다. 호통도 치고 호소도 했다. 지금은 열심히 공부하는 게 아버지 뜻에 보답하는 길이라고 간곡히 설득했다. 그 설득 앞에 나는 눈물을 흘리기도 했다.

6.29 선언으로 6월항쟁은 일단락된 듯했지만, 학생운동은 이때부터 전성기를 맞이했다. 비록 1987년 12월 대선에서는 야당 후보인 김영삼과 김대중의 분열로 노태우가 당선됐지만, 1988년에

도 대학가는 시위의 날들이 이어졌다. '광주학살 진상규명', '5공비리 책임자 처벌', '구속학생 석방' 등 경북대에서도 학생들의 투쟁은 연일 계속됐다. 시위에 참석하는 횟수가 거듭될수록 나는 강의실과는 멀어져갔다. 강의실에 들어가서도 교수님들과 눈을 마주치지 않으려고 애썼다. 그런 분위기가 부담스럽다 보니 강의실에 들어가는 횟수가 차츰 줄었다. 교수님이 나를 찾아도 모른 척 피해 다녔다. 교수님들은 교수님들대로 "저 녀석을 제대로 붙잡지 못하면 우리를 믿고 내려보낸 사모님을 뵐 낯이 없다"라며 대책 수립에 전전긍긍했다.

결국 나는 1988년 1학기에 학사경고를 받았다. 아무리 교수님들이 각별한 정이 있다고 해도 수업에 제대로 들어오지 않는 제자에게 학점을 줄 수는 없었다. 또 학사경고를 받으면 내가 정신 차릴 거라는 기대도 있었다. 하지만 나는 열심히 수학 공부만 할 자신이 없었다. 방황하던 나는 2학기가 시작되기 전에 휴학계를 내고 말았다.

'수학이냐, 학생운동이냐.'

휴학 기간 내내 갈등하고 고민했던 부분이다. 나는 수학 공부와 학생운동을 병행할 자신이 없었다. 학문으로서의 수학은 만사를 제쳐 두고 공부에만 매달려야 성과를 낼 수 있었다. 교수님과 어머니의 기대대로 수학자의 길을 가려면 더더욱 그래야만 했다. 아버지는 수학과 변혁운동을 모두 완벽하게 해냈지만, 아무리 생각해도 나는 그럴 능력이 안 됐다.

홀로 방황하는 시간이 길어졌다. 누군가를 만나는 것도 귀찮았다. 그런데 뜻밖에도 그해 12월에 아버지가 석방됐다. 가을부터 전두환·이순자 구속 투쟁에 불이 붙었고, 노태우 정권은 성난 민심을 달래야만 했다. 여론을 무마하기 위해 전두환과 이순자를 백담사로 보내고, 감옥의 양심수들을 대거 석방할 수밖에 없었다. 아버지는 마침내 우리 곁으로 돌아왔다. 10년 만에 이루어진 아버지의 석방은 민중들이 치열하게 싸운 성과였다. 나는 부끄러웠다. 역사의 현장에서 내가 한 일은 아무것도 없었다. 나는 혼자 갈등하고 방황만 하고 있었다. 투쟁의 현장을 외면하고 벗어나려고만 했다.

이듬해 3월, 나는 다시 학교로 돌아왔다. 어느새 마음은 정리돼 있었다. 아버지를 대신해 나를 챙겨주던 교수님들에게는 대단히 미안한 일이었지만 나의 선택은 학생운동이었다. 복학한 나를 바라보는 교수님들의 눈빛은 만감이 교차하는 듯 착잡한 표정이었다. 그런 눈빛이 마음에 걸려 나는 강의실을 등지다시피 했다. 1990년 3월, 내가 거리 시위에 나섰다가 붙잡혀 구속되자 교수님들은 경찰서 유치장으로 찾아왔다.

— 영민아, 우리가 어머님 뵐 낯이 없구나. 모쪼록 건강 잘 챙기도록 해라.

감옥에서 나온 뒤인 그해 10월, 나는 교수님들을 찾아갔다.

— 죄송합니다. 총학생회장에 출마하려 합니다.
— 알겠다. 그 길이 네가 갈 길이라면 어쩔 수 없지. 우리도 더는 너
  한테 뭐라고 이야기하지 않으마.

교수님들은 한숨을 내쉬었다. 그리고 마지막까지 갖고 있던 나에
대한 책임감도 함께 내려놓았다. 이런 나의 상황과 고민을 아버지
도 잘 알고 있었다. 하지만 나는 아버지와 자주 만나 상의할 여유가
없었다. 1988년 12월에 아버지는 출소했지만 10년 동안 못 만난
사람들을 만나느라 경황이 없었다. 나는 복학을 준비하느라 새해가
되자마자 대구로 내려갔다. 신학기부터는 학생회 간부로 활동하면
서 더 바빠졌다. 방학 때도 농활이다 뭐다 하면서 집에 올라올 짬이
없었다. 아버지를 만나는 것도 대구에 볼일이 있어서 내려온 아버
지가 학교로 찾아와야 가능할 정도였다.
  아버지는 학생운동을 하느라 수학 공부를 포기한 내게 별다른 말
을 하지 않았다. 만나면 밥 잘 먹고 뭘 하든 건강도 챙기면서 하라
는 정도였다. 하지만 나를 바라보는 표정에서는 복잡한 심경이 드
러났다. 아버지는 누구보다 잘 알고 있었다. 수학이라는 학문과 변
혁운동을 병행하는 게 얼마나 어려운가를. 하지만 이미 결심이 섰
던 나는 아버지에게 더는 묻지 않았다. 두 가지 중에 무엇을 선택해

야 할지에 대해….

아버지는 내가 총학생회장에 출마한다는 소식을 듣고, 당신의 후배이자 제자인 경북대 수학과 교수들을 만나 이렇게 말했다고 한다.

— 영민이가 대구로 내려와 자네들한테 걱정만 끼쳐 미안하네. 그 녀
  석도 성인이니 자기 인생은 스스로 헤쳐 나가겠지. 차라리 서울에
  서 대학을 다니게 했다면 좋았을 텐데….

아버지도, 나도 바쁘게 그 시절을 보냈다. 아버지는 저술과 강연 활동을 왕성하게 벌여나갔다. 나는 총학생회장 당선 이후 얼마 못 가 바로 수배가 떨어졌다. 그 때문에 아버지와 나는 만나기는커녕 전화 연락도 제대로 할 수 없었다. 간간이 전국 집회 현장에서 반갑게 만날 수 있었다.

나의 수배 생활은 1993년까지 3년간 이어졌다. 김영삼 정부는 1994년 초에 시국사건 관련 수배자들에 대한 수배 조치를 해제했다. 다른 수배자들과 마찬가지로 나는 1994년 2월에 검찰에 자진 출두했다. 그리고 1994년 3월에는 학교로 돌아왔다. 수학과 3학년으로 복학해, 한참 어린 후배들에게 모르는 걸 물어가면서 전공 공부를 다시 시작했다. 학생운동 관련 사건들은 불구속 상태로 재판을 받았고, 1994년 6월에 집행유예로 모든 문제를 마무리했다. 4년 만에 되찾은 일상이었다.

1994년 2월, 어머니의 회갑 때 모처럼 온 가족이 모였다. 이날 어머니의 얼굴에는 웃음이 떠나질 않았다. 이제 언제건 자유롭게 막내아들을 만날 수 있게 된 것이다. 어머니에게는 남편의 감옥살이보다 아들의 수배 생활이 더 큰 아픔이었다. 어머니는 내게 "데모는 후배들에게 맡기고 빨리 졸업부터 해야 한다"라며 신신당부했다. 나는 어머니에게 약속했다. 더는 걱정을 안 끼치겠다고. 하지만 그 약속을 불과 몇 달도 지키지 못했다.

03
아들을 '인질'로
아버지를 협박한 자들

1994년 6월 13일 밤늦은 시각, 나는 대구 대현동에 있는 고시원 문을 열고 나왔다. 다음 날 있을 전공과목 기말고사 예상 문제를 뽑아 두었다는 후배의 자취방에 가기 위해서다. 동대구시장 입구로 들어서는데, 뒤에서 누군가 "강도야!"라고 소리쳤다. 그 소리에 고개를 돌려 뒤를 보았다. 대여섯 명의 건장한 남자들이 몰려오더니 갑자기 나를 붙잡았다.

― 아니, 왜 이래요. 사람 잘못 봤어요. 나는 강도가 아니라 경북대 학
  생이에요.

나는 뭔가 오해가 있겠거니 생각하면서 그 사람들을 밀쳐냈다.

하지만 그들은 내 팔을 잡아 뒤로 비틀더니 수갑을 채우며 말했다.

— 안영민, 꼼짝 말아.

아닌 밤중에 홍두깨였다.

— 뭐요? 뭣 때문에 나를 체포합니까? 영장 있습니까?

그러자 한 명이 내게 종이 한 장을 쓱 내밀었다. 체포영장이었다. 그런데 이름이 내가 아니었다. 영장에는 '이영기'라는 이름이 적혀 있었다. 그는 대구 새로운청년회 회장이자 한청협(한국민주청년단체 협의회) 조국통일위원장이었다.

— 이봐요. 여기 적힌 이름은 내가 아니고 이영기잖아요.
— 일단 가서 이야기해.
— 내 영장도 아닌데 왜 내가 가야 합니까?

나는 거칠게 항의하며 몸을 비틀었다. 하지만 허사였다. 이미 내 뒤로 승용차 두 대가 따라와 있었고, 여러 명의 완력을 버텨내지 못했다. 나는 주위에서 구경하던 사람들에게 소리쳤다.

─ 저는 경북대 학생 안영민이라고 합니다! 경찰이 지금 이유도 없이
  저를 잡아가고 있습니다!

　하지만 그들은 내 입을 틀어막고는 승용차에 강제로 밀어 넣었
다. 나는 속절없이 끌려가고 말았다. 나를 태운 승용차는 경광등을
울리며 빠르게 달렸다. 뒤로도 승용차가 경광등을 울리며 따라왔
다. 한참을 달려 고속도로 입구에서 승용차가 멈췄다. 차에서 내린
저들은 서로 수고했다고 인사를 나눴다. 뒤따라온 승용차에는 내
얼굴을 잘 아는 대구의 정보과 형사들이 타고 있었다. 그들은 돌아
가고, 나를 붙잡은 자들은 다시 빠른 속도로 고속도로를 달렸다. 나
는 영문을 몰랐다. 나를 붙잡은 자들에게 무슨 일이냐고 물어봐도
서울 가서 이야기하자고만 했다.

　'서울로 간다고? 그러면 이들은 안기부? 아니면 대공분실? 그런
데 무슨 일로? 왜 나를? 아까 보니 영기 형 영장이던데, 영기 형은
또 왜?'

　도무지 짐작이 가지 않았다. 아무리 생각해도 내가 잡혀 올 만한
이유가 없었다. 당시 나는 2월의 수배 해제 이후 불구속 상태로 받
은 1심 재판에서 징역 1년 6월, 집행유예 3년을 선고받았다. 이때
가 6월 1일이다. 나도, 검찰도 항소를 포기해 6월 9일에 형이 최종

확정됐다.

'그런데 나흘 뒤에 나를 다시 잡아들인다고? 복학해 공부에만 몰두해온 나를? 왜?'

뭔가 오해가 있다고 생각했다. 가면 알겠지…. 그렇게 생각을 정리하니 한결 여유가 생겼다. 그렇게 몇 시간을 달려 새벽에 도착한 곳은 서울 홍제동에 있는 경찰청 대공분실이었다. 악명 높은 남영동 대공분실을 1987년 박종철 열사 고문치사 사건으로 더 이상 사용할 수 없게 되면서 주로 사용하던 대공분실이었다. 높은 담으로 둘러싸인 대공분실의 정문을 통과해 건물 입구에 도착했다. 그들은 나를 데리고 3층으로 올라갔다. 3층에는 복도를 사이에 두고 양쪽으로 방들이 늘어서 있었다. 그중 안쪽의 한 방으로 나를 데려간 그들은 수갑을 풀어주고 소지품을 모두 수거했다. 긴장이 몰려왔다. 심호흡을 하면서 마음을 추슬렀다. 하지만 영문을 모르니 답답한 마음이 가시질 않았다.

이윽고 아침이 되자 바로 수사가 시작됐다. 그런데 내가 잡혀 온 이유가 '경북대 활동가조직' 때문이라고 했다. 1991년 여름에 경북대 학생회 간부 몇 명이 국가보안법으로 구속된 적이 있었다. 그때 공안기관에서 갖다 붙인 사건 이름이 '경북대 활동가조직'이었다. 당시 구속된 이들의 진술 중에 총학생회장인 나도 활동가조직의 간부였다는 내용이 있다는 것이다. 나는 어이가 없었다. 건수를 올리려고 별짓을 다 하는구나 싶었다. 별것 아니라는 생각에 안심도 됐다. 그런데 오산이었다. 저들은 미란다 고지도 안 하고 체포영장도 없이 나를 잡아 온 상황이라 48시간 안에 구속영장을 청구하기 위해 예전의 활동가조직 사건을 끄집어낸 것이다. 활동가조직으로 영장이 나온 다음 저들은 본색을 드러냈다. 태도가 강압적으로 변했고, 베테랑 수사관들이 본격적으로 투입됐다.

―야, 안영민. 우리가 그깟 활동가조직으로 널 잡아 온 거 같아? 지금 너희 아버지가 간첩으로 잡혀 와 있어. 이제부터 네가 아버지랑 어떻게 간첩 짓을 했는지 다 털어놔.

나는 어안이 벙벙했다. 도대체 이 자들이 무슨 말을 하는지 하나도 알 수 없었다. 아버지가 간첩으로 잡혀 왔다니…. 내가 아버지와 간첩 짓을 했다니….

대공분실로 끌려온 지 사흘째 되는 날, 가족들이 면회를 왔다. 어머니는 나를 보며 애써 담담했다. 하지만 참담한 표정은 감출 수 없었다. 누나가 곁에서 대화를 엿듣는 수사관들을 잠깐 보고는 조용히 이야기를 꺼냈다.

― 영민아, 아버지가 지금 안기부에 있어. 아버지와 친분이 있는 청

년들도 여러 명이 안기부에 잡혀 왔어. 여기에도 지금 몇 사람이 잡혀 와 있고….

이영기도 그들 중 한 명이라고 했다. 어리둥절해하는 내 얼굴을 보면서 누나는 덧붙였다. 군에 있던 경북대 학생들도 지금 기무사에 있다고. 내가 총학생회장을 할 때 단과대 학생회장을 했던 후배들이었다. 나는 머릿속이 텅 빈 느낌이었다. 뭔가 어마어마한 일이 터졌음을 직감할 수 있었다.

공안당국은 아버지가 일본 쪽과 연계해 '구국전위'라는 조직을 만들고, 20~30대 청년들을 조직원으로 포섭해 활동하다 적발됐다고 주장했다. 모두 23명이나 구속된 사건이었다. 저들이 발표한 구국전위 조직도에는 내가 '경북대책'으로 나왔다. 내 밑으로 군에서 잡혀 온 후배들의 이름이 적혀 있었다. 하지만 나는 공안당국의 주장을 일절 믿지 않았다. 왜냐하면 나야말로 저들의 주장이 거짓임을 증명할 '증인'이기 때문이다. 구국전위와 아무런 관련이 없는 내가 끌려온 것이 조작의 결정적 '증거'였다. 단과대 학생회장 임기를 마치고 1992~93년에 입대한 후배들은 더더욱 구국전위와 관계를 맺을 수가 없었다. 단지 군대에 있었기 때문에 손쉽게 끌고 와서 '쪽수'를 늘리는 데 이용한 것이다.

내가 구국전위와는 관련이 없다는 건 수사관들도 알고 있었다. 저들은 내게 아버지를 언제 만났냐, 만나면 주로 무슨 이야기를 하냐, 경북대 운동권 중에서 아버지와 만난 사람이 누구누구냐 등 주로 아버지와 나의 관계에 대해 캐물었다. 하지만 구국전위와 관련된 내용은 묻지 않았다. 나는 "3년 동안 수배를 받아 아버지를 만날 기회가 없었다. 그러니 아버지와 그런 이야기를 나눌 수도, 나눈 적도 없다"라고 항변했다.

내가 아버지와 관련된 진술을 거부하자 저들은 누나도 잡아들일 수 있다고 협박했다. 당시 안기부에 구속된 청년 중에는 아버지를 도와 일본 쪽과 연락을 담당했던 정화려가 있었다. 그는 학생운동 시절 큰누나와 잘 아는 사이였다. 저들은 이 부분을 집요하게 물고 늘어졌다. 또 행방불명된 작은아버지 이야기를 꺼냈다. 내게 몰래 북에 가서 작은아버지를 만난 사실이 있지 않냐며 허무맹랑한 소리를 해댔다. 이참에 누나들까지 온 가족을 간첩단으로 만들 수 있다며 협박했다.

이 모든 과정에서 저들은 단지 내가 필요했을 뿐이다. 나를 붙잡아둔 게 아버지에게는 큰 압박이라는 걸 너무나도 잘 알고 있었다. 그래서 아버지에게, 수사에 협조하면 아들은 풀어주겠다고 회유했다고 한다. 그랬다. 나는 '인질'이었다. 저들은 아버지를 협박하기 위해 아들을 인질로 잡아둔 것이다. 20일 동안 대공분실에 인질로 잡힌 나는 참담했다. 나 때문에 힘든 시간을 보낼 아버지를 생각하면 자꾸만 눈물이 났다. 나 때문에 죄없이 끌려온 후배들을 생각하면 마음이 괴로웠다. 졸지에 수배자 신세가 된 대구의 선후배들을 생각해도 마찬가지였다.

그때 내 나이 스물일곱이었다. 학생운동을 하면서 나름 치열하게 투쟁했다고 생각했지만, 저들에게는 한낱 애송이에 불과했다. 나는 저들의 의도를 파악하고 사건의 실체를 똑똑히 바라보기보다는 감당하기 힘든 이 시간이 어서 빨리 지나가기만을 기다리는 나약한 포로였다. 더군다나 저들의 수사 기법은 철저히 한 인간을 나락으로 떨어뜨리는 방식이었다. 예전과 같은 무자비한 구타나 물고문, 전기고문은 없었다. 하지만 더욱 교묘한 방식으로 사람을 옥죄었다.

원룸형 수사실에는 수사관과 마주 보는 형태로 놓인 책상과 의자가 있었다. 안쪽에는 간이침대와 세면대, 변기가 아무런 가림막도 없이 있었다. 그 방에서 나는 한 발자국도 밖으로 나가지 못한 채 끊임없이 자술서를 써야 했다. 또 24시간 감시카메라가 돌아가는 그곳에서 먹고, 자고, 씻고, 싸고를 다해야만 했다. 방 안에는 시계가 없었다. 당연히 몇 시인지 알 수 없었다. 작은 창문은 밀폐돼 있어 바깥을 전혀 볼 수 없었다. 24시간 불을 켜놓아 밤낮을 분간할 수도 없었다. 그러니 야간 수사, 밤샘 수사는 기본이었다. 잘 때도 혼자 두지 않았다. 주로 취침 시간에 감시자로 들어오는 수사관은 내 옆에서 끊임없이 말을 걸었다. 그게 그의 역할이었다. 잠들만하면 말을 걸었다. 주제도, 맥락도 없었다. 교묘한 방식의 잠 안 재우기 고문이었다.

1차 구속 기한인 10일이 되자 나는 지칠 대로 지쳤다. 구속 기한 연장을 위해 하룻밤을 경찰서 유치장에서 보냈는데, 나는 시체처럼 쓰러져 잠만 잤다. 유치장이 천국처럼 느껴질 정도였다.

이러한 불법 수사는 김대중, 노무현 정부가 들어선 뒤에야 조금씩 바뀌어 나갔다. 야간 수사를 금지했고, 국정원이나 경찰청 대공분실에 직접 구금해 수사하는 것도 금지했다. 구속 수사의 경우에도 경찰서 유치장에서 수사기관으로 출퇴근하면서 수사받도록 했다. 강압적인 수사로 받아낸 진술서만 있으면 혐의가 인정되던 과거와는 분명 달라진 모습이다. 하지만 근본적으로 변하지 않은 게 있다. 구체적인 행위가 아닌 생각이나 주장만으로도 처벌할 수 있는 국가보안법이 바로 그것이다.

내가 정신을 차린 건 수사가 마무리될 무렵이었다. 한날은 수사관들이 잔뜩 찌푸린 표정으로 들어왔다. 자기들끼리 뭐라고 말하면서 짜증을 냈다. 무슨 일인가 했더니 김영삼 대통령과 김일성 주석이 남북정상회담을 한다고 뉴스에 났다는 것이다. 그 소식에 나도 깜짝 놀랐다. 그리고 수사관들의 당혹스러워하는 표정도 이해가 갔다.

1993년에 북이 핵확산방지조약(NPT)을 탈퇴하면서 북미 간에 심각한 대결 국면이 조성됐다. 1994년에는 미국의 클린턴 정부가 북의 영변 핵시설에 대한 선제 타격을 검토하면서 한반도는 일촉즉발의 순간으로 내몰렸다. 전쟁 위기가 코앞에 닥친 것이다.

이럴 때일수록 바빠지는 게 공안기관이었다. 간첩단 사건도 주로 이럴 때 터졌다. 구국전위 사건을 대대적으로 터뜨린 것 역시 마찬가지 이유였다. 공안정국을 만들고 저항을 틀어막기 위해서다. 그런데 갑자기 남북정상회담이 열린다? 저들이 당황할 만도 했다. 남북정상회담이 열린다는 소식은 내게도 큰 힘이 됐다. 김영삼의 말처럼 닭의 모가지를 비틀어도 새벽은 오는 법이다. 제아무리 국가보안법으로 탄압해도 대통령이 직접 반국가단체의 '수괴'를 만나러 간다는데 네놈들이 어쩔 거냐, 이런 배짱이 절로 나왔다.

체포되고 만 18일이 지난 7월 1일, 나는 검찰로 송치됐다. 그날 밤 서울구치소 독방에 수감될 때 나는 다짐했다. 흔들리지 말자, 주저앉지 말자, 힘을 내자…. 지긋지긋한 대공분실에서 벗어났기 때문만은 아니었다. 남북정상회담 합의를 보면서, 비록 우리 시대가 전진과 후퇴를 거듭하겠지만 궁극에는 새로운 세상을 향해 나아갈 것이라는 확신이 들었다.

남북정상회담은 김일성 주석이 7월 8일에 갑작스럽게 세상을 떠나면서 무산되고 말았다. 26년 뒤의 이날은 아버지의 기일이기도 하다. 하지만 나는 희망의 씨앗을 보았기에 흔들리지 않았다. 아버지와 나를 묶고 있는 이 사슬이 영원할 수 없다는 걸 확신했다. 그때야 비로소 나는 남민전 사건으로 구속돼 10년 만에 출소한 아버지가 왜 다시 구국전위라는 조직을 만들었는지, 그 조직으로 무엇을 하려고 했는지 어렴풋이나마 이해할 수 있었다.

04
구국전위 사건은
어떻게 조작됐나?

아버지는 1988년 12월에 출소한 뒤로 참 바쁘게 지냈다. 감옥에서 쓴 편지들을 모아 옥중서간집 《우리가 함께 부르는 노래》를 이듬해 3월에 펴냈다. 출소한 지 겨우 석 달이 지난 때였다. 감옥에서 구상한 수학사 책의 초고도 정리하고, 철학과 과학에 대한 글도 정리하기 시작했다.

1990년에는 서강대 총학생회에서 개설한 '과학과 사람'이라는 강좌를 강의했고, 1991년부터는 경희대에서 교양학부 강사로 재직하면서 '현대사회와 과학'이라는 과목을 강의했다. 당시 대학에서는 학원자주화 투쟁의 성과로 진보적인 과목이 교양과목으로 개설되는 경우가 많았다. 비록 수학은 아니었지만, 아버지는 10여 년 만에 대학 강단에 서는 기쁨을 얻었다. 사학비리 척결 투쟁을 벌여

비리 재단을 몰아낸 대학에서 아버지에게 교수직을 제의해 온 곳도 있었다. 그 이야기를 듣고 어머니는 내심 기대했으나, 아버지는 큰 관심을 보이지 않았다. 가석방 상태라 대학에 폐를 끼칠 수 있어서도 그랬지만, 자신이 할 일은 따로 있다고 생각해서였다.

여기저기서 강연 요청도 많이 들어왔다. 아버지는 마다하는 법이 없었다. 전국 어디서라도 부르면 달려갔다. 아버지는 특히 청년들을 만나 우리 운동의 역사와 전통을 주제로 이야기 나누는 걸 좋아했다. 또 그들로부터 1987년 6월항쟁으로 촉발된 대중운동과 대중조직의 경험을 듣고 싶어 했다. 그 힘이 어디서 나오는지 궁금해하기도 했다.

감옥살이로 10년의 공백이 있었지만, 아버지는 왕성하게 활동을 벌여나갔다. 어머니는 오랜 수감생활 끝에 석방됐으니 조용히 건강을 돌보고 휴식하길 원했다. 하지만 아버지는 그럴 수 없었다. 이른 나이에 목숨을 빼앗긴 여정남을 생각하면 편히 쉴 수 없었다. 동지 이재문의 마지막 당부를 결코 잊을 수 없었다.

그런 아버지에게는 풀어야 할 숙제가 하나 있었다. 바로 동생의 행방이었다. 1978년 2월에 일본으로 간 작은아버지는 한국에 돌아가지 못한다는 연락을 마지막으로 소식이 끊겼다. 안기부는 작은아버지가 월북했다고 발표했지만, 그들의 일방적인 주장일 뿐이다. 과연 살아 있는지, 아니면 저들에게 죽임을 당했는지 알 수 없었다. 아버지는 일본에서 동생에게 무슨 일이 생겼는지 궁금했다. 동생의 생사를 확인할 방도를 찾고자 했다. 하지만 공안당국은 가석방으로 출소한 아버지를 계속 감시하고 있었다. 출국이 금지된 상태라 일본에 가볼 수도 없었다.

궁리 끝에 아버지는 일본의 지인을 수소문했다. 밀양 출신으로 해방 후에 가해진 탄압을 피해 일본으로 건너간, 각별한 사람이었다. 그에게 그간의 과정을 설명하고 동생의 행방을 알아봐 달라고 부탁했다.

시간이 지나 일본에서 온 사람이 아버지에게 연락을 해왔다. 1991년 초였다. 그 사람은 아버지를 만나, 동생이 일본에 들어와 몇 사람을 만난 건 확인했으나 마지막 행방은 확인되지 않았다고 전해주었다. 하지만 아버지는 희망의 끈을 놓지 않았다. 어딘가에 살아 있을 거란 믿음을 간직했다.

그 사람은 몇 달 뒤 다시 찾아왔다. 여전히 작은아버지의 행방은 확인되지 않았다. 그는 대신 아버지에게 편지 한 통을 전했다. 편지에는 다음과 같은 내용이 있었다.

안 교수님, 감옥살이에 얼마나 고생이 많으셨습니까? 출소하신 뒤에도 통일을 위해 애쓰신다는 소식을 들었습니다. 저는 일본에서 조국의 통일을 위해 노력하는 사람입니다. 교수님의 겨레에 대한 한없는 사랑과 열정을 잘 알고 있습니다. 교수님께서 통일운동을 하시는 데 제가 도움을 드리고 싶습니다. 언제든지 필요한 게 있으면 말씀해 주십시오….

편지를 보낸 사람의 이름은 백명민이었다. 해방 직후 탄압을 피해 일본으로 건너간 그는 지금까지도 고향에 대한 그리움이 가슴 시리게 남아 있다고 했다. 통일된 조국을 갈망하며 살아가는 동포로서 고국에서 통일운동을 하는 사람들을 돕고 싶다고 했다. 아버지는 그의 제안을 감사히 받기로 했다.

그 무렵 아버지는 새로운 고민을 하고 있었다. 1970년대 유신독재에 맞섰던 남민전 이후, 1980년대 운동은 엄청난 변화와 발전을 이루었다. 1980년 5월 광주항쟁의 아픈 역사를 딛고 운동의 저변은 크게 확대됐다. 1987년 6월항쟁은 새로운 광장을 열었다. 이전까지의 선각자 운동, 비공개 운동에서 대중조직 중심의 새로운 운동이 시작된 것이다. 그때의 고민에 대해 아버지는 내게 이렇게 이야기했다.

— 분단과 전쟁을 거치며 완전히 꺾였다고 생각한 남쪽의 운동이 4.19를 거치며 새롭게 부활했어. 그것이 통혁당, 인혁당, 남민전으로 이어지는 비공개 조직운동의 토대가 됐지. 우리는 그 힘으로 새로운 공간을 열어나갔지만, 여전히 한계가 많았어. 씨앗을 뿌리고 싹을 틔운 정도라고나 할까.

감옥에서 나온 뒤 아버지가 마주한 현실은 엄청나게 달라져 있었다. 10년 만에 우리 운동은 내용에서도, 규모에서도 괄목상대했다. 그 중심에는 대중투쟁 속에서 단련된 청년 활동가들이 있었다. 이른바 '386세대'의 등장이었다. 그들은 학생운동을 거쳐 노동운동, 농민운동, 청년운동, 교육운동 등 각계각층 대중운동으로 진출해 세상을 바꿔나가고 있었다. 이재문 선생과 함께 남민전이 추구한 목표였고, 여정남과 함께 만들고자 했던 미래였다.

  ─청년들을 만나면 참 든든했어. 시대를 보는 안목도 훌륭했고 학습
  능력도 뛰어났지. 앞으로 이들이 지도해나갈 우리 운동의 미래가
  무척 희망적이었어. 그들에게 운동의 선배로서 나는 무엇을 해줄
  수 있을까, 이런 고민을 하게 됐지.

  그 무렵 오랜 세월 동안 적대와 대립으로 이어져 왔던 남북관계에도 새로운 변화가 시작됐다. 1990년 9월에 남북 총리를 단장으로 하는 제1차 남북고위급회담이 서울에서 개최됐고, 1991년 12월에 열린 제5차 회담에서는 '남북 간의 화해와 불가침 및 교류·협력에 관한 합의서(남북기본합의서)'가 채택됐다. 남북기본합의서의 핵심은 남북의 상호 체제 인정과 존중이었다. 적대적 관계를 평화적 관계로 바꾸고 다방면의 교류·협력을 진행하자는 남북의 역사적인 합의는 아버지에게 새로운 과제를 던졌다.

  ─1989년 3월에 북을 방문해 김일성 주석을 만났던 문익환 목사님

이 그러셨지. 분단 50년이 되는 1995년을 통일 원년으로 만들자고. 나도 목사님 말씀에 전적으로 공감했어. 남북 간에 새로운 변화가 시작되고 있는데, 나는 무엇을 해야 할까? 나는 우리의 민족해방운동도 새로운 단계로 올라서야 한다고 생각했어. 그러자면 이를 본격적으로 준비할 조직, 대중적인 통일운동을 지도해나갈 조직이 필요했어.

아버지는 새로운 청년 활동가들이 그 조직의 중심에 서야 한다고 생각했다. 그리고 이 구상을 현실로 만들기 위해 적극적으로 움직였다. 구국전위는 바로 이러한 고민과 노력의 결과물이었다.

구국전위 활동에는 일본에 있는 백명민 선생의 지원이 큰 도움이 됐다. 백 선생은 재정적인 지원과 함께 필요한 자료를 보내주었다. 서로 연락을 주고받거나 왕래할 수 없었던 아버지와 백 선생 사이에는 연락을 담당하던 사람이 따로 있었다. 아버지를 대신해 일본에서 온 연락원을 만난 사람이 큰누나의 친구인 정화려였다. 그는 구국전위 사건으로 10년형을 선고받았다.

그런데 연락을 주고받는 과정에 사고가 발생했다. 일본에서 보낸 사람이 문제를 일으킨 것이다. 그는 한국 국적으로 여행업을 하던 사람이라고 했다. 당시는 한국 국적자가 아닌 재일동포들은 한국을 방문할 수 없었다. 어렵게 물색해 보낸 그 사람은 신념을 가진 활동가는 아니었다. 그는 아버지에게 전달해야 할 돈을 가로채고, 편지가 보관된 물건은 그대로 안기부에 넘겨주었다고 한다. 뜻밖에 터진 일이었지만 이쪽에서는 알 수 없었다.

안기부는 물건을 건네받기로 한 사람이 누구인지 추적했다. 이 과정에서 정화려의 신분이 드러나고 말았다. 안기부는 정화려를 밀착 감시해 그가 아버지와 만나는 것을 확인했다. 다시 아버지에 대한 전면적인 감시에 들어갔다. 안기부는 아버지의 집필실이 있던 서강대 후문 근처 한과청(한국과학기술청년회) 사무실의 건너편 건물에 몇 달 동안 세를 얻었다. 창문에 망원카메라를 설치하고 사무실을 드나드는 사람들을 샅샅이 조사했다. 1994년 6월 13일 밤부터 14일 새벽까지 아버지와 친분이 있던 사람들이 일제히 체포됐다. 모두 23명이 붙잡히고 10여 명이 수배됐다. 하지만 실제로 아버지와 함께 조금이라도 활동을 한 사람은 8명밖에 없었다. 나머지는 나처럼 구국전위와 아무 관련이 없는데도 잡혀 온 사람들이었다.

안기부는 아버지가 일본의 대남공작원으로부터 지령을 받아 구국전위를 조직하고 간첩 활동을 했다고 주장했다. 안기부는 백명민 선생을 공작원으로 몰아갔다. 하지만 그가 누구인지 안기부는 전혀 파악하지 못했다. 사건의 핵심 인물을 특정하지 못한 것이다. 백 선생이 안기부의 주장대로 공작원인지는 밝혀진 게 하나도 없었다. 안기부는 자신들이 일방적으로 작성한 39통의 수사보고서를 유죄의 증거라고 내놓았을 뿐이다.

구국전위 사건의 또 다른 문제점은 압수한 아버지의 디스켓에서 나온 문서의 변조였다. 1994년만 해도 디지털 증거의 효력 여부가 제대로 정립되지 않은 때였다. 그러니 압수한 디스켓에서 나왔다는 문서가 과연 아버지가 만든 것인지, 안기부에서 조작한 건 아닌지 확인할 길이 없었다. 실제로 안기부는 증거를 교묘히 조작했다. 구국전위가 마치 북에서 지령을 받아 조직한 것처럼 강령과 규약을 조작했다. '지령문'과 '보고문'이라고 주장한 문서 역시 자기들 입맛대로 왜곡하고 덧칠했다. 아버지가 디스켓에 저장해둔 문서와 안기부가 증거로 제출한 문서는 서체와 글자 크기가 서로 달랐다. 누군가 변조한 것이 분명했다.

재판 과정에서 변호사들은 제출된 증거의 조작 여부를 문제 삼았다. 직접 쓴 문서라면 필체 감정을 할 수 있지만, 안기부가 제멋대로 출력한 문서는 확인할 길이 없다는 점을 분명히 지적했다. 재판부도 처음 겪는 일이라 당황하는 기색이 역력했다. 구국전위 사건을 계기로 디지털 증거의 신뢰성 여부가 논란이 됐다. 피의자의 디지털 기기를 포렌식으로 복제하고, 이를 피의자로부터 최종 확인받아 밀봉한 뒤, 다시 개봉할 때도 조작이나 훼손이 없음을 확인하는 절차가 없다면 증거로 채택할 수 없다는 규정이 새로 만들어진 것도 이 때문이다.

하지만 재판 결과는 달라지지 않았다. 검찰은 아버지에게 사형을 구형했고, 재판부는 검찰의 공소 내용을 그대로 받아들여 아버지에게 무기징역을 선고했다. 남민전에 이은 두 번째 무기징역이었다.

나의 재판 결과는 더 황당했다. 재판부는 "부자가 동시에 구속된 것이 마음 아프기는 하지만, 집행유예 기간인 관계로 징역 2개월을 선고하고, 남은 미결 구속 일수는 삽입하지 않는다"라고 판결했다. 듣도 보도 못한 징역 2월형이었다. 무죄를 선고하자니 눈치가 보였던 판사가 찾아낸 꼼수였다. 결국 나는 구국전위 사건으로 잡혀 오기 직전에 불구속 상태로 집행유예를 선고받은 1년 6개월의 '외상값'을 고스란히 감옥에서 보내고 1996년 10월에 석방됐다.

구국전위 사건은 해외에서 더 주목받았다. 아버지와 아들을 동시에 구속한 사례가 드물기 때문이다. 1995년 5월 유엔인권위 산하 '자의적 구금에 관한 실무위원회'는 구국전위 관련자들의 구금이 세계인권선언과 시민적·정치적 권리에 관한 국제규약을 위반한 자의적 구금이라고 결정하고, 한국 정부의 시정을 요구하는 결의문을 발표했다. 앰네스티에서도 아버지와 나를 비롯한 구국전위 관련자들을 '양심수'로 지정했다. 프랑스와 독일 등에서 응원의 편지가 많이 왔다. 그들은 한국의 상황이 이해되지 않았다. 어떤 생각을 지니고 있다는 이유만으로, 폭력이나 테러 등의 행위가 없어도 죄가 된다는 사실을 도무지 이해할 수 없었다. 행위가 아닌 생각을 처벌하는 법이 이 나라의 국가보안법인 것이다. 더구나 아버지가 무기수로 감옥에 갇히고, 아들도 같이 감옥에 있다는 현실에 그들도 함께 분노했다.

구국전위는 별다른 활동을 하지 못했다. 조직의 기본 골격도 채

갖추지 못한 상태였다. 남북관계가 과거와는 다른 새로운 방향으로 나아가려는 때, 새로운 통일시대를 준비할 청년 활동가를 규합하려고 했다는 게 정확한 표현일 것이다. 김대중 정부 출범 이후 1999년 8.15에 석방된 아버지에게 나는 비로소 구국전위를 물어볼 수 있었다. 그때 내게 해준 말이 아직도 기억에 남는다.

　─ 남민전으로 10년 징역을 살고 나온 뒤에 민족해방운동의 역사를 지켜왔던 우리들의 경험을 다음 세대에 전수하는 게 내가 해야 할 역할이라 생각했어. 그런 생각으로 청년들을 규합하려고 했지. 하지만 제대로 일도 못 하고 징역만 잔뜩 살았네.

아버지의 이야기는 우리 세대에 대한 기대와 당부로 이어졌다.

　─ 앞으로 통일 정세가 급변할 거야. 우리 민족이 하나가 되고 남북이 협력하는 길이 조만간 열릴 수밖에 없어. 이제는 너희 세대가 우리 운동을 새롭게 이끌어야 해. 언제 어디서나 가장 중요한 건 대중의 지지야. 꼭 명심했으면 한다.

2000년 6월에 남북의 두 정상이 만났다. 분단 이후 최초로 남북 정상회담이 열렸다. 역사적인 순간이었다. 김대중 대통령과 김정일 국방위원장은 새로운 통일시대의 이정표라 할 '6.15 남북 공동선언'을 함께 발표했다. 아버지의 예견대로 정세는 급변하고 있었다.

나는 1998년부터 일하던 〈말〉지를 그만두고, '남북이 함께하는 통일언론'을 내걸고 새로 창간을 준비하던 〈민족21〉에 합류했다. 2001년부터 〈민족21〉 기자로 일하면서 다양한 남북 교류·협력의 현장을 취재했다. 이를 위해 평양에도 여러 번 다녀왔다. '6.15공동선언실천 남측위원회' 학술본부의 고문을 맡은 아버지도 2005년에 문화유적참관단으로 평양에 다녀왔다. 아버지는 그때의 감격을 글로 정리해 '이재문 동지, 나 평양에 다녀왔어요'라는 제목으로 당신의 블로그에 올렸다.

하지만 그 감격은 오래가지 못했다. 김대중 정부와 노무현 정부에서 이룩한 성과는 이명박 정부 등장 이후 하나둘씩 무너지기 시작했다. 성을 쌓아 올리기는 힘들어도 허물기는 순식간이었다. 정권이 바뀐 뒤 나는 왠지 불길한 예감이 들었다. 〈민족21〉의 활동이란 게 시절이 좋을 때는 남북 협력사업이고 방북 취재이지만, 시절이 바뀌면 한순간에 국가보안법의 족쇄에 걸려들기 마련이었다.

아니나 다를까. 안기부에서 국정원으로 이름만 바꾼 공안당국은 2011년 7월에 나를 국가보안법으로 걸고넘어졌다. 그런데 아버지까지 걸고넘어졌다. 〈민족21〉 기자로 평양과 일본을 수시로 드나든 나는 시빗거리가 될 만하겠지만, 아버지는 뜻밖이었다. 아버지는 〈민족21〉하고 아무런 관계가 없었다. 당시 아버지의 연세가 일흔여덟이었다. 활동이라고 해봐야 대부분 6.15남측위원회나 범민련(조국통일범민족연합) 사무실에서 연로한 선생님들을 만나 정세를 논하거나 집회가 있으면 함께 나가는 정도였다. 그 외에는 집에서 인터넷으로 검색해 북녘 드라마나 영화를 찾아보는 게 낙이었다. 어머니가 세상을 떠난 뒤 지나온 시간을 돌아보며 회고록을 쓰기 시작한 것도 그 무렵이었다. 그런데도 저들은 왜 아버지와 나를 함께 엮었을까.

05
다시 덧씌운
'간첩' 혐의

2011년 7월 6일 아침에 7~8명의 국정원 수사관들이 들이닥쳤을 때, 나는 작은애를 유치원에 데려다주는 길이었다.

— 안영민씨 맞죠? 국정원에서 나왔습니다.
— 무슨 일인지는 모르겠지만 일단 애, 유치원부터 보내고 나서 이야기합시다.
— 좋습니다.

곁에 있던 아들이 눈을 동그랗게 뜨고 물었다.

— 아빠, 이 아저씨들 누구야?

— 응, 아빠 친구들이야. 아침에 일이 있어서 집으로 찾아온 거야.

하지만 여전히 놀란 눈이 풀리지 않았다. 뒤따라오는 남자들을 힐끔거리며 쳐다보던 아이는 내 손을 꼭 잡았다. 그렇게 한 무리의 남자들이 나를 뒤따르는 가운데 아이를 아파트에서 100여 미터 떨어진 유치원에 데려다주었다. 다시 집으로 돌아오는 길에, 연행하는 거냐고 물으니 오늘은 압수수색 나왔다고 했다.

집에 도착하자마자 국정원 수사관들은 몸수색부터 했다. 압수수색 대상에는 신체도 포함돼 있었다. 그다음 휴대전화를 압수해 포렌식 작업을 진행했다. 그리고 온 집 안을 샅샅이 뒤지기 시작했다. 컴퓨터는 물론이고 각종 책과 자료, USB, 장롱 구석에 있던 구형 필름 카메라와 비디오카메라, 옷장 위에 처박아둔 예전에 쓰던 노트북까지 몽땅 압수했다. 책꽂이의 책들도 한 장씩 넘겨 가며 살폈고, 옷장 속의 옷도 한 벌씩 주머니까지 샅샅이 뒤졌다. 여자 수사관은 아내의 옷장과 서랍장을 뒤졌다. 아이들 방의 책상과 책꽂이까지 뒤졌다. 금속탐지기를 동원해 잘 보이지 않는 장롱, 냉장고, 옷장, 소파의 밑바닥까지 다 훑었다. 도무지 영문을 알 수 없으니 답답했다. 저들이 제시한 압수수색 영장에 적힌 내용만이 머릿속을 맴돌았다. "조총련 관계자와 접촉해 수시로 지령을 수수하고, 이에 따라 활동하면서 조직원을 인입해 왔다"라고 했다. 말 그대로 '간첩' 혐의였다.

국정원은 이미 5~6년 전부터 나를 밀착 감시해 왔다. 나중에 재판부에 제출된 국정원의 수사 기록을 보면 2005년 11월부터 내 휴대전화를 도청하고 있었다. 또 이메일과 우편물 검열, 인터넷 접속 파악, 동선 확인 및 미행 등 내 모든 일상을 엿들었고 엿보았다. 저들은 이를 '내사'라고 표현했다. 본격적인 수사 이전 단계라는 의미다. 하지만 아무런 법적 근거도 없이 저지른 명백한 불법 사찰이었다. 가족끼리 나눈 사적 대화까지 다 파악하고, 아는 척하기도 했다.

노무현 정부 때도 그랬고, 이명박 정부 때도 그랬다. 남북의 만남이 활발해지고 민간의 교류 · 협력이 다방면으로 진행됐지만, 국정원의 감시는 변함없었다. 국정원은 '민주정부' 시절에는 납작 엎드려 있는 듯하지만, 절대 아니었다. 대공수사팀은 여전히 전방위적으로 내사 중이었다. 정권이 바뀌면 언제든 칠 수 있게 준비해 놓는 것이다. '민주정부인데 설마 별일이야 있겠어?' 하며 방심하는 동안에도 저들은 치밀하게 움직이고 있었다.

2005년 11월이면 내가 〈민족21〉 대표를 새로 맡은 직후였다. 당시 나는 신임 대표 자격으로 총련의 조선신보와 협력사업을 계속하기 위해 일본을 방문했다. 이때부터 국정원은 밀착 감시에 나선 것이다.

나는 2001년 8월에 처음 북을 방문했다. 평양에서 열린 8.15 민족공동행사 취재를 위해서였다. 2000년 6월의 역사적인 남북정상회담과 6.15 공동선언 발표 이후 정부 당국은 물론 민간에서도 남북의 만남이 성사됐다. 이후로 노무현 정부 때까지 노동, 농민, 여성, 청년, 문화예술, 종교 등 각계각층에서 남북의 만남과 공동행사가 진행됐다. 나도 취재단의 일원으로 행사에 자주 참여했다.

〈민족21〉역시 남북 언론교류에서 중요한 역할을 했다. 창간 때부터 '남북이 함께하는 통일언론'을 내세운 〈민족21〉은 북의 통일신보와 일본의 총련 기관지인 조선신보와 다방면으로 협력사업을 진행했다. 통일신보와 조선신보가 보낸 기사를 〈민족21〉에 게재하고, 〈민족21〉의 방북 취재나 총련 관련 취재 때 여러모로 도움을 받았다. 〈민족21〉의 창간 5주년인 2006년에는 세 언론사가 서울에서 공동으로 사진전 '평양 사람들의 서울 나들이'를 진행하고, 〈민족21〉에 게재됐던 통일신보와 조선신보의 기사들을 묶어《래일을 위한 오늘에 살지요》,《실리 사회주의 현장을 가다》라는 제목으로 출간했다. 사진전과 출판은 남북협력사업으로 승인받아 통일부로부터 사업비를 지원받았다. 2005년부터 대표를 맡았던 나는 이러한 사업들을 진행하느라 일본과 평양을 자주 다녔던 것이다.

〈민족21〉의 사업은 모두 통일부의 허가를 받고 진행한 일이라 국정원도 시비를 걸 만한 게 없었다. 그런데 왜 나의 일본 방문에는 그리 민감하게 반응했을까. 더군다나 저들은 아버지와 나를 함께 압수수색했다. 도대체 왜 〈민족21〉과는 아무런 관련이 없는 아버지와 나를 묶어서 수사를 벌일까. 아무리 생각해도 이해되지 않았다. 정권이 바뀌니까 〈민족21〉에 국가보안법을 걸어 마구잡이로 탄압하는 게 아니냐는 비판이 나오자 국정원은 절대 그렇지 않다고 강변했다. 이번 수사는 안재구, 안영민 부자와 관련된 일이라고 주장했다.

본격적인 수사가 시작되자 저들은 자신만만한 태도였다. 국정원의 팀장은 첫 수사 때 내게 이렇게 말했다.

— 일본의 조직하고 주고받은 문서는 어차피 다 나옵니다. 아무리 암호를 걸고 여기저기 감춰 놔도 시간이 문제이지, 결국은 우리가 다 찾아냅니다.
— 아니, 뭐가 있어야 감추든 말든 할 거 아닙니까?

그들만큼 나도 자신 있었다. 당연했다. 국정원이 찾는 '지령문'이니 '보고문'이니 하는 건 애초부터 없기 때문이다. 시간이 흐를수록 당황하고 초조해지는 건 국정원이었다. '지령문'을 찾아내면 바로 구속영장을 청구하고 〈민족21〉 전체로 수사를 확대할 계획이었는데, 아무리 뒤져도 나오는 게 없었다.

그새 언론은 내가 "천안함을 폭침한 조선인민군 총참모부 정찰총국의 지령을 받았다"라는 둥 "조선로동당 225국 소속 대남공작원과 연결됐다"라는 둥 가짜 뉴스를 대서특필하고 있었다. 1994년 구국전위 사건 때처럼 '대를 이은 빨갱이 부자'라고 언론은 물론 극우 인터넷 매체와 블로그까지 난리였다. 모두 국정원이 흘려준 허위 정보를 받아 썼다. 기사만 보면 수사가 끝나기도 전에 이미 판결이 나온 듯했다. 죄인으로 낙인찍고 조리돌리는 건 1979년의 남민전 때나 1994년의 구국전위 때와 다른 게 하나도 없었다. 오히려 인터넷이 보편화되고 SNS가 발달한 2011년의 〈민족21〉 사건이 더 심각했다. 가짜 뉴스는 삽시간에 퍼져나갔다. 남민전 사건 때는 말을 하지 않으면 주위에서 잘 몰랐지만, 〈민족21〉 사건 때는 말을 안 해도 이미 다 알고 있었다. 가족들이 겪는 마음고생은 2011년이 훨씬 더 컸다. 심지어 아내조차 내게 여러 차례나 "당신 정말 아닌 거 맞지? 진짜 아니지?"라고 물을 정도였다.

한날은 일간지의 한 기자가 내게 물었다.

— 북한과 연계돼 간첩 활동을 한 게 사실입니까?

— 그런 사실 없습니다.

— 그걸 어떻게 증명할 수 있습니까?

그 말에 화가 나 또박또박 답해주었다.

— 그건 국정원에 물어봐야죠. 나를 간첩이라고 주장하는 국정원이 근거를 밝혀야 하는 거 아닙니까? 왜 자꾸 나한테 간첩이 아니라는 걸 증명하라고 합니까?

언론은 무죄추정의 원칙도 없고, 피의사실 유포가 불법이란 점도 모른 척했다. 붙잡아온 수사기관에서 죄가 있음을 밝혀내야 하는데도, 붙잡혀온 사람한테 죄가 없음을 증명하라는 꼴이었다. 국정원보다 더 비열한 집단이었다. 언론의 속성은 그때나 지금이나 달라진 게 하나도 없다.

그렇게 한 달쯤 지났다. 나는 몇 차례 국정원에 출두해 조사받았다. 그런데 수사가 진척되는 게 별로 없었다. 부지런히 압수물을 뒤졌지만 기대와 달리 뭔가 나오는 게 없는 눈치였다. 자신들도 답답한지 한날은 내게 넌지시 물었다.

— 혹시 예전에 일본에 갔을 때 선물을 받은 게 있지 않습니까?

— 무슨 선물이요? 선물 받는 경우가 많아서요.

— 아버님께 전해 달라는 선물이요.

— 아, 그런 적이 한 번 있었어요. 개성인삼이었죠, 아마.

— 홍삼이었을 겁니다.

— 그랬나? 근데 그건 왜요? 아버지한테 가져다드렸더니 몸도 좀 챙기며 활동하라고 날 주셔서 내가 다 먹었는데….

— 그때 다른 건 받은 게 없나요?

— 아뇨. 홍삼인지 인삼인지밖에 없어요.

— 누가 줬나요?

— 오래돼서 누가 줬는지 기억이 잘 안 나네요.

수사관은 더 이상 묻지 않았다. 불현듯 내 머릿속에 뭔가 떠올랐다. 나도 까마득하게 잊고 있었던 일이었다.

'혹시 그때 받아온 선물과 편지 때문에 이 사달이 벌어진 건가?'

인삼인지 홍삼인지 기억도 가물가물한데, 저들은 정확히 홍삼이라 지적하며 내 기억을 바로잡아주었다. 그만큼 확실한 정보를 갖고 있었던 것이다. 국정원이 아버지와 나를 동시에 압수수색을 벌인 것이 그 때문이라는 생각이 들자 나도 모르게 쓴웃음이 나왔다. 그때부터는 얼마든지 해보라는 배짱이 생겼다. 저들이 저렇게 나오는 이유를 짐작하고 나니 내 마음도 한결 가벼워졌다.

06
국정원의 헛발질로 끝난
〈민족21〉 사건

2006년이었을 게다. 나는 동포들의 행사에 〈민족21〉 대표로 참석하러 일본에 간 적이 있었다. 행사장에서 인사를 나누고 있는데 누군가 내게 다가왔다. 50대로 보이는 남자였다.

— 〈민족21〉의 안영민 기자님이시죠?
— 네, 그렇습니다.
— 반갑습니다. 저는 〈민족21〉의 애독자입니다. 안 기자님의 기사는 늘 잘 읽고 있습니다. 아버님이신 안재구 교수님도 성함을 잘 알고 있습니다.

간단한 인사가 오간 뒤 그는 아버님께 드리는 선물이라며 쇼핑백을 하나 건넸다. 열어 보니 북에서 나온 개성고려인삼 상자가 들어 있었다. 나는 고맙다는 인사를 하고 잘 챙겨서 한국으로 돌아왔다. 아버지에게 사연을 이야기하고 선물을 드렸다. 그런데 상자를 열어 보니 편지봉투가 하나 있었다. 봉투 안에는 엽서 크기의 편지가 접혀 있었다. 아버지와 나는 함께 그 편지를 읽었다. 내용은 대략 이러했다.

안 선생님, 건강히 잘 지내시는지요? 선생님과 소식을 나누었던 백 선생님은 몇 해 전에 세상을 떠나셨습니다. 안 선생님께서 큰 고초를 겪은 부분에 늘 마음 아파하셨습니다. 그 소식을 대신 전합니다.

평범한 내용의 안부 편지였다. 분량도 몇 줄 되지 않았다. 편지를 다 읽은 아버지가 말했다.

— 백 선생님이 돌아가셨구나.
— 백 선생님이 누구세요?
— 구국전위 때 나를 도와주신 분이지.

바로 백명민 선생이었다. 당시 안기부는 백 선생이 대남공작원이라고 주장했지만 증거를 하나도 제시하지 못했다. 편지는 백 선생이 이미 세상을 떠났고, 예전에 자신들이 보낸 심부름꾼이 문제가 돼 아버지가 옥고를 치른 일에 미안함을 전하는 내용이었다. 그게 전부였다. 그 뒤로도 일본을 여러 차례 다녔지만 내게 선물 상자를 건네준 그 남자는 다시 만나지 못했다.

국정원은 어디에서 무슨 정보를 어떻게 얻었는지 그 사실을 알고 있었다. 일본에서 나를 미행해 행사장에서 내가 그 사람을 만나는 걸 봤을 수도 있고, 내가 선물을 받아 간 사실을 누군가에게 들었을 수도 있다. 국정원 수사관들은 자신들이 공안조사청(일본 법무성 산하 정보기관)과 협조해 총련의 활동을 낱낱이 파악하고 있다며 자랑하듯 말했다. 총련 내부에도 협조자가 있다고 했다. 저들은 일본에서 나를 미행해 찍은 사진을 보란 듯이 꺼내놓곤 했다. 이동 중인 전철역이나 택시승강장에서 찍은 것도 있었고, 식당과 술집에서 누군가 만나는 장면을 찍은 것도 있었다. 그런 식으로 나의 일거수일투족을 다 파악하고 있다는 걸 보여주려고 했다.

또 한번은 내가 일본을 드나들 때 사용한 노트북이 어디 있냐고 캐물었다.

— 노트북이요? 나는 노트북을 쓰지 않습니다.
— 일본에 갈 때 항상 노트북을 들고 갔잖아요? 여기 사진에서도 노트북 가방을 메고 있잖아요?

그들이 보여준 사진은 공항에서 내가 노트북 가방을 메고 있는 사진이었다.

─ 이건 노트북을 갖고 나간 게 아니라 노트북 가방이 편해서 사용한
  겁니다. 나는 옷가지도 단출하고 소지품도 거의 없어서, 일본에 출
  장 갈 때는 매번 들고 다니기 편한 노트북 가방을 갖고 나갔어요.

수사관들은 긴가민가하는 눈치였다. 하지만 없는 노트북이 나올
리 만무했다. 나를 수사하면서 언뜻언뜻 꺼낸 저들의 말을 정리하
면 국정원의 시나리오는 대략 다음과 같았다.

안재구가 출소하고 난 뒤, 이제는 늙어 활동이 어려운 안재구를 대신해
아들인 안영민이 아버지가 한 일을 넘겨받았다. 안영민은 〈민족21〉을 기
반으로 기자라는 신분을 이용해 일본을 드나들었다. 그러다 정권이 바뀐
뒤에는 안영민에 대한 감시가 커질 거라고 판단해 그 역할을 안재구, 안영
민 부자와 같은 대구 출신인 정용일에게 넘겼다. 정용일이 안영민의 추천
으로 2007년부터 〈민족21〉에서 일한 것도 그런 목적에서다….

〈민족21〉 정용일 편집국장은 대구에서 나와 학생운동을 함께 했
던 선배다. 내가 압수수색을 받고 며칠 뒤에 정용일 국장도 집과 사
무실을 동시에 압수수색 당했다. 마찬가지로 국정원에 출두해 여러
차례 조사를 받았다.

국정원이 짠 시나리오는 그럴듯했다. 하지만 자신들에게는 아무리 그럴싸해도 어디까지나 시나리오일 뿐이다. 예전 같으면 고문이라도 해서 그대로 진술서를 받아냈을 텐데 이제는 그러기도 쉽지 않다. 자신들의 주장을 입증해 줄 증거가 필요했다. 하지만 수사 초기에 자신만만했던 것과는 달리 증거는 그 어디에서도 나오지 않았다. 아무리 뒤져도 지령문과 보고문은커녕 티끌만 한 흔적 하나 찾을 수가 없었다.

2011년 7월에 국정원이 급박하게 압수수색을 한 것도 다 이유가 있었다. 나는 5월과 6월에 연거푸 일본에 간 적이 있다. 5월에는 재일동포들이 게재한 〈민족21〉 창간 10주년 축하 광고비를 수금하기 위해서였다. 원래는 3월 말에 가기로 했는데, 3월 11일에 도호쿠 지방을 강타한 대지진의 여파로 일정을 늦춰 5월 말에 가게 됐다. 그리고 5월 방문 때 제안받은, 내가 쓴 책인《행복한 통일 이야기》의 일본어판 출판 계약과 강연을 위해 6월 말에 다시 일본을 방문했다. 이때는 큰아들을 데리고 갔다. 나는 출판 계약과 강연 일정 외에는 아들과 함께 도쿄와 요코하마 일대를 관광했다.

그 무렵 나는 천식으로 고생하는 작은아들의 육아 때문에 2009년 가을부터 〈민족21〉에서 편집주간을 맡아 주로 집에서 근무했다. 그래서 2년 가까이 일본에 가지 못했다. 대신 정용일 국장이 두어 차례 일본에 다녀왔다. 하지만 축하 광고비 수금은 내가 가야만 원활하게 처리할 수 있었다. 나는 창간 때부터 참여한 기자 중 유일하게 남은 기자였다. 또 편집국장과 대표를 역임해 창간 때부터 후원해주던 일본의 〈민족21〉 독자들과 친분이 두터웠다. 그래서 어렵게 시간을 내 직접 간 것이다.

이를 두고 국정원은 내가 직접 '지령'을 받아야 할 만큼 급한 일이 생겨 2년 만에, 그것도 연거푸 두 번이나 일본에 갔다고 의심했다. 내가 일본에 출장을 다녀온 지 열흘 만에 압수수색을 한 것도 그런 이유였다. 그들의 의심은 어느새 확신으로 변해 있었다. 국정원 수사관들의 이야기를 듣고 실소가 나왔다. 어쩌면 소설을 이렇게도 잘 쓰나 싶었다. 끼워 맞추는 데는 정말 선수들이었다. 예전에는 저런 식으로 다 조작했다고 생각하니 소름이 돋았다. 그러는 동안 아버지는 경찰청 대공분실에 딱 한 번 출두한 뒤로는 출두 요구를 모두 거부했다. 그냥 잡아가라고 했다.

그렇게 2011년의 무더운 여름이 긴장 속에 흘러갔다. 여름 내내 나는 국정원에 출두해 조사받았다. 그런데 더위가 한풀 꺾이고 9월이 되면서 국정원은 더 이상 출두요구서를 보내지 않았다. 무슨 연유인지 오히려 내가 궁금해질 정도였다. 국정원의 수사는 연말이 돼서야 재개됐다. 모처럼 연락을 받고 출두했는데 뭔가 분위기가 이상했다. 이날은 예전의 담당 수사관이 아닌 다른 수사관들이 나왔다. 처음 보는 그들은 앉자마자 오늘이 마지막 수사라고 했다.

— 네? 오늘이 마지막이라고요?

— 네, 오늘로 수사를 마무리하겠습니다.

— 아니, 왜요?

— 그러면 더 할까요?

— 그건 아니지만, 나보고 간첩 활동을 했다고 그렇게 몰아붙이더니 갑자기 이렇게 끝내려는 이유가 궁금해서요.

그들은 답하지 않았다. 나는 알았다. 몇 달 동안 압수 물품과 컴퓨터에서 나온 파일을 샅샅이 털었지만, 아무런 증거가 나오지 않았던 게다. 당연했다. 애초부터 국정원에서 찾던 지령문이나 보고문은 없었으니까. 그렇게 국정원의 수사는 모두 마무리됐다. 경찰청 대공분실에서도 아버지가 계속 출두를 거부하자 그대로 수사를 종결해 버렸다.

하지만 아무 일도 없이 끝난 건 아니었다. 국정원은 내가 〈민족21〉의 사업 협의차 꾸준히 연락했던 총련 간부와의 만남을 '회합·통신'으로 몰아갔다. 그는 1990년대 범민련과 한총련의 통일운동 당시 해외 측 실무자였다. 하지만 1990년대 후반에 대법원이 그를 북의 정치공작원이라고 인정한 판례가 있었다. 이는 국정원이 남북해외 3자 연대운동을 탄압하기 위해 몰아붙인 결과였다. 그렇게 정치공작원으로 낙인이 찍혔는데도 그는 노무현 정부 때 총련의 실무책임자로 여러 차례 한국을 방문했다. 그때마다 통일부와 국정원 관계자를 만나 업무를 협의했던 사람이다. 또 남쪽에서 일본의 총련과 다양한 분야에서 협력사업을 진행하려면 반드시 만날 수밖에 없는 실무책임자였다. 하지만 재판부는 내가 일본에 가서 그와 만나고 이메일로 연락을 주고받은 부분을 유죄로 인정했다. 똑같은 사람을 정부 당국자가 만나면 아무런 문제가 되지 않고 〈민족21〉의 안영민이 만나면 '반국가단체 구성원과의 회합·통신'이 되는 황당한 경우였다.

〈민족21〉의 방북 취재 때 북쪽의 민화협(민족화해협의회) 부회장을 만나 사업 협의를 한 것 역시 회합·통신죄가 됐다. 민화협은 민간 차원의 다양한 남북 교류·협력 사업을 총괄하던 북측의 공식 기구였다. 민화협에는 각각의 분야에서 책임자라 할 수 있는 부회장이 여러 명 있었다. 내가 만난 민화협 부회장은 언론과 사회문화 분야를 담당했다. 그 역시 남측의 수많은 언론사와 사회문화계 인사들을 만나 사업을 진행해왔다. 그런데도 국정원은 그를 대남공작원이라 규정했고 내가 그를 만난 것을 회합·통신이라 주장했다. 사회단체에 가서 통일 강연을 한 것은 고무·찬양, 주최 측에 강연 원고를 보낸 것은 이적표현물 제작·배포가 됐다. 책을 출간하고 북콘서트를 연 것도 전부 국가보안법 위반으로 몰아갔다.

이처럼 무시무시한 간첩 누명은 벗어났으나 국가보안법의 족쇄는 하나도 풀리지 않았다. 국정원은 애초에 내게 덧씌운 혐의를 밝혀내지 못했으면 그것으로 끝내야 했다. 하지만 손쉽게 갖다 붙일 수 있는 국가보안법 7조 위반으로 나를 걸고, 자신들의 불법 과잉 수사 부분은 쏙 빠져나갔다. 치사하고 비열한 작태였다. 고무·찬양과 이적단체 구성, 이적표현물 제작·배포 등이 포함된 국가보안법 7조는 국가보안법의 여러 조항 중에서도 특히 문제가 많은 악법 중의 악법이다. '귀에 걸면 귀걸이요, 코에 걸면 코걸이'라는 말이 딱 어울리는 조항이다. 국가보안법으로 처벌받은 사람들의 대다수가 7조에 걸려 고초를 당했다.

국정원의 압수수색부터 대법원의 최종 판결까지 무려 7년이 걸려서야 나에 대한 사법처리가 마무리됐다. 2018년 7월에 열린 대법원의 최종 선고는 징역 1년 6월에 집행유예 3년이었다. 아버지는 2017년에 집행유예를 최종 선고받았다. 아버지의 경우, 북의 자료를 외장하드에 저장하고 블로그에 통일문제와 관련한 여러 자료와 글들을 올린 게 주요 혐의였다. 모두 이적표현물 소지·제작·배포로 국가보안법 7조를 위반한 죄였다. 함께 압수수색을 받은 〈민족21〉의 정용일 국장은 몇 차례 소환하더니 수사가 흐지부지 끝나 버렸다.

〈민족21〉 사건은 용두사미로 끝났다. '태산명동서일필(泰山鳴動鼠一匹)'이라는 옛말이 딱 어울린다. 대단한 간첩 사건인 양 언론에서 대서특필했지만 마지막 결과는 초라하기 짝이 없었다.

언론을 통해 어마어마한 간첩 소굴로 몰렸던 〈민족21〉은 2013년 말에 문을 닫았다. '종북잡지'라는 주홍글씨에, 북의 지령을 받아 간첩 활동을 했다는 국정원의 일방적 주장은 운영과 활동에 심각한 영향을 끼쳤다. 그 결과 〈민족21〉은 10여 년이나 지속해온 남북화해 통일언론의 활동을 접어야만 했다. 국정원으로서는 안재구, 안영민 부자를 간첩으로 엮지는 못했지만, 또 다른 목표인 〈민족21〉의 와해는 달성한 셈이다. 이런 사실이 나는 너무나 안타깝고 화가 난다.

07
끝나지 않은 길

한바탕 광풍이 지나갔다. 아버지와 나를 간첩으로 몰아가려던 공안당국의 음모는 사실상 실패했다. 그들은 언론을 앞세워 마녀사냥까지 벌였지만 별다른 성과를 얻지 못했다. 해가 바뀌어 검찰은 국가보안법 위반 혐의로 아버지와 나를 기소했다. 2013년부터 몇 년에 걸쳐 1, 2, 3심 재판이 차례로 진행됐다. 최종 판결이 2018년 7월에 내려졌고, 3년의 집행유예 기간은 2021년 7월에야 끝났다. 2011년 7월의 압수수색부터 시작해 꼬박 10년을 옭아매 둔 셈이다.

공안당국이 수사하고 법정에 세우는 와중에도 아랑곳없이 아버지는 회고록 집필에 몰두했다. 나도 6년 터울의 아이들을 돌보느라 정신없는 날들을 보냈다. 아버지는 여든이 넘은 연세에도 혼자 세월호 진상규명이나 국가보안법 철폐를 위한 광화문 집회장에 자주

나갔다. 2016년 겨울에는 박근혜 퇴진 광화문 촛불집회에도 빠짐없이 나갔다. 여전히 건강하시다고 생각하며 마음을 놓았는데 실은 그렇지 않았다. 아버지의 건강은 조금씩 나빠지고 있었다.

2017년 봄이었다. 통일운동 단체에서 일하는 후배로부터 오랜만에 연락이 왔다. 그냥 안부 전화인가 했더니, 만나서 해줄 말이 좀 있다고 했다. 며칠 뒤 그 후배와 만났다. 식사를 마치고 차를 한잔하는데 후배가 조심스럽게 이야기를 꺼냈다.

─ 형을 보자고 한 건, 혹시 가족들도 알고 있나 해서요.
─ 무슨?
─ 선생님이 요새 좀…. 저희가 그동안 연로하신 선생님들을 많이 챙겨드리다 보니 느낌이 있는데….

후배는 최근에 본 아버지의 모습을 전해주었다. 집회를 마치고 식사하러 갈 때 자주 가는 식당인데도 길을 잃고 헤매는 경우도 많고, 사람들을 알아보지 못하거나 엉뚱한 말과 행동을 하는 경우도 자주 있었다고 한다. 어떨 때는 아무것도 아닌 일에 불같이 화를 내기도 한다는 것이다. 아무튼 예전과는 무척 다른 모습이라고 했다.

─ 치매일지도 몰라서요. 병원에 가서 검사를 한번 받아보시는 게 어떨까요.

그 말을 들으니 최근 들어 평소와 다른 아버지의 모습이 떠올랐다. 할머니 제사상 앞에서 "오늘 누구 제사냐?"라고 물어보던 장면이 떠올랐다. 부엌에 있는 며느리를 보고 "저 여성은 누구지?"라고 물어보던 것도 생각났다. 가족 모임 때는 사위를 몰라보고 외손자도 몰라봤다. 그 순간 아버지는 "내가 요즘 건망증이 심해서 그렇다"라며 웃어넘겼지만 그게 아니었다.

서둘러 아버지를 모시고 큰 병원에 갔다. 신경정신과에서 여러 가지 검사를 받고 상담도 했다. 예상대로 아버지는 인지능력이 상당히 떨어져 있었다. 치매가 이미 중기로 접어든 상태였다. 병원을 나서면서 무척 속상했다. 천재 수학자에게도 이런 병이 생기는구나. 아버지도 세월을 이겨내지 못하는구나. 그런데도 나는 바쁘다는 핑계로 잘 모르고 있었구나….

일단 아버지를 우리 집 근처로 모셔 오기로 했다. 이때 아버지 집은 우리 집에서 차로 10분 거리의 작은 아파트였다. 그리 멀지 않았지만 나도 두 아들을 키우느라 아버지한테 별로 신경 쓰지 못했다. 아버지를 챙겨드리자면 최대한 가까이 모시는 게 필요했다. 새로 이사 온 곳은 신축 주거용 오피스텔이었다. 위치도 그렇고 아파트형 실내 공간이라 편리하겠다고 생각했는데, 층마다 좌우로 현관문이 늘어서 있는 이곳을 아버지는 자꾸 교도소라고 생각했다. 당신이 또 구금됐다고 여긴 것이다. 안 되겠다 싶어 우리 집 바로 맞은편 주택가의 빌라로 몇 달 만에 다시 이사했다.

나는 걸어서 3분 거리인 아버지 집을 수시로 찾았다. 아침 일찍부터 식사를 챙겨드렸고, 낮에 요양보호사가 오면 우리 집으로 와서 밀린 일을 했다. 저녁에는 다시 아버지 집으로 가서 식사와 잠자리를 챙겨드리고 밤에 주무시는 걸 보고 나왔다. 그렇게 3년 가까이 보냈다.

그런 상황 속에서도 아버지는 자꾸 광화문 집회에 나가야 한다고 고집을 부렸다. 이제는 조직 사업도, 강연도 힘들기에 정의롭게 투쟁하는 이들의 집회에 참석해 힘을 보태는 것이 당신의 마지막 사명이라고 생각하는 듯했다. 하지만 아버지 혼자 나가는 건 불가능할뿐더러 위험했다. 나도 집안일을 하며 아이들을 돌봐야 하는 처지라 매번 모시고 나갈 수도 없었다. 그러면 나 몰래 혼자 나가기도 했다. 길을 잃고 헤매는 아버지를 경찰이 발견하고 내게 연락해 파출소로 아버지를 모시러 간 적도 여러 번 있었다.

나는 아버지의 기억이 조금이라도 남아 있을 때 본격적으로 아버지의 생애를 정리해야겠다고 생각했다. 이제는 세상을 떠난 정용일 형과 함께 구술 작업을 진행했다. 아버지를 누구보다 존경하며 따랐던 정용일은 이전부터 내게 아버지의 평전을 쓰고 싶다고 말했다. 나 또한, 아버지를 잘 알고 그 시대를 제대로 이해하는 누군가가 그 일을 맡아주었으면 싶었다. 정용일이 딱 적임자였다. 그렇게 해서 우리 둘은 함께 그 작업을 진행해 나갔다. 하지만 쉽지 않았다. 구술을 위해 묻고 답하는 것을 아버지는 자꾸만 '취조'라고 여겼다. 사실을 확인하기 위해 거듭 묻는 일이 많다 보니 더 그런 것 같았다. 순조롭게 잘 이어지다가도 갑자기 화를 벌컥 내며 '진술'을 거부할 때가 많았다. 결국 구술 작업을 중단할 수밖에 없었다.

그 뒤로 나는 아버지를 챙겨드리면서 살아온 이야기를 잠깐씩 듣기 시작했다. 아버지의 기억이 뒤죽박죽이었지만 그때그때 조금씩 메모했다. 2003년에 아버지와 내가 《아버지, 당신은 산입니다》라는 책을 함께 쓸 때 아버지의 생애를 대략이나마 정리해둔 게 큰 도움이 됐다.

단편적인 기억만 남게 되는 치매 환자에게 오래도록 지워지지 않는 기억은 어떤 대목일까. 아마도 인생에서 가장 잊지 못할 순간일 것이다. 아버지를 놓고 보자면 우선은 경북대 수학과 대학원 시절이었다.

한날은 은사인 박정기 교수님이 집에 오시기로 했다며 식사 대접을 어떻게 해야 할지 걱정했다. 그동안 여러 차례나, 박정기 교수님은 벌써 돌아가셨고 문상도 다녀오셨다 해도 믿지 않았다. 돌아가셨으면 당연히 연락이 왔을 텐데 부고를 받은 일이 없다며 오히려 나를 거짓말쟁이라고 몰아붙였다. 그럴 때는 옛날 대학원 시절로 화제를 돌리는 게 제일이다. 그러면 아버지는 수학교실 세미나 이야기를 하며 아이처럼 즐거워했다. 스승과 벗들과의 추억에 흠뻑 빠져들었다.

그다음은 감옥살이 기억이다. 아버지는 당신의 생활 자체를 감옥살이라고 생각했다. 아침저녁으로 내가 식사를 챙기면 취사장에서 갖고 온다고 여겼다. 형이나 누나가 집에 오면 면회를 오는 거라 여겼다. 하루는 손톱깎이를 쓴 뒤 방 안에서 왔다 갔다 했다. 저놈들이 검방 와서 이걸 발견하면 난리를 칠 거라며 감출 곳을 찾는 것이다. 또 뭔가 마음에 안 드는 일이 생기면 내게 "당장 보안과장 불러와!"라며 호통쳤다. 외출하고 돌아오면 새로운 곳으로 이감 왔다고 여겼다. 집안 곳곳을 둘러보더니 "그래, 여기서 또 한번 살아보자" 하며 껄껄 웃기도 했다. 이처럼 일상의 모든 것을 감옥살이와 연결했다. 삶의 숱한 기억 속에서 기왕이면 행복하고 즐거운 기억이 많이 남아 있으면 좋으련만 그렇지 않았다. 늘 긴장하고 쫓기던 조직 활동이, 또 감옥살이가 그나마 남은 기억의 대부분을 차지했다. 그런 모습을 볼 때마다 마음이 아팠다.

아버지의 삶은 이미 당신이 직접 쓴 책을 통해 상당 부분 알려져 있다. 아버지는 구국전위 사건으로 영등포교도소에 수감돼 한창 재판을 받던 시기에, 어린 시절의 이야기를 기록해 작은누나에게 편지로 보냈다. 그 편지글을 정리해서 1997년에 펴낸 책이 《할배, 왜 놈소는 조선소랑 우는 것도 다른강?》이다. 아버지는 이 책을 통해 일제강점기 시대에 고향인 밀양에서 보낸 어린 시절 이야기를 우리에게 들려주었다.

〈민족21〉 사건이 터진 뒤에는 그다음의 이야기를 회고록으로 써나갔다. 역시 수사와 기소, 재판의 와중이었다. 아버지는 1945년 8.15 해방부터 시작해 1952년 대학 입학 때까지 살아온 이야기를 통일뉴스에 2년 동안 연재했다. 이를 정리해 2013년에 《끝나지 않은 길》이란 제목으로 두 권의 책을 펴냈다. 이 책은 아버지의 인생에서 전사(前史)에 해당한다. 해방 정국에서 목숨을 걸고 분단을 반대하는 투쟁의 길로 뛰어들었던 소년 전사(戰士)의 이야기는 이후 아버지의 삶을 지탱하는 본질이 됐다. 하지만 수학자이자 통일운동가로 살아온 그다음의 이야기를 아버지는 미처 정리하지 못했다. 어느덧 팔순을 훌쩍 넘기고 나니 건강 문제가 앞을 막아선 것이다. 2011년의 압수수색과 수사, 그로부터 몇 년간 이어진 재판도 아버지의 건강을 악화시킨 원인이 됐다.

나는 앞날이 창창한 수학자의 길을 가던 아버지가 왜 남민전이라는 지하조직에 가입해 변혁운동의 길에 들어섰는지 그 연유가 늘 궁금했다. 이는 〈말〉지와 〈민족21〉 기자 출신으로서 취재하고 싶은 주제이기도 했다. 혈육으로서 아버지의 생애를 더 알고 싶은 것만이 아니라, 후배 세대로서 선배 운동가들이 살아온 치열했던 역사에 대해 알고 싶었다. 그렇게 해서 나는 아버지와 '인터뷰어'와 '인터뷰이'로 만났다.

하지만 인터뷰는 아무 때나 진행할 수 없었다. 시간 약속도 할 수 없었다. 우리들의 인터뷰에는 늘 예측할 수 없는 기다림과 침묵이 동행했다. 아버지의 기억이 잠깐씩 돌아올 때에야 비로소 진행할 수 있었다. 나는 그때를 기다렸다가, 언제 또 사라져갈지 모르는 아버지의 기억을 조심스레 끄집어내 씨줄과 날줄로 엮어 나갔다. 어떨 때는 빛나는 눈으로 몇 시간씩 인터뷰할 수 있었지만, 어떨 때는 마냥 며칠을 기다려야만 했다. 그 기다림이 차츰 길어져 한 달이 되고 두 달이 되면서 우리들의 인터뷰도 끝이 났다.

그래서 아버지가 들려주는 이야기는 매 순간이 마지막 유훈과도 같았다. 지금 아니면 들을 수 없는 귀중한 증언이었다. 그 순간들이 내게는 큰 위안이 됐다. 당시 나는 육아와 집안일에 아버지 간병까지, 지칠 대로 지쳐 있었다. 하루하루 반복되는 일상에 몸도 마음도 점점 가라앉았다. 예전과 같은 활동은 언감생심이었다. 그 순간에 나를 일으켜준 게 아버지였다. 세계적으로도 유례를 찾아보기 힘든, 한 수학자의 변혁적 삶과 그 생애를 관통한 민족해방투쟁의 역사, 생생한 그 이야기를 들으면서 나도 다시 일어설 수 있었다.

아버지의 삶을 어떻게 정의할 수 있을까. 아버지는 무엇을 위해, 어떤 마음으로, 굴곡지고 험난했던 80여 년의 생을 기꺼이 감당했을까. 아버지에게 하고 싶었던 마지막 질문이다. 하지만 그 질문을 하기도 전에 인터뷰는 끝나고 말았다. 그래도 나는 아버지의 답변을 어렴풋이나마 알 것 같다.

아버지의 평생에 가장 큰 영향을 준 사람은 증조할아버지였다. 밀양에서 어린 시절을 보낸 아버지에게 증조할아버지는 '민족'이란 지고지순한 가치를 일깨워주신 분이다. 아버지는 민족의 가치를 평생 가슴에 품고 살았다. 그것은 추상적인 개념으로서가 아니었다. 거기에는 같은 시대를 살아가며 함께 고난을 겪는 구체적인 한 사람, 한 사람이 있었다. 그들에 대한 뜨거운 연대의 마음이 담겨 있었다. 그 민족이, 미국이라는 거대한 제국주의에 의해 분단되고 전쟁의 상처와 고통으로 신음하자 아버지는 저항했다. 분단을 극복하고 통일을 이루어가는 길에 자신의 모든 걸 바쳐 투쟁했다.

아버지는 평생을 '민족주의자'로 살았다. 물론 민족주의에 대한 정의와 해석은 시대마다 나라마다 달라질 수 있다. 어떤 이들은 민족주의의 한계와 폭력성을 주장하기도 한다. 하지만 아버지에게 민족주의는 외세의 침략에 맞선 민중의 집단적 저항을 상징했다. 갑오년 농민들의 반외세 투쟁부터 일제에 맞선 항일운동가들의 무장투쟁, 분단을 저지하기 위해 처절히 싸운 해방 정국의 투쟁까지, 우리 민족이 억압과 예속에서 벗어나고자 하는 해방 정신이었다. 그 정신이 아버지의 시대에는 4.19 혁명과 유신독재 타도 투쟁으로 발현됐고, 1980년대 이후 변혁운동의 뿌리가 됐다.

아들로서 곁에서 지켜본 아버지는 어떤 모습일까. 아버지가 내게 항상 강조한 것은 '인간 중심'의 사상이었다. 돈 중심의 자본주의를 극복할 민중의 사상은 인간이 기본이어야 함을 늘 강조했고, 삶으로 실천했다.

아버지는 식민, 분단, 전쟁, 독재로 점철된 당대에 맞서 쉼 없이 싸웠다. 그 가운데서 사람들이 받는 고통과 부당한 대우, 불평등한 삶을 어느 한순간도 외면하지 않았다. 대학 강단에 있을 때는 형편이 어려운 제자들이 끝까지 공부할 수 있도록 배려했다. 감옥에 있을 때도 가난하고 힘없는 재소자들의 권리를 지켜주고 사회의 모순을 일깨워주었다. 불우한 소년수들을 연민으로 대하며 따스한 정을 나눠주었다. 이처럼 아버지는 강자에게는 불같이 맞섰지만, 약자에게는 한없이 너그러웠다. 아버지는 나이가 한참 어린 청년들한테도 꼬박꼬박 존대했다. 소년 투사 시절에 아버지를 지도한 박철환 선생은 동지 관계의 기본은 '평등'임을 강조했다. 존대어를 '동지어'라고 가르쳐주었다. 아버지는 선배 전사들로부터 평등이 인간 중심 사상의 핵심이라 배우고 깊이 새겼다. 인간이 가장 귀하고, 세상의 근본이며, 누구나 평등하다는 그 정신을 아버지는 평생 간직하고 실천했다.

사람들은 종종 내게 묻는다. 아버지의 삶이 내게는 어떤 의미인지를. 아버지가 세상을 떠난 뒤에서야, 그리고 아버지의 평전을 정리하면서 비로소 깨달았다. 나는 '아버지'라는 큰 산에 의지해 세파 속에서도 흔들리지 않았고, 고난 속에서도 좌절하지 않았음을….

아버지는 혼돈의 시대에 내가 어디로 가야 할지 길을 알려준 이정표였다. 외떨어진 곳에서도 방향을 잃지 않게 해준 나침반이었다. 그 덕분에 나는 아버지가 걸어간 길을 따라 여기까지 헤쳐 나올 수 있었다. 그리고 그 길은 여전히 끝나지 않은 채 오늘도 내 앞에 놓여 있다.

"입에 말아 넣으시오"

― 영민아, 아버지가 드디어 말씀을 하셨다.

아버지가 입원한 지 한 달이 다 되어 갈 무렵이었다. 나와 교대해 병실을 지키던 작은누나한테서 전화가 왔다. 아버지가 처음으로 입을 열고 말씀을 하셨다는 게다. 나는 급히 차를 몰고 다시 병원으로 갔다.

― 그래? 뭐라고 하시던데? 누나를 알아보셨어?
― 아니, 알아보시지는 못하는데….

누나는 아버지를 힐끔 쳐다보고는 조용히 이야기를 이어갔다.

― 내 손을 잡고 손에다 뭘 쥐여주는 것처럼 하시더니, "입에 말아 넣
   으시오" 이렇게 말씀하셨어.

아버지는 천장만 응시한 채 누워계셨다.

― 아버지, 저 영민이에요. 알아보시겠어요?

아버지는 나를 흘낏 보더니 다시 천장만 바라보았다.

― 아까 그 한마디 하시고는 다시 입을 꾹 다무셨다.

응급실에 실려 온 뒤 2주간 중환자실에서 생사를 오가며 투쟁했
던 아버지는 열흘 전 호흡기를 떼고 일반병실로 옮겨왔다. 하지만
일반병실에서도 거동을 못 하고 식사도 콧줄로 공급받으며 누워만
계셨다. 시간이 지나면서 호흡도 맥박도 혈압도 모두 정상 수치로
돌아왔다. 담당 의사는 이제 퇴원해도 좋다고 했다. 코로나의 기세
가 조금 꺾였다지만 여전히 요양원에서는 면회가 자유롭지 않았다.
아버지를 곁에서 챙겨드릴 수 있는 병원에 좀 더 있기로 했다. 아버
지를 꼭 뵙고 싶은 분들이 문병도 왔다.
   그런데 아버지는 무슨 연유인지 입을 꾹 다물고 아무런 말을 안
하셨다. 눈을 감고 있거나 천장만 바라보고 계셨다. 자식들도 못 알

아보고, 곁에서 말을 걸어도 별다른 반응이 없었다. 답답한 나는 휴대전화에 저장된 사진을 보여드리고 말을 걸었다. 하지만 그때마다 나를 날카롭게 노려보곤 다시 천장만 바라보았다. 구술 작업을 할 때 불현듯 찾아오던 묵비의 순간과도 같았다. 손에 무엇이라도 움켜쥔 듯 항상 주먹을 꽉 쥐고 있었고, 팔다리에도 잔뜩 힘을 준 채 버티는 모습이었다. 온몸이 긴장 상태였다. 콧줄을 갈기 위해 의사와 간호사가 왔을 때도 완강히 저항했다. 보다 못해 그냥 내버려두라고 할 수밖에 없었다.

아버지의 기억을 되살리는 데 도움이 될까 싶어 작은누나가 예전에 아버지가 쓰신 책을 읽어드렸다. 이야기를 나누기는 어려운 상황이라 하루에 몇 시간씩 곁에서 책을 읽어드렸다. 여전히 반응이 없었지만, 어린 시절 밀양의 할배 할매들 이야기가 나올 때는 조용히 눈물을 흘리셨다고 한다. 그렇게 며칠이 지난 뒤 마침내 아버지가 입을 여신 것이다. 첫마디가 바로 "입에 말아 넣으시오"였다. 그 한마디에 나는 아버지가 처한 상황을 단박에 알아차릴 수 있었다. 아버지가 무슨 생각을 하고 있는지 짐작이 갔다. 아버지는 지금 생사를 건 투쟁 중이었다. 병실은 끌려온 취조실이고, 아버지의 기억을 되살리기 위해 휴대전화를 꺼내 사진을 보여주던 나는 취조하는 형사였다. 그래서 묵비하고 천장만 바라보고 있었던 것이다. 그러다 자신의 어린 시절 이야기를 꾸준히 들려주던 작은누나를, 어렵게 연락선을 갖고 찾아온 동지라고 생각했다. 그래서 아무도 없을 때, 손에 꼭 쥐고 있던 것을 건네주며 이렇게 말한 것이다.

— 입에 말아 넣으시오.

아버지가 쓴 회고록《끝나지 않은 길》을 보면 1948년 2.7 구국
투쟁 후 모든 투쟁이 비합법이 되고 모든 조직이 지하로 들어가던
시절의 이야기가 나온다. 당시 남로당 밀양군당의 소년 연락책으로
활동하던 아버지는 군당의 연락문서를 들고 아지트를 찾아갔지만,
이미 그곳은 적들의 침탈로 풍비박산이 난 뒤였다. 어렵게 찾아간
마지막 비선마저 끊어진 상황에서 아버지는 홀로 산속을 헤매게
된다. 결국 아버지는 자신이 갖고 있던 문서를 입에 말아 넣어 씹어
삼키고, 갖고 있던 총도 계곡물에 던져버리고 산에서 내려왔다. 그
때가 1949년 4월 8일이었다.

절절하게 묘사되는 그 대목이 바로 아버지의 오늘이었다. 그날은
아버지의 무의식 어딘가에 깊이 새겨져 있었다. 임무를 수행하지
못하고 살길을 찾아 산에서 내려와야만 했던 그날이 아버지에게는
평생의 회한으로 남았는지도 모른다. 그랬다. 아버지의 지금은 그
참담한 날들의 연속이었다. 아버지는 생의 마지막 순간까지 투쟁하
고 있었다. 조직을 지키고 자신의 임무를 완수하기 위해 끝까지 싸
우는 중이었다.

그렇게 다시 '조직선'을 만나 마지막 임무를 끝낸 아버지의 얼굴

은 전과 다르게 편안해 보였다. 온몸의 긴장도 풀린 상태였다. 손발은 따스했고 얼굴도 편안했다. 누나에게 첫마디를 건네고 난 며칠 뒤 아버지는 나와 형도 알아보았다.

— 세민아, 영민아. 너희들 오랜만이구나. 별일 없이 잘 지내고 있지?

병원에 입원한 지 한 달 만에 듣는 아버지 목소리였다. 아니, 요양원에 입원하고 한 달도 못 돼 코로나로 면회가 중단된 뒤 반년 만에 제대로 다시 듣는 아버지 목소리였다. 그 한마디에 눈물이 주르르 흘러내렸다. 끝끝내 나를 몰라보면 어떡하나 걱정하다 흘리는 감사의 눈물이고 안도의 눈물이었다.

7월 6일 오후에 아버지는 퇴원했다. 6월 4일에 응급실에 실려 왔으니 한 달이 조금 넘은 때였다. 여전히 아무런 말씀을 하지 않았지만, 아버지의 표정은 밝았다. 아버지의 살아온 생을 알고 있던, 그래서 더욱 각별하게 챙겨주었던 요양원의 직원들이 아버지를 따뜻하게 맞이했다. 그날 저녁 요양원에서 보내준 영상에는 하모니카 연주를 듣는 아버지의 얼굴이 나왔다. "안재구 교수님!" 하고 부를 때는 고개도 끄덕였다. 그다음 날에는 깔끔하게 이발한 모습도 영상으로 만났다. 아버지는 자신을 챙겨주던 이들에게 일일이 고맙다는 인사를 눈짓으로 하셨다고 한다.

또 하루가 지난 7월 8일 새벽, 정적을 깨며 휴대전화가 울렸다.

전화를 건 사람은 요양원의 남자 실장이었다. 순간 직감이 왔다. 혹시 아버지가….

　─ 보호자님, 안재구 어르신이 지금 심정지 상태가 와서요. 심폐소생
　　술을 진행해야 할지요?

나는 바로 대답하지 못했다. 침묵이 흘렀다. 이윽고 내가 대답했다.

　─ 아닙니다. 그냥 놔두세요. 제가 지금 바로 가겠습니다.

나는 심폐소생술이 아버지에게는 고통일 뿐이라고 생각했다. 이대로 편히 가시게 해드리고 싶었다. 요양원은 집에서 차로 10분이 채 안 걸린다. 형과 함께 도착하니 시계는 5시를 가리켰다. 아버지의 손발을 만져보았다. 여전히 따뜻했다. 마치 깊은 잠에 빠진 듯한 모습이었다. 마침내 자신의 임무를 모두 마친 '전사'는 그렇게 편안한 모습으로 영별의 길을 떠났다.

나는 아침부터 서둘렀다. 미리부터 생각해둔 서울대병원 장례식장을 예약하고 아버지의 동지들과 지인들에게 연락했다. 남민전동지회와 범민련, 진보연대 등 많은 통일사회단체가 참여한 가운데 '통일애국지사 고 안재구 선생 민주사회장' 장례위원회가 구성됐다. 빈소가 마련되고 많은 이들이 아버지의 마지막 가는 길을 배웅했다.

7월 9일 저녁에 열린 추모식에서도 함께 아버지의 생애를 회고했다.

7월 10일 오전 6시에 발인을 마치고 운구차는 수원 연화장을 거쳐 밀양시 초동면 성만마을에 자리 잡은 선영으로 내려갔다. 장례식장을 떠날 때부터 폭우가 내려 걱정했는데, 밀양에 도착하니 거짓말처럼 비가 그치고 해가 비추기 시작했다. 그곳에도 밀양과 대구에서 많은 이들이 모였다. 아버지를 기억하고 아버지를 따랐던 후배 동지들이다. 이들의 배웅을 받으며 떠나는 길이어서 아버지도 마음이 푸근했을 것이다. 그런 아버지의 마음을 보여주듯 추모식을 끝내니 어디선가 새가 한 마리 퍼드덕 날아올랐다. 천천히 우리들의 머리 위를 한 바퀴 돌고는 숲으로 사라지는 새를 모두가 신비롭게 바라보았다.

아버지는 마침내 당신을 키워준 고향의 품에 안겼다. 평생 삶의 길잡이가 되었던 당신의 할아버지 안병희와, 삶의 마지막 순간까지 그리워했을 아내 장수향 곁에 영원한 안식처를 마련했다. 그리고 하늘에서 그리운 이들을 다시 만날 것이다. 학문의 스승으로 수학자의 길을 이끌어준 박정기 교수와, 마지막 죽음의 순간까지 서로의 맹세를 잊지 않았던 이재문과 여정남, 두 혁명동지를….

그리고 사람들은 기억할 것이다. 신념의 쪽배로 분단을 건너온 수학자를…. 역사는 기록할 것이다. 민족의 해방을 위해 한평생을 바친 전사의 삶을….

연표

연도	안재구	국내
1933년 10월 24일	대구시 달성군 구지면 출생	
1941년	밀성초등학교 입학	
1945년 8월		해방
1946년 9월	밀양중학교 입학	
1946년 10월		10월 항쟁
1946년 11월		남조선로동당 창당
1947년 5월	노동절 집회 참여로 밀양중학교 퇴학	미·소 공동위원회 재개
1947년 7월		여운형 피살
		밀양군 인민대회 개최
1948년 2월	2.7 구국투쟁 참가 & 남로당 밀양군당 활동	2.7 구국투쟁
1948년 4월		남북조선 제정당 사회단체 연석회의
1948년 5월		남조선 단독 선거
1948년 9월		조선민주주의인민공화국 수립
1948년 12월		국가보안법 공포
1949년 4월	남로당 밀양군당 활동 중단	
1949년 6월	초등교원 채용 준교사시험 합격	국민보도연맹 조직
1949년 10월	구지초등학교 교사 임용	
1950년 5월		제2대 국회의원 선거
1950년 6월		6.25전쟁

1952년	3월	경북대 사범대 수학과 입학	
1953년	12월	조부상	
1956년	3월	경북대 문리대 수학과 대학원 입학 & 학부 강의	
1958년	1월	〈경북 매스매티컬 저널〉(KMJ) 창간	
1958년	2월	경북대 문리대 수학과 석사과정 졸업	
1958년	5월		제4대 국회의원 선거
1959년	10월	'교보병(교직보유병)' 입대	
1960년	2월		대구 고등학생 시위
1960년	4월		4.19 혁명 - 이승만 하야
1960년	5월		교원노조 운동
1960년	9월	제대	
1961년	3월	이재문 첫 만남	
1961년	5월	교원노조 활동으로 피체	5.16 군사쿠데타
1961년	7월	석방	
1962년	8월	경북대 수학과 전임강사 발령	
1962년	10월	결혼	
1963년	10월		제5대 대통령 선거
1964년	봄	이재문과 재회	
1964년	6월		한일회담 반대 투쟁
1964년	8월		1차 인혁당 사건 - 이재문 구속
1967년	5월		제6대 대통령 선거
1967년	6월		제7대 국회의원 선거
			부정선거 규탄 투쟁
1967년	7월		동백림 간첩단 사건

1968년	3월	학생과장 취임	
		여정남 첫 만남	
1968년	7월		통혁당 사건
1969년	6월		삼선개헌 반대 투쟁
1969년	9월		삼선개헌안 통과
1970년	8월	이학박사학위 취득	
1971년	4월		정진회 반독재구국선언
			제7대 대통령 선거
1971년	12월	학생과장 퇴임	
		와룡산 염소농장 아지트 활동	
1972년	7월		7.4 공동성명
1972년	10월		유신체제 선포
1973년	8월		김대중 납치 사건
1973년	11월	경북대 반유신 투쟁 참여	경북대 반유신 투쟁
1973년	12월	와룡산 염소농장 정리	개헌 청원 100만인 서명운동
1974년	1월		긴급조치 1호
1974년	4월		민청학련 선언문 발표
			긴급조치 4호
			민청학련과 인혁당 재건위 사건 - 여정남 구속
1975년	4월		인혁당 8열사 사형 집행
			남베트남 패망
1975년	5월		긴급조치 9호
1975년	7월		사회안전법 제정
1975년	8월		장준하 의문사

1976년 2월	경북대 교수 재임용 탈락	남민전 결성
1976년 4월	이재문과 재회	
1976년 9월	남민전 가입	
1977년 여름	가족 서울 이주	
1979년 9월	숙명여대 수학과 정교수 발령	
1979년 10월	도피 생활 시작	남민전 사건 발표
	피체	10.26 사태
1979년 12월	서대문구치소 송치	
1980년 5월	남민전 사건 1심(사형)	5.18 광주민주화운동
		김대중 내란음모 조작 사건
1980년 9월	남민전 사건 2심(무기징역형)	
1981년 1월	남민전 사건 무기징역형 확정	
1981년 11월		이재문 옥사
1982년 3월		부산 미문화원 방화 사건
1982년 10월		신향식 사형 집행
		박관현 열사 사망
1985년 2월		제12대 국회의원 선거
1985년 3월		서울 미문화원 점거 농성
1985년 12월	아내, 민가협 공동의장	민가협 결성
1986년 5월		5.3 인천 시위
1987년 6월		6월항쟁
1987년 12월		제13대 대통령 선거
1988년 4월		제13대 국회의원 선거
1988년 6월		5공비리특위, 광주특위 구성

1988년 11월		전두환 백담사行
1988년 12월	가석방(대구교도소 출소)	
1989년 3월		문익환 목사 방북
1989년 7월	《우리가 함께 부르는 노래》 출간	
1990년 3월	차남 구속	
1990년 4월	모친상	
1990년 7월	《쉽고 재미있는 수학세계》 출간	
1990년 9월	서강대 출강	제1차 남북고위급회담 개최
1991년 1월	《철학의 세계 과학의 세계》 출간	
1991년 3월	경희대 출강	
	차남 수배	
1991년 12월		제5차 남북고위급회담 개최 - 남북기본합의서 채택
1993년 3월		북, 핵확산방지조약(NPT) 탈퇴 선언
1993년 9월	《수학을 만든 사람들》 출간	
1993년 12월	《생활에서 수학을 이해하는 책》 출간	
1994년 2월	차남 수배 해제 후 불구속	
1994년 6월	'구국전위' 사건으로 차남과 함께 구속	김영삼 대통령 - 김일성 주석 남북정상회담 발표
1994년 7월		김일성 주석 사망
1994년 12월	1심 무기징역 선고	
1995년 8월	대법원 무기징역형 확정	
1996년 10월	차남 석방(만기출소)	
1997년 10월	《할배, 왜놈소는 조선소랑 우는 것도 다른강?》 출간	

1997년 12월		제15대 대통령 선거
1999년 7월	부친상	
1999년 8월	광복절 특사로 가석방	
2000년 4월	《수학문화사》 출간	
2000년 6월		김대중 대통령-김정일 국방 위원장 남북정상회담
2002년 12월		제16대 대통령 선거
2003년 4월	《아버지, 당신은 산입니다》 출간	
2003년 10월	칠순 + 아내의 책《쥐어지지 않는 양산》 출판기념회	
2005년 10월	평양 방문 차남 〈민족21〉 대표 취임	
2007년 1월		인혁당 8열사, 32년 만에 무죄판결
2008년 10월	아내 암 판정	
2009년 1월	아내 사망	
2010년 4월		경북대 교정에 여정남공원 조성, 여정남 흉상 건립
2011년 6월	통일뉴스에 '어떤 현대사' 연재	
2011년 7월	차남과 함께 국가보안법 위반 혐의 압수수색	
2013년 11월	《끝나지 않은 길》 출간	
2013년 12월	차남 〈민족21〉 폐업	
2017년 9월	2011년 압수수색 사건 집행유예 확정	
2020년 7월 8일	사망	
2022년 11월		여정남공원에 이재문 흉상 건립